宋嚴州本儀禮

漢 鄭玄注

清嘉慶十九年吴縣黄丕烈《士禮居黄氏叢書》影刻宋嚴州本

山東人民出版社·濟南

圖書在版編目（CIP）數據

宋嚴州本儀禮 /（漢）鄭玄注 .— 濟南：山東人民出版社，2024.3

（儒典）

ISBN 978-7-209-14380-6

Ⅰ . ①宋… Ⅱ . ①鄭… Ⅲ . ①《儀禮》- 注釋 Ⅳ . ① K892.9

中國國家版本館 CIP 數據核字（2024）第 035744 號

項目統籌：胡長青

責任編輯：劉　晨

裝幀設計：武　斌

項目完成：文化藝術編輯室

宋嚴州本儀禮

〔漢〕鄭玄注

主管單位　山東出版傳媒股份有限公司

出版發行　山東人民出版社

出 版 人　胡長青

社　　址　濟南市市中區舜耕路517號

郵　　編　250003

電　　話　總編室（0531）82098914

　　　　　市場部（0531）82098027

網　　址　http://www.sd-book.com.cn

印　　裝　山東華立印務有限公司

經　　銷　新華書店

規　　格　16開（160mm×240mm）

印　　張　20.25

字　　數　162千字

版　　次　2024年3月第1版

印　　次　2024年3月第1次

ISBN 978-7-209-14380-6

定　　價　48.00圓

《儒典》選刊工作團隊

學術顧問　杜澤遜　李振聚　徐　泳

項目統籌　胡長青

責任編輯　劉　晨　劉嬌嬌　張艷艷
　　　　　吕士遠　趙　菲　劉一星

前言

中國是一個文明古國、文化大國，中華文化源遠流長，博大精深。在中國歷史上影響較大的是孔子創立的儒家思想，因此整理儒家經典、注解儒家經典，爲儒家經典的現代化闡釋提供权威、典范、精粹的典籍文本，是推進中華優秀傳統文化創造性轉化、創新性發展的奠基性工作和重要任務。

中國經學史是中國學術史的核心，歷史上創造的文本方面和經解方面的輝煌成果，大量失傳了。西漢是經學的第一個興盛期，除了當時非主流的《詩經》毛傳以外，其他經師的注釋後來全部失傳了。東漢的經解祇有鄭玄、何休等少數人的著作留存下來，其餘也大都失傳了。南北朝至隋朝興盛的義疏之學，其成果僅有皇侃《論語疏》幸存於日本。五代時期精心校刻的《九經》、北宋時期國子監重刻的《九經》以及校刻的單疏本，也全部失傳。南宋國子監刻的單疏本，我國僅存《周易正義》、《爾雅疏》、《春秋公羊疏》（三十卷殘存七卷）、《春秋穀梁疏》（十二卷殘存七卷），日本保存了《尚書正義》、《毛詩正義》、《禮記正義》（七十卷殘存八卷）、《周禮疏》（日本傳抄本）、《春秋公羊疏》（日本傳抄本）、《春秋正義》（日本傳抄本）。南宋兩浙東路茶鹽司刻八行本，我國保存下來的有《周禮疏》、《禮記正義》、《春秋左傳正義》（紹興府刻）、《論語注疏解經》（二十卷殘存十卷）、《孟子注疏解經》（存臺北「故宫」），日本保存有《周易注疏》《尚書正義》（凡兩部，其中一部被清楊守敬購歸）。南宋福建刻十行本，我國僅存《春秋穀梁注疏》、《春秋左傳注疏》（六十卷，一半在大陸，一半在臺灣），日本保存有《毛詩注疏》《春秋左傳注疏》。從這些情況可以看出，經書代表性的早期注釋和早期版本國内失傳嚴重，有的僅保存在東鄰日本。

鑒於這樣的現實，一百多年來我國學術界、出版界努力搜集影印了多種珍貴版本，但是在系統性、全面性和準確性方面都還存在一定的差距。例如唐代開成石經共十二部經典，石碑在明代嘉靖年間地震中受到損害，明代萬曆初年西安府學等學校師生曾把損失的文字補刻在另外的小石上，立於唐碑之旁。近年影印出版唐石經拓本多次，都是以唐代石刻與明代補刻割裂配補的裱本爲底本。由於明代補刻采用的是唐碑的字形，這種配補本難以區分唐刻與明代補刻，不便使用，亟需單獨影印唐碑拓本。

爲把幸存於世的、具有代表性的早期經解成果以及早期經典文本收集起來，系統地影印出版，我們規劃了《儒典》編纂出版項目。

《儒典》出版後受到文化學術界廣泛關注和好評，爲了滿足廣大讀者的需求，現陸續出版平裝單行本。共收録一百十一種元典，共計三百九十七册，收録底本大體可分爲八個系列：經注本（以開成石經、宋刊本爲主。開成石經僅有經文，無注，但它是用經注本删去注文形成的）、經注附釋文本、纂圖互注本、單疏本、八行本、十行本、宋元人經注系列、明清人經注系列。

《儒典》是王志民、杜澤遜先生主編的。本次出版單行本，特請杜澤遜、李振聚、徐泳先生幫助酌定選目。特此説明。

二〇二四年二月二十八日

目録

嘉慶甲戌

儀禮鄭氏注

宋本重刊

儀禮卷第一

士冠禮第一

儀禮　鄭氏注

士冠禮筮于廟門筮者以蓍問日吉凶於易也冠必筮日於廟門者重以成人之禮成子孫也廟謂禰廟不於堂者嫌蓍之靈由廟神主人玄冠朝服緇帶素韠即位于門東西面主人將冠者之父兄也玄冠委貌也朝服者十五升布衣而素裳也衣不言色者衣與冠同也筮必朝服尊蓍龜之道緇帶黑繒帶士帶博二寸再繚四寸屈垂三尺素韠白韋韠長三尺上廣一尺下廣二尺其頸五寸肩革帶博二寸天子與其臣玄冕以視朔皮弁以日視朝諸侯與其臣皮弁以視朔朝服以日視朝凡染黑五入爲緅七入爲緇玄則六入與有司如主人服即位于西方東面北上有司羣吏有事者謂主人之吏所自辟除府史以下今時卒吏及假吏是也筮與席所卦者具饌于西塾筮所以問吉凶謂蓍也所卦者所以畫地記爻易曰六畫而成卦饌陳也具俱也西塾門外西堂也布席于門中闑西閾外西面闑門橛閾閫也古文闑爲槷閾爲蹷筮人執筴抽上韇兼執之進受命於主人筮人有司主三易者韇藏筴之器今時藏弓矢者謂之韇丸也兼并也進前也自西方而前受命者當知所筮也宰自右少退贊命宰有司主政教者自由也贊佐也命告也佐主人告所以筮也少儀曰贊幣自左詔辭自右筮人許諾右還即席坐西面卦者在左即就也東面受命右還北行就席卦者有司主畫地識爻者卒筮書卦執以示主人卒已也書卦者筮人以方寫所得之卦主人受眡反之反還也筮人還東面旅占卒進告吉旅衆也還與其屬共占之古文旅作臚也若不吉則筮遠日如初儀遠日旬之外徹筮席徹去

也斂也宗人告事畢宗人有司主禮者主人戒賓賓禮辭許戒警也告也賓主人之僚友古者有吉事
則樂與賢者歡成之有凶事則欲與賢者哀戚之今將冠子故就告僚友使來禮辭一辭而許再辭而許曰固辭三辭曰終辭不許也主人再拜賓
荅拜主人退賓拜送退去也歸也前期三日筮賓如求日之儀前期三日空二日也
筮賓筮其可使冠子者賢者恒吉冠義曰古者冠禮筮日筮賓所以敬冠事敬冠事所以重禮重禮所以爲國本乃宿賓賓如主人服
出門左西面再拜主人東面荅拜宿進也宿者必先戒戒不必宿其不宿者爲衆賓或悉來或否主人朝服乃
宿賓賓許主人再拜賓荅拜主人退賓拜送乃宿賓者親相見致其辭宿贊冠
者一人亦如之贊冠者佐賓爲冠事者謂賓若他官之屬中士若下士也宿之以筮賓之明日厥明夕爲期于廟
門之外主人立于門東兄弟在其南少退西面北上有司皆如宿
服立于西方東面北上厥其也宿服朝服擯者請期宰告曰質明行事擯者有司
佐禮者在主人曰擯在客曰介質正也宰告曰旦日正明行冠事告兄弟及有司擯者告也告事畢宗人告也擯者
告期于賓之家夙興設洗直于東榮南北以堂深水在洗東夙早
也興起也洗承盥洗者棄水器也士用鐵榮屋翼也周制自卿大夫以下其室爲夏屋水器尊卑皆用金罍及大小異陳服于房中西墉
下東領北上墉牆爵弁服纁裳純衣緇帶韎韐此與君祭之服雜記曰士弁而祭於公爵弁者
冕之次其色赤而微黑如爵頭然或謂之緅其布三十升纁裳淺絳裳凡染絳一入謂之縓再入謂之赬三入謂之纁朱則四入與純衣絲衣也餘衣皆用布唯冕與爵

弁服用絲耳先裳後衣者欲令下近緇明衣與帶同色韎韐縕韍也士縕韍而幽衡合韋爲之士染以茅蒐因以名焉今齊人名蒨爲韎韐韍之制似韠冠弁者不與

衣陳而言於上以冠名服耳今文纁皆作熏皮弁服素積緇帶素韠此與君視朔之服也皮弁者以白鹿皮爲冠象上古

也積猶辟也以素爲裳辟蹙其要中皮弁之衣用布亦十五升其色象焉玄端玄裳黃裳雜裳可也緇帶

爵韠此莫夕於朝之服玄端即朝服之衣易其裳耳上士玄裳中士黃裳下士雜裳雜裳者前玄後黃易曰夫玄黃者天地之雜色天玄而地黃士皆爵韋爲

韠其爵同不以玄冠名服者是爲緇布冠陳之玉藻曰韠君朱大夫素士爵韋緇布冠缺項青組纓屬于缺緇

纚廣終幅長六尺皮弁笄爵弁笄緇組紘纁邊同篋缺讀如有頍者弁之

頍緇布冠無笄者著頍圍髮際結項中隅爲四綴以固冠也項中有𦁤亦由固頍爲之耳今未冠笄者著卷幘頍象之所生也滕薛名蔮爲頍屬猶著纚今之幘

梁也終充也纚一幅長六尺足以韜髮而結之矣笄今之簪有笄者屈組爲紘垂爲飾無笄者纓而結其絛纁邊組側赤也同篋謂此上凡六物隋方曰篋櫛

實于簞簞笥也蒲筵二在南筵席也側尊一甒醴在服北有篚實勺

觶角柶脯醢南上側猶特也無偶曰側置酒曰尊側者無玄酒服北者纁裳北也篚竹器如笭者勺尊升所以𣂕酒也爵三升曰觶柶狀如

匕以角爲之者欲滑也南上者篚次尊籩豆次篚古文甒作廡爵弁皮弁緇布冠各一匴執以待于西

坫南南面東上賓升則東面爵弁者制如冕黑色但無繅耳周禮王之皮弁會五采玉璂象邸玉笄諸侯及孤卿大

夫之冕皮弁各以其等爲之則士之皮弁又無玉象邸飾緇布冠今小吏冠其遺象也匴竹器名今之冠箱也執之者有司也坫在堂角古文匴作篹坫作襜主

人玄端爵韠立于阼階下直東序西面玄端士入廟之服也阼猶酢也東階所以荅酢賓客也堂東西

牆謂之序兄弟畢袗玄立于洗東西面北上兄弟主人親戚也畢猶盡也袗同也玄者玄衣玄裳也緇帶韠位在洗東退於主人不爵韠者降於主人也古文袗爲均也擯者玄端負東塾東塾門內東堂負之北面將冠者采衣紒在房中南面采衣未冠者所服玉藻曰童子之節也緇布衣錦緣錦紳并紐錦束髮皆朱錦也紒結髮古文紒爲結賓如主人服贊者玄端從之立于外門之外外門大門外擯者告告者出請入告主人迎出門左西面再拜賓荅拜左東也出以東爲左入以東爲右主人揖贊者與賓揖先入贊者賤揖之而已又與賓揖先入道之贊者隨賓每曲揖周左宗廟入外門將東曲揖直廟將北曲又揖至于廟門揖入三揖至于階三讓入門將右曲揖將北曲揖當碑揖主人升立于序端西面賓西序東面主人賓俱升立相鄉贊者盥于洗西升立于房中西面南上盥於洗西由賓階升也立于房中近其事也南上尊於主人之贊者古文盥皆作浣主人之贊者筵于東序少北西面主人之贊者其屬中士若下士筵布席也東序主人位也適子冠於阼少北辟主人將冠者出房南面南面立于房外之西待賓命贊者奠纚笄櫛于筵南端贊者賓之贊冠者也奠停也古文櫛爲節賓揖將冠者將冠者即筵坐贊者坐櫛設纚即就設施賓降主人降賓辭主人對主人降爲賓將盥不敢安位也辭對之辭未聞賓盥卒壹揖壹讓升主人升復初位揖讓皆壹者降於初古文壹皆作一賓筵前坐正纚興降西階一等執冠者升一等東面授

賓正纚者將加冠宜親之興起也降下也下一等升一等則中等相授冠緇布冠也賓右手執項左手執前進容乃祝坐如初乃冠興復位贊者卒進容者行翔而前鶬焉至則立祝坐如初坐筵前興起也復位西序東面卒謂設缺項結纓也冠者興賓揖之適房服玄端爵韠出房南面復出房南面者一加禮成觀衆以容體賓揖之即筵坐櫛設笄賓盥正纚如初降二等受皮弁右執項左執前進祝加之如初復位贊者卒紘如初爲不見者言也卒紘謂繫屬之興賓揖之適房服素積素韠容出房南面容者再加彌成其儀益繁賓降三等受爵弁加之服纁裳韎韐其他如加皮弁之儀降三等下至地他謂卒紘容出徹皮弁冠櫛筵入于房徹者贊冠者主人之贊者爲之筵于戶西南面筵主人之贊者戶西室戶西贊者洗于房中側酌醴加柶覆之面葉洗盥而洗爵者昏禮曰房中之洗在北堂直室東隅篚在洗東北面盥側酌者言無爲之薦者面前也葉柶大端贊酌者賓尊不入房古文葉爲擖賓揖冠者就筵筵西南面賓受醴于戶東加柶面枋筵前北面戶東室戶東今文枋爲柄冠者筵西拜受觶賓東面答拜筵西拜南面拜也賓還答拜於西序之位東面者明成人與爲禮異於答主人薦脯醢贊冠者也冠者即筵坐左執觶右祭脯醢以柶祭醴三興筵末坐啐醴建柶興降筵坐奠觶拜執觶興賓答拜建柶扱柶於醴中其拜皆如初古文啐爲呼冠者奠觶于薦

東降筵北面坐取脯降自西階適東壁北面見于母薦東薦左凡奠爵將舉者於右不舉者於左適東壁者出闈門也時母在闈門之外婦人入廟由闈門母拜受子拜送母又拜婦人於丈夫雖其子猶俠拜賓降直西序東面主人降復初位初位初至階讓升之位冠者立于西階東南面賓字之冠者對對應也其辭未聞賓出主人送于廟門外不出外門將醴之請醴賓賓禮辭許賓就次此醴當作禮禮賓者謝其自勤勞也次門外更衣處也以帷幕簟席爲之冠者見於兄弟兄弟再拜冠者荅拜見贊者西面拜亦如之見贊者西面拜則見兄弟東面拜贊者後賓出入見姑姊如見母入入寢門也廟在寢門外如見母者亦北面姑與姊亦俠拜也不見妹妹卑乃易服服玄冠玄端爵韠奠摯見于君遂以摯見於鄉大夫鄉先生易服不朝服者非朝事也摯雉也鄉先生鄉中老人爲卿大夫致仕者乃醴賓以壹獻之禮壹獻者主人獻賓一而已即燕無亞獻者獻酢酬賓主人各兩爵而禮成特牲少牢饋食之禮獻尸此其類也士禮一獻卿大夫三獻禮賓不用柶者泲其醴內則曰飲重醴清糟稻醴清糟黍醴清糟粱醴清糟凡醴事質者用糟文者用清主人酬賓束帛儷皮飲賓客而從之以財貨曰酬所以申暢厚意也束帛十端也儷皮兩鹿皮也古文儷爲離贊者皆與贊冠者爲介贊者衆賓也皆與亦飲酒爲衆賓介賓之輔以贊爲之尊之飲酒之禮賢者爲賓其次爲介賓出主人送于外門外再拜歸賓俎一獻之禮有薦有俎其牲未聞使人歸諸賓家也若不醴則醮用酒若不醴謂國有舊俗可行聖人用焉不改者也曲禮曰君子行禮不求變俗祭祀之禮居喪之服哭泣之位皆如其國之故

（謹脩其法而審行之是酌而無酬酢曰醮醴亦當爲禮）尊于房戶之閒兩甒有禁玄酒在西加勺南枋（房戶閒者房西室戶東也禁承尊之器也名之爲禁者因爲酒戒也玄酒新水也雖今不用猶設之不忘古也）洗有篚在西南順（洗庭洗當東榮南北以堂深篚亦以盛勺觶陳於洗西南順北爲上也）始加醮用脯醢賓降取爵于篚辭降如初卒洗升酌（始加者言一加一醮也加冠於東序醮之於戶西同耳始醮亦薦脯醢賓降者爵在庭酒在堂將自酌也辭降如初如將冠時降盥辭主人降也凡薦出自東房）冠者拜受賓荅拜如初（贊者筵於戶西賓升揖冠者就筵乃酌冠者南面拜受賓授爵東面荅拜如醴禮也於賓荅拜贊者則亦薦之）冠者升筵坐左執爵右祭脯醢祭酒興筵末坐啐酒降筵拜賓荅拜冠者奠爵于薦東立于筵西（冠者立俟賓命賓揖之則就東序之筵）徹薦爵筵尊不徹（徹薦與爵者辟後加也不徹筵尊三加可相因由便也）加皮弁如初儀再醮攝酒其他皆如初（攝猶整也整酒謂撓之今文攝爲聶）加爵弁如初儀三醮有乾肉折俎嚌之其他如初北面取脯見于母（乾肉牲體之脯也折其體以爲俎嚌嘗之）若殺則特豚載合升離肺實于鼎設扃鼏（特豚一豚也凡牲皆用左胖煑於鑊曰亨在鼎曰升在俎曰載載合升者明亨與載皆合左右胖離割也割肺者使可祭也可嚌也今文扃爲鉉古文鼏爲密）始醮如初（亦薦脯醢徹薦爵筵尊不徹矣）再醮兩豆葵菹蠃醢兩籩栗脯（蠃醢蠡蝓醢今文蠃爲蝸）三醮攝酒如再醮加俎嚌之皆如初嚌肺（攝酒如再醮則再醮亦攝之矣加俎嚌之嚌當爲祭字之誤也祭俎如初如祭脯醢）卒醮取籩脯以降如初若

孤子則父兄戒宿父兄諸父諸兄冠之日主人紒而迎賓拜揖讓立于序端皆如冠主禮於阼冠主冠者親父若宗兄也古文紒爲結今文禮作醴凡拜北面于阼階上賓亦北面于西階上荅拜若殺則舉鼎陳于門外直東塾北面孤子得申禮盛之父在有鼎不陳於門外若庶子則冠于房外南面遂醮焉房外謂尊東也不於阼階非代也不醮於客位成而不尊冠者毋不在則使人受脯于西階下戒賓曰某有子某將加布於其首願吾子之教之也吾子相親之辭吾我也子男子之美稱古文某爲謀賓對曰某不敢恐不能共事以病吾子敢辭病猶辱也古文病爲秉主人曰某猶願吾子之終教之也賓對曰吾子重有命某敢不從敢不從許之辭宿曰某將加布於某之首吾子將莅之敢宿賓對曰某敢不夙興莅臨也今文無對始加祝曰令月吉日始加元服令吉皆善也元首也棄爾幼志順爾成德壽考惟祺介爾景福爾女也旣冠爲成德祺祥也介景皆大也因冠而戒且勸之女如是則有壽考之祥大女之大福也再加曰吉月令辰乃申爾服辰子丑也申重也敬爾威儀淑愼爾德眉壽萬年永受胡福胡猶遐也遠也遠無窮古文眉作麋三加曰以歲之正以月之令咸加爾服正猶善也咸皆也皆加女之三服謂緇布冠皮弁爵弁也兄弟具在以成厥德厥其黃耇無疆受天之慶黃黃髮也耇凍棃也皆壽徵也疆竟醴辭

曰甘醴惟厚嘉薦令芳（嘉善也善薦謂脯醢芳香也）拜受祭之以定爾祥承天之休壽考不忘（休美也不忘長有令名）醮辭曰旨酒既清嘉薦亶時（亶誠也古文亶爲癉）始加元服兄弟具來孝友時格永乃保之（善父母爲孝善兄弟爲友時是也格至也永長也保安也行此乃能保之今文格爲嘏凡醮者不祝）再醮曰旨酒既湑嘉薦伊脯（湑清也伊惟也）乃申爾服禮儀有序祭此嘉爵承天之祜（祜福也）三醮曰旨酒令芳籩豆有楚（旨美也楚陳列之貌）咸加爾服肴升折俎（肴升折俎亦謂豚）承天之慶受福無疆字辭曰禮儀既備令月吉日昭告爾字（昭明也）爰字孔嘉髦士攸宜（爰於也孔甚也髦俊也攸所也）宜之于假永受保之曰伯某甫仲叔季唯其所當（于猶爲也假大也宜之是爲大矣伯仲叔季長幼之稱甫是丈夫之美稱孔子爲尼甫周大夫有嘉甫宋大夫有孔甫是其類甫字或作父）屨夏用葛玄端黑屨青絇繶純純博寸（屨者順裳色玄端黑屨以玄裳爲正也絇之言拘也以爲行戒狀如刀衣鼻在屨頭繶縫中紃也純緣也三者皆青博廣也）素積白屨以魁柎之緇絇繶純純博寸（魁蜃蛤柎注者）爵弁纁屨黑絇繶純純博寸（爵弁屨以黑爲飾爵弁尊其屨飾以績次）冬皮屨可也不屨繐屨（繐屨喪屨也縷不灰治曰繐）

記冠義始冠緇布之冠也大古冠布齊則緇之其緌也孔子曰吾未之聞也冠而敝之可也（大古唐虞以上緌纓飾未之聞大古質蓋亦無飾重古始冠冠其齊冠白布冠者今之喪冠是也）

適子冠於阼以著代也醮於客位加有成也醮夏殷之禮每加於阼則醮之於客位所以尊敬之成其爲人也三加彌尊諭其志也彌猶益也冠服後加益尊諭其志者欲其德之進也冠而字之敬其名也名者質所受於父母冠成人益文故敬之也今文無之委貌周道也章甫殷道也毋追夏后氏之道也委猶安也言所以安正容貌章明也殷質言以表明丈夫也甫或爲父今文爲斧毋發聲也追猶堆也夏后氏質以其形名之三冠皆所服以行道也其制之異同未之聞周弁殷冔夏收弁名出於槃槃大也言所以自光大也冔名出於幠幠覆也言所以自覆飾也收言所以收斂髮也其制之異亦未聞三王共皮弁素積質不變無大夫冠禮而有其昏禮古者五十而后爵何大夫冠禮之有據時有未冠而命爲大夫者周之初禮年未五十而有賢才者試以大夫之事猶服士服行士禮二十而冠急成人也五十乃爵重官人也大夫或時改娶有昏禮是也公侯之有冠禮也夏之末造也造作也自夏初以上諸侯雖父死子繼年未滿五十者亦服士服行士禮五十乃命也至其衰末上下相亂篡弑所由生故作公侯冠禮以正君臣也坊記曰君不與同姓同車與異姓同車不同服示民不嫌也以此坊民民猶得同姓以弑其君也天子之元子猶士也天下無生而貴者也元子世子也無生而貴皆由下升繼世以立諸侯象賢也象法也爲子孫能法先祖之賢故使之繼世也以官爵人德之殺也殺猶衰也德大者爵以大官德小者爵以小官死而謚今也古者生無爵死無謚今謂周衰記之時也古謂殷殷士生不爲爵死不爲謚周制以士爲爵死猶不爲謚耳下大夫也今記之時士死則謚之非也謚之由魯莊公始也

儀禮卷第一

經一千八百九十八字
注三千六百卅字

儀禮卷第二

士昬禮第二

儀禮　　鄭氏注

昬禮下達納采用鴈（達通也將欲與彼合昬姻必先使媒氏下通其言女氏許之乃後使人納其采擇之禮用鴈爲摯者取其順陰陽往來詩云取妻如之何匪媒不得昬必由媒交接設紹介皆所以養廉恥）主人筵于戶西西上右几（主人女父也筵爲神布席也戶西者尊處將以先祖之遺體許人故受其禮於禰廟也席西上右設几神不統於人席有首尾）使者玄端至（使者夫家之屬若羣吏使往來者玄端士莫夕之服又服以事其廟有司緇裳）擯者出請事入告（擯者有司佐禮者請猶問也禮不必事雖知猶問之重愼也）主人如賓服迎于門外再拜賓不荅拜揖入（門外大門外不荅拜者奉使不敢當其盛禮）至于廟門揖入三揖至于階三讓（入三揖者至內霤將曲揖既曲北面揖當碑揖）主人以賓升西階當阿東面致命主人阼階上北面再拜（阿棟也入堂深示親親今文阿爲庪）授于楹間南面（授於楹間明爲合好其節同也南面並授也）賓降出主人降授老鴈（老羣吏之尊者）擯者出請（不必賓之事有無）賓執鴈請問名主人許賓入授如初禮（問名者將歸卜其吉凶古文禮爲醴）擯者出請賓告事畢入告出請醴賓（此醴亦當爲禮禮賓者欲厚之）賓禮辭許（禮辭一辭）主人徹几改筵東上側尊甒醴于房中（徹几改筵者鄉爲神今爲人側尊亦言無玄酒側尊於房中亦有篚有籩豆如冠禮之設）主人迎賓于廟門外揖讓如初升主人北面再拜

賔西階上北面荅拜主人拂几授校拜送賔以几辟北面設于坐
左之西階上荅拜拂拭也拭几者尊賔新之也校几足辟逡巡古文校爲技贊者酌醴加角柶面葉
出于房贊佐也佐主人酌事也贊者亦洗酌加角柶覆之如冠禮矣出房南面待主人迎受古文葉作擖主人受醴面枋筵前
西北面賔拜受醴復位主人阼階上拜送主人西北面疑立待賔即筵也賔復位於西階上北面明
相尊敬此筵不主爲飲食起贊者薦脯醢薦進賔即筵坐左執觶祭脯醢以柶祭
醴三西階上北面坐啐醴建柶興坐奠觶遂拜主人荅拜即就也左執觶則祭
以右手也凡祭於脯醢之豆閒必所爲祭者謙敬示有所先也啐嘗也嘗之者成主人意建猶扱也興起也奠停也賔即筵奠于薦左降
筵北面坐取脯主人辭薦左籩豆之東降下也自取脯者尊主人之賜將歸執以反命辭者辭其親徹賔降授人脯
出主人送于門外再拜人謂使者從者授於階下西面然後出去納吉用鴈如納采禮歸卜於廟
得吉兆復使使者往告昏姻之事於是定納徵玄纁束帛儷皮如納吉禮徵成也使使者納幣以成昏禮用玄纁者
象陰陽備也束帛十端也周禮曰凡嫁子取妻入幣純帛無過五兩兩儷兩也執束帛以致命兩皮爲庭實皮鹿皮今文纁皆作熏請期用鴈主人
辭賔許告期如納徵禮主人辭者陽倡陰和期日宜由夫家來也夫家必先卜之得吉日乃使使者往辭即告之期初昏
陳三鼎于寢門外東方北面北上其實特豚合升去蹄舉肺脊
二祭肺二魚十有四腊一肫髀不升皆飪設扃鼏期取妻之日鼎三者升豚魚腊也寢壻之室也

北面鄉內也特猶一也合升合左右胖升於鼎也去蹄蹄甲不用也舉肺脊者食時所先舉也肺者氣之主也周人尚焉脊者體之正也食時則祭之飯必舉之貴之也每皆二者夫婦各一耳凡魚之正十五而鼎減一爲十四者欲其敵偶也腊兔腊也肫或作純純全也凡腊用全髀不升者近竅賤也飪孰也扃所以扛鼎冪覆之古文純爲鈞髀爲脾今文扃作鉉冪皆作密 設洗于阼階東南 洗所以承盥洗之器棄水者 饌于房中醯醬二豆菹醢四豆兼巾之黍稷四敦皆蓋 醯醬者以醯和醬主人尚褻味兼巾之者六豆共巾也巾爲禦塵蓋爲尚溫周禮曰食齊視春時 大羹湆在爨 大羹湆者煮肉汁也大古之羹無鹽菜爨火上周禮曰羹齊視夏時今文湆皆作汁 尊于室中北墉下有禁玄酒在西綌冪加勺皆南枋 墉牆也禁所以庋甒者玄酒不忘古也綌麤葛今文枋作柄 尊于房戶之東無玄酒篚在南實四爵合巹 無玄酒者略之也夫婦酌於內尊其餘酌於外尊合巹破匏也四爵兩巹凡六爲夫婦各三酳一升曰爵 主人爵弁纁裳緇袘從者畢玄端乘墨車從車二乘執燭前馬 主人壻也壻爲婦主爵弁而纁裳玄冕之次大夫以上親迎冕服冕服迎者鬼神之鬼神之者所以重之親之纁裳者衣緇衣不言衣與帶而言袘者空其文明其與袘俱用緇袘謂緣袘之言施以緇緣裳象陽氣下施從者有司也乘貳車從行者也畢猶皆也墨車漆車士而乘墨車攝盛也執燭前馬使徒役持炬火居前炤道 婦車亦如之有裧 亦如之者車同等士妻之車夫家共之大夫以上嫁女則自以車送之裧車裳幃周禮謂之容車有容則固有蓋 至于門外 婦家大門之外 主人筵于戶西西上右几 主人女父也筵爲神布席 女次純衣纁袡立于房中南面 次首飾也今時髲也周禮追師掌爲副編次純衣絲衣女從者畢袗玄則此亦玄矣袡亦緣也袡之言任也以纁緣其衣象陰氣上任也凡婦人不常施袡之衣盛昏禮爲此服喪大記曰復衣不以袡明非常 姆纚笄宵衣在其

右姆婦人年五十無子出而不復嫁能以婦道教人者若今時乳母矣纚縚髮笄今時簪也纚亦廣充幅長六尺宵讀爲詩素衣朱綃之綃魯詩以綃爲綺屬也姆亦玄衣以綃爲領因以爲名且相別耳姆在女右當詔以婦禮女從者畢袗玄纚笄被潁黼在其後女從者謂姪娣也詩云諸娣從之祁祁如雲袗同也同玄者上下皆玄潁禪也詩云素衣朱襮爾雅云黼領謂之襮周禮曰白與黑謂之黼天子諸侯后夫人狄衣卿大夫之妻刺黼以爲領如今偃領矣士妻始嫁施禪黼於領上假盛飾耳言被明非常服主人玄端迎于門外西面再拜賓東面答拜賓壻主人揖入賓執鴈從至于廟門揖入三揖至于階三讓主人升西面賓升北面奠鴈再拜稽首降出婦從降自西階主人不降送賓升奠鴈拜主人不荅明主爲授女耳主人不降送禮不參壻御婦車授綏姆辭不受壻御者親而下之綏所以引升車者僕人之禮必授人綏婦乘以几姆加景乃驅御者代乘以几者尚安舒也景之制蓋如明衣加之以爲行道禦塵令衣鮮明也景亦明也驅行也行車輪三周御者乃代壻今文景作憬壻乘其車先俟于門外壻車在大門外乘之先者道之也男率女女從男夫婦剛柔之義自此始也俟待也門外壻家大門外婦至主人揖婦以入及寢門揖入升自西階媵布席于奧夫入于室即席婦尊西南面媵御沃盥交升自西階道婦入也媵送也謂女從者也御當爲訝訝迎也謂壻從者也媵沃壻盥於南洗御沃婦盥於北洗夫婦始接情有廉恥媵御交道其志贊者徹尊冪舉者盥出除冪舉鼎入陳于阼階南西面北上匕俎從設執匕者執俎者從鼎而入設之匕所以別出牲體也俎所以載也北面載執而俟執俎而立俟豆先設匕者

逆退復位于門東北面西上執匕者事畢逆退由便至此乃著其位略賤也贊者設醬于席前菹醢在其北俎入設于豆東魚次腊特于俎北豆東菹醢之東贊設黍于醬東稷在其東設涪于醬南饌要方也設對醬于東對醬婦醬也設之當特俎菹醢在其南北上設黍于腊北其西稷設涪于醬北御布對席贊啓會卻于敦南對敦于北啓發也今文啓作開古文卻爲綌贊告具揖婦即對筵皆坐皆祭祭薦黍稷肺贊者西面告饌具也揖揖婦使即席薦菹醢贊爾黍授肺脊皆食以涪醬皆祭舉食舉也爾移也移置席上便其食也皆食食黍也以用也用者謂啜涪咊醬古文黍作稷三飯卒食卒已也同牢示親不主爲食起三飯而成禮也贊洗爵酌酳主人主人拜受贊戶內北面荅拜酳婦亦如之皆祭酳潄也酳之言演也安也潄所以絜口且演安其所食酳酌內尊贊以肝從皆振祭嚌肝皆實于菹豆肝肝炙也飲酒宜有肴以安之卒爵皆拜贊荅拜受爵再酳如初無從三酳用巹亦如之亦無從也贊洗爵酌于戶外尊入戶西北面奠爵拜皆荅拜坐祭卒爵拜皆荅拜興贊酌者自酢也主人出婦復位復尊西南面之位乃徹于房中如設于室尊否徹室中之饌設于房中爲媵御餕之徹尊不設有外尊也主人說服于房媵受婦說服于室御受姆授巾巾所以自絜清今文說皆作稅御衽于

奧媵衽良席在東皆有枕北止衽臥席也婦人稱夫曰良孟子曰將見良人之所之止足也古文止作趾主人
入親說婦之纓入者從房還入室也婦人十五許嫁笄而禮之因著纓明有繫也蓋以五采爲之其制未聞燭出昏禮畢將臥息媵
餕主人之餘御餕婦餘贊酌外尊酳之外尊房戶外之東尊媵侍于戶外呼
則聞爲尊者有所徵求今文侍作待夙興婦沐浴纚笄宵衣以俟見夙早也昏明日之晨興起也俟待也
待見於舅姑寢門之外古者命士以上年十五父子異宮質明贊見婦于舅姑席于阼舅即席席于
房外南面姑即席質平也房外房戶外之西古文舅皆作咎婦執笲棗栗自門入升自西
階進拜奠于席笲竹器而衣者其形蓋如今之筥莀蘆矣進拜者進東面乃拜奠之者舅尊不敢授也舅坐撫之興
荅拜婦還又拜還又拜者還於先拜處拜婦人與丈夫爲禮則俠拜降階受笲腶脩升進北面
拜奠于席姑坐舉以興拜授人人有司姑執笲以起荅婦拜授有司徹之舅則宰徹之贊醴婦醴當
爲禮贊禮婦者以其婦道新成親厚之席于戶牖間室戶西牖東南面位側尊甒醴于房中婦疑
立于席西疑正立自定之貌贊者酌醴加柶面枋出房席前北面婦東面
拜受贊西階上北面拜送婦又拜薦脯醢婦東面拜贊北面荅之變于丈夫始冠成人之禮
婦升席左執觶右祭脯醢以柶祭醴三降席東面坐啐醴建柶興
拜贊荅拜婦又拜奠于薦東北面坐取脯降出授人于門外奠于

薦東升席奠之取脯降出授人親徹且榮得禮人謂婦氏人舅姑入于室婦盥饋饋者婦道既成成以孝養特豚合升
側載無魚腊無稷並南上其他如取女禮側載者右胖載之舅俎左胖載之姑俎異尊卑並南上者舅姑共席于奧其饌各以南為上其他謂醬湆菹醢女謂婦也如取婦禮同牢時今文並當作併婦贊成祭卒食一酳無從贊成
祭者授處之今文無成也席于北墉下墉牆也室中北牆下婦徹設席前如初西上婦餕舅辭
易醬婦餕者即席將餕也辭易醬者嫌淬汙婦餕姑之饌御贊祭豆黍肺舉肺脊乃食
卒姑酳之婦拜受姑拜送坐祭卒爵姑受奠之奠之奠于篚婦徹于房中
媵御餕姑酳之雖無娣媵先於是與始飯之錯古者嫁女必姪娣從謂之媵姪兄之子娣女弟
也娣尊姪卑若或無娣猶先媵容之也始飯謂舅姑錯者媵餕舅餘御餕姑餘也古文始為姑舅姑共饗婦以一獻之禮舅洗
于南洗姑洗于北洗奠酬以酒食勞人曰饗南洗在庭北洗在北堂設兩洗者獻酬酢以絜清為敬奠酬者明正禮成不復舉凡酬
酒皆奠於薦左不舉其燕則更使人舉爵舅姑先降自西階婦降自阼階授之室使為主明代己歸婦俎
于婦氏人言俎則饗禮有牲矣婦氏人丈夫送婦者使有司歸以婦俎當以反命於女之父母明其得禮舅饗送者以一獻
之禮酬以束錦送者女家有司也爵至酬賓又從之以束錦所以相厚古文錦皆為帛姑饗婦人送者酬以束
錦婦人送者隸子弟之妻妾凡饗速之若異邦則贈丈夫送者以束錦贈送也就賓館若舅姑既
沒則婦入三月乃奠菜沒終也奠菜者以篚祭菜也蓋用堇席于廟奧東面右几席于北

方南面廟考妣之廟北方牖下祝盥婦盥于門外婦執笲菜祝帥婦以入祝告稱婦之姓曰某氏來婦敢奠嘉菜于皇舅某子帥道也入入室也某氏者齊女則曰姜氏魯女則曰姬氏來婦言來爲婦嘉美也皇君也婦拜扱地坐奠菜于几東席上還又拜如初扱地手至地也婦人扱地猶男子稽首婦降堂取笲菜入祝曰某氏來婦敢告于皇姑某氏奠菜于席如初禮降堂階上也室事交乎戶今降堂者敬也於姑言敢告舅尊於姑婦出祝闔牖戶凡廟無事則閉之老醴婦于房中南面如舅姑醴婦之禮因於廟見禮之壻饗婦送者丈夫婦人如舅姑饗禮

記士昏禮凡行事必用昏昕受諸禰廟辭無不腆無辱用昕使者用昏壻也腆善也賓不稱幣不善主人不謝來辱摯不用死皮帛必可制摯鴈也皮帛儷皮束帛也腊必用鮮魚用鮒必殽全殽全者不餒敗不剝傷女子許嫁笄而醴之稱字許嫁已受納徵禮也笄女之禮猶冠男也使主婦女賓執其禮祖廟未毀教于公宮三月若祖廟已毀則教于宗室祖廟女高祖爲君者之廟也以有緦麻之親就尊者之宮教以婦德婦言婦容婦功宗室大宗之家問名主人受鴈還西面對賓受命乃降受鴈于兩楹閒南面還于阼階上對賓以女名祭醴始扱壹祭又扱再祭賓右取脯左奉之乃歸執以反命反命謂使者問名納吉納徵請期還報于壻父納徵執皮攝之內文兼執足左首隨入西上參分庭一在南[illegible]攝猶辟也兼執足者左手執前兩足執後兩足左首象生曲禮曰執

禽者左手隨入爲門中阨狹西上中庭位併賓致命釋外足見文主人受幣士受皮者自東出于後自左受遂坐攝皮逆退適東壁賓致命主人受幣庭實所用爲節士謂若中上下士不命者以主人爲官長自由也父醴女而俟迎者母南面于房外女既次純衣父醴之于房中南面蓋母薦焉重昏禮也女奠爵于薦東立于位而俟壻壻至父出使擯者請事母出南面房外示親授壻且當戒女也女出于母左父西面戒之必有正焉若衣若笄母戒諸西階上不降必有正焉者以託戒使不忘婦乘以几從者二人坐持几相對持几者重慎之婦入寢門贊者徹尊冪酌玄酒三屬于尊棄餘水于堂下階間加勺屬注也玄酒涗水貴新昏禮又貴新故事至乃取之三注于尊中笄緇被纁裏加于橋舅荅拜宰徹笄被表也笄有衣者婦見舅姑以飾爲敬橋所以庪笄其制未聞今文橋爲鎬婦席薦饌于房醴婦饗婦之席薦也饗婦姑薦焉舅姑共饗婦舅獻爵姑薦脯醢婦洗在北堂直室東隅篚在東北面盥洗在北堂所謂北洗北堂房中半以北洗南北直室東隅東西直房戶與隅間婦酢舅更爵自薦更爵男女不相因也不敢辭洗舅降則辟于房不敢拜洗不敢與尊者爲禮凡婦人相饗無降姑饗婦人送者于房無降者以北洗篚在上婦入三月然後祭行入夫之室三月之後於祭乃行謂助祭也庶婦則使人醮之婦不饋庶婦庶子之婦也使人醮之不饗也酒不酬酢曰醮亦有脯醢適婦酌之以醴尊之庶婦酌之以酒卑之其儀則同不饋者共養統於適也昏辭曰吾子有惠貺室某也昏辭擯者請事告之辭吾子謂女父也稱有惠明下達貺賜也室猶妻也子謂公

冶長可妻也某壻名某有先人之禮使某也請納采某壻父名也某也使名也對曰某之子惷愚又弗能教吾子命之某不敢辭對曰者擯出納賓之辭某女父名也吾子謂使者今文弗爲不無能字致命曰敢納采問名曰某既受命將加諸卜敢請女爲誰氏某使者名也誰氏者謙也不必其主人之女對曰吾子有命且以備數而擇之某不敢辭卒曰某氏不記之者明爲主人之女醴曰子爲事故至於某之室某有先人之禮請醴從者言從者謙不敢斥也今文於爲于對曰某既得將事矣敢辭將行先人之禮敢固以請主人辭固如故某辭不得命敢不從也賓辭也不得命者不得許已之命納吉曰吾子有貺命某加諸卜占曰吉使某也敢告貺賜也賜命謂許以女名也某壻父名對曰某之子不教唯恐弗堪子有吉我與在某不敢辭與猶兼也古文與爲豫納徵曰吾子有嘉命貺室某也某有先人之禮儷皮束帛使某也請納徵致命曰某敢納徵對曰吾子順先典貺某重禮某不敢辭敢不承命典常也法也請期曰吾子有賜命某既申受命矣惟是三族之不虞使某也請吉日三族謂父昆弟己昆弟子昆弟虞度也不億度謂卒有死喪此三族者己及子皆爲服期期服則踰年欲及今之吉也雜記曰大功之末可以冠子嫁子對曰某既前受命矣唯命是聽前受命者申前事也曰某命某聽命于吾子曰某壻父名也對

曰某固唯命是聽使者曰某使某受命吾子不許某敢不告期曰某日某吉日之甲乙對曰某敢不敬須須待凡使者歸反命曰某既得將事矣敢以禮告告禮所執脯主人曰聞命矣父醮子子壻命之曰往迎爾相承我宗事相助也宗事宗廟之事勗帥以敬先妣之嗣若則有常勗勉也若猶女也勉帥婦道以敬其爲先妣之嗣女之行則當有常深戒之詩云大姒嗣徽音子曰諾唯恐弗堪不敢忘命賓至擯者請對曰吾子命某以茲初昏使某將請承命賓壻也命某某壻父名茲此也將行也使某行昏禮來迎對曰某固敬具以須父送女命之曰戒之敬之夙夜毋違命夙早也早起夜卧命舅姑之教命古文毋爲無母施衿結帨曰勉之敬之夙夜無違宫事帨佩巾庶母及門内施鞶申之以父母之命命之曰敬恭聽宗爾父母之言夙夜無愆視諸衿鞶庶母父之妾也鞶鞶囊也男鞶革女鞶絲所以盛帨巾之屬爲謹敬申重也宗尊也愆過也諸之也示之以衿鞶者皆託戒使識之也不示之以衣笄者尊者之戒不嫌忘之視乃正字今文作示俗誤行之壻授綏姆辭曰未教不足與爲禮也姆教人者宗子無父母命之親皆没己躬命之宗子者適長子也命之命使者母命之在春秋紀裂繻來逆女是也躬猶親也親命之則宋公使公孫壽來納幣是也言宗子無父是有父者禮七十老而傳八十齊喪之事不及若是者子代其父爲宗子其取也父命之支子則稱其宗支子庶昆弟也稱其宗子命使者弟稱其兄弟宗子之母弟若不親迎則婦入三月

然後壻見曰某以得爲外昬姻請覿女氏稱昬壻氏稱姻覿見也主人對曰某以得爲外昬姻之數某之子未得濯溉於祭祀是以未敢見今吾子辱請吾子之就宮某將走見主人女父也以白造緇曰辱對曰某以非他故不足以辱命請終賜見非他故彌親之辭命謂將走見之言今文無終賜對曰某得以爲昬姻之故不敢固辭敢不從不言外亦彌親之辭古文曰外昬姻主人出門左西面壻入門東面奠摯再拜出出門出內門入門入大門出內門不出大門者異於賓客也壻見於寢奠摯者壻有子道不敢授也摯雉也擯者以摯出請受欲使以賓客禮相見壻禮辭許受摯入主人再拜受壻再拜送出出已見女父見主婦主婦闔扉立于其內主婦主人之婦也見主婦者兄弟之道宜相親也闔扉者婦人無外事扉左扉壻立于門外東面主婦一拜壻荅再拜主婦又拜壻出必先一拜者婦人於丈夫必俠拜主人請醴及揖讓入醴以一獻之禮主婦薦奠酬無幣及與也無幣異於賓客壻出主人送再拜

儀禮卷第二

經二千五百七十三
注三千六百三十

儀禮卷第三

士相見禮第三　儀禮　鄭氏注

士相見之禮摯冬用雉夏用腒左頭奉之曰某也願見無由達某子以命命某見摯所執以至者君子見於所尊敬必執摯以將其厚意也士摯用雉者取其耿介交有時別有倫也雉必用死者爲其不可生服也夏用腒備腐臭也左頭頭陽也無由達言久無因緣以自達也某子今所因緣之姓名也以命者稱述主人之意今文頭爲脰主人對曰某子命某見吾子有辱請吾子之就家也某將走見有又也某子命某往見今吾子又自辱來序其意也走猶往也今文無走賓對曰某不足以辱命請終賜見命謂請吾子之就家主人對曰某不敢爲儀固請吾子之就家也某將走見不敢爲儀言不敢外貌爲威儀忠誠欲往也固如故也今文不爲非古文云固以請也賓對曰某不敢爲儀固以請言如固請終賜見也今文不爲非主人對曰某也固辭不得命將走見聞吾子稱摯敢辭摯不得命者不得見許之命也走猶出也稱舉也辭其摯爲其大崇也古文曰某將走見賓對曰某不以摯不敢見見於所尊敬而無摯嫌大簡主人對曰某不足以習禮敢固辭言不足習禮者不敢當其崇禮來見已賓對曰某也不依於摯不敢見固以請言依於摯謙自卑也今文無也主人對曰某也固辭不得命敢不敬從出迎于門外再拜賓荅再拜主人揖

入門右賓奉摯入門左主人再拜受賓再拜送摯出〔右就右也左就左也受摯於庭既拜受送則出矣不受摯於堂下人君也今文無〕主人請見賓反見退主人送于門外再拜〔請見者為賓崇禮來相接以矜莊歡心未交也賓反見則燕矣下云凡燕見於君至凡侍坐於君子博記反見之燕義臣初見於君再拜奠摯而出〕主人復見之以其摯曰鄉者吾子辱使某見請還摯於將命者〔復見之者禮尚往來也以其摯謂鄉時所執來者也鄉曏也將猶傳也傳命者謂擯相者〕主人對曰某也既得見矣敢辭〔讓其來荅已也〕賓對曰某也非敢求見請還摯于將命者〔言不敢求見嫌褻主人不敢當也今文無也〕主人對曰某也既得見矣敢固辭〔固如故也〕賓對曰某不敢以聞固以請於將命者〔言不敢以聞又益不敢當〕主人對曰某也固辭不得命敢不從〔許受之也〕〔異日則出迎同日則否〕賓奉摯入主人再拜受賓再拜送摯出主人送于門外再拜士見於大夫終辭其摯於其入也一拜其辱也賓退送再拜〔終辭其摯以將不親荅也凡不荅而受其摯唯君於臣耳大夫於士不出迎入一拜正禮也送再拜尊賓〕若嘗為臣者則禮辭其摯曰某也辭不得命不敢固辭〔禮辭一辭其摯而許也將不荅而聽其以摯入有臣道也〕賓入奠摯再拜主人荅壹拜〔奠摯尊卑異不親授也古文壹為一〕賓出使擯者還其摯于門外曰某也使某還摯〔還其摯者辟正君也〕賓對曰某也既得見矣敢辭〔辭君

還摯也今文無擯者對曰某也命某某非敢為儀也敢以請還摯者請使受之

賓對曰某也夫子之賤私不足以踐禮敢固辭家臣稱私踐行也言某臣也不足以行賓客禮賓客所不荅者不受摯擯者對曰某也使某不敢為儀也固以請言使某尊君也或言命某傳言耳賓對曰某固辭不得命敢不從再拜受受其摯而去之下大夫相見以鴈飾之以布維之以索如執雉鴈取知時飛翔有行列也飾之以布謂裁縫衣其身也維謂繫聯其足上大夫相見以羔飾之以布四維之結于面左頭如麛執之上大夫卿也羔取其從帥羣而不黨也面前也繫聯四足交出背上於胷前結之也如麛執之者秋獻麛有成禮如之或曰麛孤之摯也其禮蓋謂左執前足右執後足今文頭為脰如士相見之禮大夫雖摯異其儀猶如士始見于君執摯至下容彌蹙下謂君所也蹙猶促也促恭慤貌也其為恭士大夫一也庶人見於君不為容進退走容謂趨翔士大夫則奠摯再拜稽首君荅壹拜言君荅士大夫一拜則於庶人不荅之庶人之摯鶩古文壹作一若他邦之人則使擯者還其摯曰寡君使某還摯賓對曰君不有其外臣臣不敢辭再拜稽首受凡燕見于君必辯君之南面若不得則正方不疑君辯猶正也君南面則臣見正北面君或時不然當正東面若正西面不得疑君所處邪鄉之此謂特見圖事非立賓主之燕也疑度之君在堂升見無方階辯君所在升見升堂見於君也君近東則升東階君近西則升西階凡言非對也妥

而後傳言凡言謂已爲君言事也妥安坐也傳言猶出言也若君問可對則對不待安坐也古文妥爲綏與君言言使臣與大人言言事君與老者言言使弟子與幼者言言孝弟于父兄與衆言言忠信慈祥與居官者言言忠信博陳燕見言語之儀也言使臣者使臣之禮也大人卿大夫也言事君者臣事君以忠也祥善也居官謂士以下凡與大人言始視面中視抱卒視面毋改衆皆若是始視面謂觀其顏色可傳言未也中視抱容其思之且爲敬也卒視面察其納己言否也毋改謂傳言見荅應之間當正容體以待之毋自變動爲嫌解惰不虛心也衆謂諸卿大夫同在此者皆若是其視之儀無異也古文毋作無今文衆爲終若父則遊目毋上於面毋下於帶子於父主孝不主敬所視廣也因觀安否何如也今文父爲甫古文毋作無若不言立則視足坐則視膝不言則伺其行起而已凡侍坐於君子君子欠伸問日之早晏以食具告改居則請退可也君子謂卿大夫及國中賢者也志倦則欠體倦則伸問日晏近於久也具猶辯也改居謂自變動也古文伸作信早作蚤夜侍坐問夜膳葷請退可也問夜問其時數也膳葷謂食之葷辛物葱薤之屬食之以止卧古文葷作薰若君賜之食則君祭先飯徧嘗膳飲而俟君命之食然後食君祭先飯食其祭食臣先飯示爲君嘗食也此謂君與之禮食膳謂進庶羞既嘗庶羞則飲俟君之徧嘗也今云呫嘗膳若有將食者則俟君之食然後食將食猶進食謂膳宰也膳宰進食則臣不嘗食周禮膳夫品嘗食王乃食若君賜之爵則下席再拜稽首受爵升席祭卒爵而俟君卒爵然後授虛爵受爵者於

尊所至於授爵坐授人耳必俟君卒爵者若欲其釂然也今文曰若賜之爵無君也退坐取屨隱辟而后屨君爲之興則曰君無爲興臣不敢辭君若降送之則不敢顧辭遂出謂君若食之飲之而退也隱辟俛而逡巡興起也辭君興而不敢辭其降於巳大崇不敢當也大夫則辭退下比及門三辭下亦降也

若先生異爵者請見之則辭辭不得命則曰某無以見辭不得命將走見先見之先生致仕者也異爵謂卿大夫也辭辭其自降而來走猶出也先見之者出先拜也曲禮曰主人敬賓則先拜賓

非以君命使則不稱寡大夫士則曰寡君之老謂擯贊者辭也不稱寡者不言寡君之某言姓名而巳大夫卿士其使則皆曰寡君之某檀弓曰仕而未有祿者君有饋焉曰獻使焉曰寡君之老

凡執幣者不趨容彌蹙以爲儀不趨主慎也以進而益恭爲威儀耳今文無容執玉者則唯舒武舉前曳踵唯舒者重玉器尤慎也武迹也舉前曳踵備蹺跲也今文無者古文曳作抴

凡自稱於君士大夫則曰下臣宅者在邦則曰市井之臣在野則曰草茅之臣庶人則曰刺草之臣他國之人則曰外臣宅者謂致仕者也致仕者去官而居宅或在國中或在野周禮載師之職以宅田任近郊之地刺猶剗除也今宅爲託古文茅作苗

儀禮卷第三

經七百五十三字
注一千六百八十九字

儀禮卷第四

鄉飲酒禮第四　　儀禮　　鄭氏注

鄉飲酒之禮主人就先生而謀賓介主人謂諸侯之鄉大夫也先生鄉中致仕者賓介處士賢者周禮大司徒之職以鄉三物教萬民而賓興之一曰六德知仁聖義忠和二曰六行孝友睦婣任卹三曰六藝禮樂射御書數鄉大夫以正月之吉受法于司徒退而頒之于其鄉吏使各以教其所治以考其德行察其道藝及三年大比而興賢者能者鄉老及鄉大夫帥其吏與其衆寡以禮禮賓之厥明獻賢能之書於王是禮乃三年正月而一行也諸侯之鄉大夫貢士於其君蓋如此云古者年七十而致仕老於鄉里大夫名曰父師士名曰少師而教學焉恒知鄉人之賢者是以大夫就而謀之賢者爲賓其次爲介又其次爲衆賓而與之飲酒是亦將獻之以禮禮賓之也今郡國十月行此飲酒禮以黨正每歲邦索鬼神而祭祀則以禮屬民而飲酒于序以正齒位之說然此篇無正齒位之事焉凡鄉黨飲酒必於民聚之時欲其見化知尚賢尊長也孟子曰天下有達尊三爵也德也齒也

主人戒賓賓拜辱主人荅拜乃請賓賓禮辭許主人再拜賓荅拜戒警也告也拜辱出拜其自屈辱至己門也請告以其所爲來之事不固辭者素所有志主人退賓拜辱退猶去也去又拜辱者以送謝之介亦如之如戒賓也乃席賓主人介席敷席也夙興往戒歸而敷席賓席牖前南面主人席阼階上西面介席西階上東面衆賓之席皆不屬焉席衆賓於賓席之西不屬者不相續也皆獨坐明其德各特尊兩壺于房戶間斯禁有玄酒在西設篚于禁南東肆加二勺于兩壺斯禁禁切地無足者玄酒在西上也肆陳也設洗于阼階東南南北以堂深東西當東榮水在洗東篚在洗西南肆榮屋翼

羹定肉謂之羹定猶孰也主人速賓賓拜辱主人荅拜還賓拜辱速召也還猶退也介
亦如之如賓速也賓及衆賓皆從之從猶隨也言及衆賓介亦在其中矣主人一相迎于門外
再拜賓賓荅拜拜介介荅拜相主人之吏擯贊傳命者揖衆賓差益卑也拜介揖衆賓皆西南面主
人揖先入揖揖賓也先入門而西面賓厭介入門左介厭衆賓入衆賓皆入門左
北上皆入門西東面賓之屬相厭變於主人也推手曰揖引手曰厭今文皆作揖又曰衆賓皆入左無門主人與賓三揖至于階
三讓主人升賓升主人阼階上當楣北面再拜賓西階上當楣北
面荅拜三揖者將進揖當陳揖當碑揖楣前東也復拜拜賓至此堂尊之主人坐取爵于篚降洗將獻賓也賓
降從主人也主人坐奠爵于階前辭重以己事煩賓也事同曰讓事異曰辭賓對對荅也賓主之辭未聞主
人坐取爵興適洗南面坐奠爵于篚下盥洗已盥乃洗爵致絜敬也今文無奠賓
進東北面辭洗必進東行示情主人坐奠爵于篚興對賓復位當西序
東面言復位者明始降時位在此主人坐取爵沃洗者西北面沃洗者主人之羣吏卒洗主人
壹揖壹讓升俱升古文一作壹賓拜洗主人坐奠爵遂拜降盥復盥爲手坋汙賓
降主人辭賓對復位當西序卒盥揖讓升賓西階上疑立疑讀爲疑然從
於趙盾之疑疑正立自定之皃主人坐取爵實之賓之席前西北面獻賓獻進也進酒於賓賓

西階上拜主人少退(少退少辟)賓進受爵以復位主人阼階上拜送爵賓少退(復位復西階上位)薦脯醢(薦進也進之者主人有司)賓升席自西方(升由下也升必中席)乃設折俎(牲體枝解節折在俎)主人阼階東疑立賓坐左執爵祭脯醢(坐坐於席祭脯醢者以右手)奠爵于薦西興右手取肺卻左手執本坐弗繚右絕末以祭尚左手嚌之興加于俎(興起也肺離之本端厚大者繚猶紾也大夫以上威儀多紾絕之尚左手者明垂紾之乃絕其末嚌嘗也)坐捝手遂祭酒(捝拭也古文捝作說)興席末坐啐酒(啐亦嘗也)降席坐奠爵拜告旨執爵興主人阼階上答拜(降席席西也旨美也)賓西階上北面坐卒爵興坐奠爵遂拜執爵興主人阼階上答拜(卒盡也於此盡酒者明此席非專為飲食起)賓降洗(將酢主人)主人降(亦從賓也降立阼階東西面)賓坐奠爵興辭(西階前也)主人對賓坐取爵適洗南北面主人阼階東南面辭洗賓坐奠爵于篚興對主人復阼階東西面賓東北面盥坐取爵卒洗揖讓如初升主人拜洗賓答拜興降盥如主人禮賓實爵主人之席前東南面酢主人主人阼階上拜賓少退主人進受爵復位賓西階上拜送爵薦脯醢主人升席自北方設折俎祭如賓禮(祭者祭薦俎及酒亦嚌啐)不告旨

酒已物也自席前適阼階上北面坐卒爵興坐奠爵遂拜執爵興賓西階上荅拜自席前者啐酒席末因從北方降由便也主人坐奠爵于序端阼階上北面再拜崇酒賓西階上荅拜東西牆謂之序崇充也言酒惡相充實主人坐取觶于篚降洗賓降主人辭降賓不辭洗立當西序東面不辭洗者以其將自飲卒洗揖讓升賓西階上疑立主人實觶酬賓阼階上北面坐奠觶遂拜執觶興賓西階上荅拜酬勸酒也酬之言周忠信爲周坐祭遂飲卒觶興坐奠觶遂拜執觶興賓西階上荅拜主人降洗賓降辭如獻禮升不拜洗不拜洗殺於獻賓西階上立主人實觶賓之席前北面賓西階上拜主人少退卒拜進坐奠觶于薦西賓已拜主人奠其觶賓辭坐取觶復位主人阼階上拜送賓北面坐奠觶于薦東復位酬酒不舉君子不盡人之歡不竭人之忠以全交也主人揖降賓降立于階西當序東面主人將與介爲禮賓謙不敢居堂上主人以介揖讓升拜如賓禮主人坐取爵于東序端降洗介降主人辭降介辭洗如賓禮升不拜洗介禮殺也介西階上立不言疑者省文主人實爵介之席前西南面獻介介西階上北面拜主人少退介進北面受

爵復位主人介右北面拜送爵介少退（主人拜于介右降尊以就卑也今文無北面）主人立于西階東薦脯醢介升席自北方設折俎祭如賓禮不嚌肺不啐酒不告旨自南方降席北面坐卒爵興坐奠爵遂拜執爵興主人介右荅拜（不嚌啐下賓）介降洗主人復阼階降辭如初（如賓酢之時）卒洗主人盥（盥者當為介酌）介揖讓升授主人爵于兩楹之閒（就尊南授之介不自酌下賓酒者賓主共之）介西階上立主人實爵酢于西階上介右坐奠爵遂拜執爵興介荅拜主人坐祭遂飲卒爵興坐奠爵遂拜執爵興介荅拜主人坐奠爵于西楹南介右再拜崇酒介荅拜（奠爵西楹南以當獻衆賓）主人復阼階揖降介降立于賓南主人西南面三拜衆賓衆賓皆荅壹拜（三拜壹拜示徧不備禮也不升拜賤也）主人揖升坐取爵于西楹下降洗升實爵于西階上獻衆賓衆賓之長升拜受者三人（長其老者言三人則衆賓多矣）主人拜送（於衆賓右）坐祭立飲不拜既爵授主人爵降復位（既卒也卒爵不拜立飲授賤者禮簡）衆賓獻則不拜受爵坐祭立飲（次三人以下也不拜禮彌簡）每一人獻則薦諸其席（謂三人也）衆賓辯有脯醢（亦每獻薦於其位位在下今文辯皆作徧）主人以爵降奠于篚（不復用也）揖讓升賓

厭介升介厭衆賓升衆賓序升即席序次也即就也今文厭皆爲揖一人洗升舉觶于賓一人主人之吏發酒端曰舉實觶西階上坐奠觶遂拜執觶興賓席末荅拜坐祭遂飲卒觶興坐奠觶遂拜執觶興賓荅拜降洗升實觶立于西階上賓拜賓拜拜將受觶進坐奠觶于薦西賓辭坐受以興舉觶不授下主人也言坐受者明行事相接若親受謙也舉觶者西階上拜送賓坐奠觶于其所所薦西也舉觶者降事已設席于堂廉東上爲工布席也側邊曰廉燕禮曰席工於西階上少東樂正先升北面此言樂正先升立于西階東則工席在階東工四人二瑟瑟先相者二人皆左何瑟後首挎越内弦右手相四人大夫制也二瑟二人鼓瑟則二人歌也瑟先者將入序在前也相扶工也衆賓之少者爲之每工一人鄉射禮曰弟子相工如初入天子相工使視瞭者凡工瞽矇也故有扶之者師冕見及階子曰階也及席子曰席也固相師之道後首者變于君也挎持也相瑟者則爲之持瑟其相歌者徒相也越瑟下孔也内弦側擔之者樂正先升立于西階東正長也工入升自西階北面坐相者東面坐遂授瑟乃降降立于西方近其事工歌鹿鳴四牡皇皇者華三者皆小雅篇也鹿鳴君與臣下及四方之賓燕講道脩政之樂歌也此采其己有旨酒以召嘉賓嘉賓既來示我以善道又樂嘉賓有孔昭之明德可則傚也四牡君勞使臣之來樂歌也此采其勤苦王事念將父母懷歸傷悲忠孝之至以勞賓也皇皇者華君遣使臣之樂歌也此采其更是勞苦自以爲不及欲諮謀于賢知而以自光明也卒歌主人獻工工左瑟一人拜不興受爵主人阼階上拜送爵一人工之長也凡工賤不爲之洗

薦脯醢使人相祭使人相者相其祭酒祭薦工飲不拜既爵授主人爵坐授之衆工則不拜受爵祭飲辯有脯醢不祭祭飲獻酒重無不祭也今文辯爲徧大師則爲之洗賓介降主人辭降工不辭洗大夫若君賜之樂謂之大師則爲之洗尊之也賓介降從主人也工大師也上既言獻工矣乃言大師者大師或瑟或歌也其獻之瑟則先歌則後笙入堂下磬南北面立樂南陔白華華黍笙吹笙者也以笙吹此詩以爲樂也南陔白華華黍小雅篇也今亡其義未聞昔周之興也周公制禮作樂采時世之詩以爲樂歌所以通情相風切也其有此篇明矣後世衰微幽厲尤甚禮樂之書稍稍廢棄孔子曰吾自衛反魯然後樂正雅頌各得其所謂當時在者而復重雜亂者也惡能存其亡者乎且正考父校商之名頌十二篇于周大師歸以祀其先王至孔子二百年之間五篇而已此其信也主人獻之于西階上一人拜盡階不升堂受爵主人拜送爵階前坐祭立飲不拜既爵升授主人爵一人笙之長者也笙三人和一人凡四人鄉射禮曰笙一人拜于下衆笙則不拜受爵坐祭立飲辯有脯醢不祭亦受爵于西階上薦之皆於其位磬南今文辯爲徧乃間歌魚麗笙由庚歌南有嘉魚笙崇丘歌南山有臺笙由儀間代也謂一歌則一吹六者皆小雅篇也魚麗言大平年豐物多也此采其物多酒旨所以優賓也南有嘉魚言大平君子有酒樂與賢者共之也此采其能以禮下賢者賢者纍蔓而歸之與之燕樂也南山有臺言大平之治以賢者爲本此采其愛友賢者爲邦家之基民之父母既欲其身之壽考又欲其名德之長也由庚崇丘由儀今亡其義未聞乃合樂周南關雎葛覃卷耳召南鵲巢采蘩采蘋合樂謂歌樂與衆聲俱作周南召南國風篇也王后國君夫人房中之樂歌也關雎言后妃之德葛覃言后妃之職卷耳

言后妃之志鵲巢言國君夫人之德采蘩言國君夫人不失職采蘋言卿大夫之妻
能脩其法度昔大王王季居于岐山之陽躬行召南之教以興王業及文王而行周
南之教以受命大雅云刑于寡妻至于兄弟以御於家邦謂此也其始一國耳文王
作邑于豐以故地爲卿士之采地乃分爲二國周周公所食召召公所食於時文王三
分天下有其二德化被于南土是以其詩有仁賢之風者屬之召南焉有聖人之風
者屬之周南焉夫婦之道生民之本王政之端此六篇者其教之原也故國君與其
臣下及四方之賓燕用之合樂也鄉樂者風也小雅爲諸侯之樂大雅頌爲天子之
樂鄉飲酒升歌小雅禮盛者可以進取也燕合鄉樂禮輕者可以逮下也春秋傳曰
肆夏繁遏渠天子所以享元侯也文王大明緜兩君相見之樂也然則諸侯相與燕
升歌大雅合小雅天子與次國小國之君燕亦如之與大國之君燕升歌頌合大雅
其笙間之篇未聞　工告于樂正曰正歌備樂正告于賓乃降　樂正降者以正歌備無事也降
立西階東北面　主人降席自南方　不由北方由便　側降　賓介不從　作相爲司正司正禮辭
許諾主人拜司正荅拜　作使也禮樂之正既成將留賓爲有解惰立司正以監之拜拜其許　主人升復席司
正洗觶升自西階阼階上北面受命于主人主人曰請安于賓司
正告于賓賓禮辭許　爲賓欲去留之告賓於西階　司正告于主人主人阼階上再
拜賓西階上荅拜司正立于楹間以相拜皆揖復席　再拜拜賓許也司正既以
賓許告主人遂立楹間以相拜賓主人既拜揖就席　司正實觶降自西階階間北面坐奠觶退
共少立　階間北面東西節也其南北當中庭共拱手也少立自正慎其位也已帥而正孰敢不正燕禮曰右還北面　坐取觶不祭
遂飲卒觶興坐奠觶遂拜執觶興盥洗北面坐奠觶于其所退

立于觶南洗觶奠之示絜敬立於其南以察衆賔北面坐取俎西之觶阼階上北面酬主人主人降席立于賔東初起旅酬也凡旅酬者少長以齒終於沃盥者皆弟長而無遺矣賔坐奠觶遂拜執觶興主人荅拜不祭立飲不拜卒觶不洗實觶東南面授主人賔立飲卒觶因更酌以鄉主人將授主人阼階上拜賔少退主人受觶賔拜送于主人之西旅酬同階禮殺賔揖復席酬主人訖主人西階上酬介介降席自南方立于主人之西如賔酬主人之禮主人揖復席其酌實觶西南面授介自此以下旅酬酌者亦如之司正升相旅曰某子受酬受酬者降席旅序也於是介酬衆賔衆賔又以次序相酬某者衆賔姓也同姓則以伯仲別之又同則以且字別之司正退立于序端東面辟受酬者又便其贊上贊下也始升相西階西北面受酬者自介右由介東也尊介使不失故位衆受酬者受自左後將受酬者皆由西變於介也今文無衆酬者拜興飲皆如賔酬主人之禮嫌賔以下異也辯卒受者以觶降坐奠于篚辯辯衆賔之在下者鄉射禮曰辯遂酬在下者皆升受酬于西階上司正降復位觶南之位使二人舉觶于賔介洗升實觶于西階上皆坐奠觶遂拜執觶興賔介席末荅拜皆坐祭遂飲卒觶興坐奠觶遂拜執觶興賔介席末荅拜二人亦主人之吏若有大夫則舉觶于賔與大夫燕禮曰媵爵者立于洗南西面北上序進盥洗逆降洗升實觶皆立于西階上賔

介皆拜於席末拜皆進薦西爵之賓辭坐取觶以興介則薦南爵之介坐受以興退皆拜送降賓介爵于其所賓言取介言受尊卑異文今文曰賓受司正升自西階受命于主人主人曰請坐于賓賓辭以俎至此盛禮俱成酒清肴乾賓主百拜強有力者猶倦焉張而不弛弛而不張非文武之道請坐者將以賓燕也俎者肴之貴者辭之者不敢以禮殺當貴者主人請徹俎賓許亦司正傳請告之司正降階前命弟子俟徹俎西階前也弟子賓之少者俎者主人之吏設之使弟子俟徹者明徹俎賓之義司正升立于席端待事賓降席北面主人降席阼階上北面介降席西階上北面遵者降席席東南面皆立相須徹俎也遵者謂此鄉之人仕至大夫者也今來助主人樂賓主人所榮而遵法者也因以爲名或有無來不來用時事耳今文遵爲僎或爲全賓取俎還授司正司正以降賓從之主人取俎還授弟子弟子以降自西階主人降自阼階介取俎還授弟子弟子以降介從之若有諸公大夫則使人受俎如賓禮衆賓皆降取俎者皆鄉其席既授弟子皆降復初入之位說屨揖讓如初升坐說屨者爲安燕當坐也必說於下者屨賤不空居堂說屨主人先左賓先右今文說爲稅乃羞羞進也所進者狗胾醢也鄉設骨體所以致敬也今進羞所以盡愛也敬之愛之所以厚賢也無筭爵筭數也賓主燕飲爵行無數醉而止也鄉射禮曰使二人舉觶于賓與大夫又曰執觶者洗升實觶反奠於賓與大夫皆是無筭樂燕樂亦無數或間或合盡歡而止也春秋襄二十九年吴公子札來聘請觀于周樂此國君之無筭賓出奏陔陔陔夏也陔之言戒也終

日燕飲酒罷以陔爲節明無失禮也周禮鍾師以鍾鼓奏九夏是奏陔夏則有鍾鼓矣鍾鼓者天子諸侯備用之大夫士鼓而已蓋建於阼階之西南鼓鄉射禮曰賓興樂正命奏陔賓降及階陔作賓出衆賓皆出　主人送于門外再拜門東西面拜也賓介不荅拜禮有終也　賓若有遵者諸公大夫則既一人舉觶乃入不干主人正禮也遵者諸公大夫也謂之賓者同從外來耳大國有孤四命謂之公　席于賓東公三重大夫再重席此二者於賓東尊之不與鄉人齒也天子之國三命者不齒於諸侯之國一爵爲大夫則不齒矣不言遵者遵者亦鄉大夫　公如大夫入主人降賓介降衆賓皆降復初位

主人迎揖讓升公升如賓禮辭一席使一人去之如讀若今之若主人迎於門內也辭一席謙自同於大夫　大夫則如介禮有諸公則辭加席委于席端主人不徹無諸公則大夫辭加席主人對不去加席加席上席也大夫席再重　明日賓服鄉服以拜賜拜賜謝恩惠鄉服昨日與鄉大夫飲酒之朝服也不言朝服未服以朝也今文曰賓服鄉服　主人如賓服以拜辱拜賓復自辱也鄉射禮曰賓朝服以拜賜于門外主人不見如賓服遂從之拜辱于門外乃退　主人釋服釋朝服更服玄端也古文釋作舍　乃息司正息勞也勞賜昨日贊執事者獨云司正司正庭長也　無介勞禮畧也司正爲賓　不殺市買若因所有可也不殺則無俎　薦脯醢羞同也　羞唯所有在有何物　徵唯所欲徵召也　以告于先生君子可也告請也先生不以筋力爲禮於是可以來君子國中有盛德者可者召不召唯所欲　賓介不與禮瀆則褻古文與爲豫　鄉樂唯欲鄉樂周南召南六篇之中唯所欲作不從次也不歌鹿鳴魚麗者辟國君也　記鄉朝服而謀賓介皆使能不宿戒鄉

人謂鄉大夫也朝服冠玄端緇帶素韠白屨今郡國行鄉飲酒之禮玄冠而衣皮弁服與禮異再戒爲宿戒禮將有事先戒而又宿戒蒲筵緇布
純筵席也純緣也尊綌冪賓至徹之綌葛也冪覆尊巾其牲狗也狗取擇人亨于堂東北
祖陽氣之所始也陽氣主養易曰天地養萬物聖人養賢以及萬民獻用爵其他用觶爵尊不褻用之薦脯五挺橫
祭于其上出自左房挺猶膱也鄉射禮曰祭半膱膱長尺有二寸左在東陽也陽主養房饌陳處也冠禮之饌脯醢南上曲禮曰以脯脩置
者左朐右末俎由東壁自西階升亨狗既孰載之俎饌於東方賓俎脊脅肩肺主人俎脊
脅臂肺介俎脊脅肫胳肺肺皆離皆右體進腠凡牲前脛骨三肩臂臑也後脛骨二
膞胳也尊者俎尊骨卑者俎卑骨祭統曰凡爲俎者以骨爲主骨有貴賤凡前貴後賤離猶挃也腠理也進理謂前其本也今文胳作骼以爵拜者
不徒作作起也言拜既爵者不徒起起必酢主人坐卒爵者拜既爵立卒爵者不拜既爵
降殺各從其宜不使相錯唯工不從此禮凡奠者於左不飲者不欲其妨將舉於右便也衆賓之長一人辭
洗如賓禮於三人之中復差有尊者餘二人雖爲之洗不敢辭其下不洗立者東面北上若有北面者
則東上賢者衆寡無常也或統於堂或統於門樂正與立者皆薦以齒謂其飲之次也尊樂正同於賓黨不言飲
而言薦以明飲也既飲皆薦於其位樂正位西階東北面凡舉爵三作而不徒爵謂獻賓獻大夫獻工皆有薦樂作
大夫不入後樂賢者獻工與笙取爵于上篚既獻奠于下篚明其異器敬也如是則獻
大夫亦然上篚三爵其笙則獻諸西階上謂主人拜送爵也於工拜于阼階上者以其坐于西階東也古文無上磬階間

縮霤北面鼓之縮從也霤以東西爲從鼓猶擊也大夫而特縣方賓鄉人之賢者從士禮也射則磬在東古文縮爲蹙主人介凡升席自北方降自南方席南上升由下降由上由便司正既舉觶而薦諸其位司正主人之屬也無獻因其舉觶而薦之凡旅不洗敬禮殺也不洗者不祭不甚絜也既旅士不入後正禮也既旅則將燕矣徹俎賓介遵者之俎受者以降遂出授從者以送之主人之俎以東藏於東方樂正命奏陔賓出至于階陔作若有諸公則大夫於主人之北西面其西面者北上統於公主人之贊者西面北上不與贊佐也謂主人之屬佐助主人禮事徹鼏沃盥設薦俎者西面北上統於堂也與及也不及謂不獻酒無算爵然後與燕乃及之

經二千六百三十八字
注三千九百三十字

儀禮卷第四

儀禮卷第五

鄉射禮第五　儀禮　鄭氏注

鄉射之禮主人戒賓賓出迎再拜主人荅再拜乃請 主人州長也鄉大夫若在焉則稱鄉大夫也戒猶警也語也出迎出門也請告也告賓以射事不言拜辱此爲習民以禮樂不主爲賓己也不謀賓者時不獻賢能事輕也今郡國行此禮以季春周禮鄉老及鄉大夫三年正月獻賢能之書於王退而以鄉射之禮五物詢衆庶諸侯之鄉大夫既貢士於其君亦用此禮射而詢衆庶乎 賓禮辭許主人再拜賓荅再拜主人退賓送再拜 退還射宮省錄射事 無介 雖先飲酒主於射也其序賓之禮略 乃席賓南面東上 不言於戶牖之間者此射於序 衆賓之席繼而西 言繼者甫欲習衆庶未有所殊別 席主人於阼階上西面 阼階東階 尊於賓席之東兩壺斯禁左玄酒皆加勺篚在其南東肆 斯禁禁切地無足者也設尊者北面西曰左尚之也肆陳也 設洗于阼階東南南北以堂深東西當東榮水在洗東篚在洗西南肆 榮屋翼也 縣于洗東北西面 此縣謂磬也縣於東方辟射位也但縣磬者半天子之士無鍾 乃張侯下綱不及地武 侯謂所射布也綱持舌繩也武迹也中人之迹尺二寸侯象人綱即其足也是以取數焉 不繫左下綱中掩束之 事未至也 乏參侯道居侯黨之一西五步 容謂之乏所以爲獲者御矢也侯道五十步此乏去侯北十丈西三丈 羹定 肉謂之羹定猶孰也謂狗孰可食 主人朝服乃速賓賓朝服出迎再拜主人

荅再拜退賓送再拜速召也射賓輕也戒時玄端今郡國行此鄉射禮皮弁服與禮爲異賓及衆賓遂從之及門主人一相出迎于門外再拜賓荅再拜相主人家臣擯贊傳命者揖衆賓差卑禮宜異主人以賓揖先入以猶與也先入入門右西面賓厭衆賓衆賓皆入門左東面北上賓少進引手曰厭少進差在前也今文皆曰揖衆賓主人以賓三揖皆行及階三讓主人升一等賓升三讓而主人先升者是主人先讓於賓不俱升者賓客之道進宜難也主人阼階上當楣北面再拜賓西階上當楣北面荅再拜主人拜賓至此堂主人坐取爵于上篚以降將獻賓也賓降從主人也主人阼階前西面坐奠爵興辭降重以主人事煩賓也今文無阼階賓對對荅主人坐取爵興適洗南面坐奠爵于篚下盥洗盥手又洗爵致絜敬也古文盥皆作浣賓進東北面辭洗必進者方辭洗宜違位也言東北面則位南於洗矣主人坐奠爵于篚興對賓反位反從降之位也鄉飲酒曰當西序東面主人卒洗壹揖壹讓以賓升賓西階上北面拜洗主人阼階上北面奠爵遂荅拜乃降乃降將更盥也古文壹皆作一賓降主人辭降賓對主人卒盥壹揖壹讓升賓升西階上疑立疑止也有矜莊之色主人坐取爵實之賓席之前西北面獻賓進酒於賓也凡進物曰獻賓西階上北面拜主人少退少退猶少辟也賓進受爵于席

前復位復位西階上位主人阼階上拜送爵賔少退薦脯醢薦進賔升席自西方賔升降由下也乃設折俎牲體枝解節折以實俎也主人阼階東疑立賔坐左執爵右祭脯醢奠爵于薦西興取肺坐絕祭卻左手執本右手絕末以祭也肺離上爲本下爲末尚左手嚌之嚌嘗也右手在下絕以授口嘗之興加于俎坐捝手執爵遂祭酒興席末坐啐酒捝拭也啐嘗也古文捝作說降席坐奠爵拜告旨降席席西也旨美也執爵興主人阼階上荅拜賔西階上北面坐卒爵興坐奠爵遂拜執爵興卒盡主人阼階上荅拜賔以虛爵降將洗以酢主人主人降從賔也降立阼階東西面當東序賔西階前東面坐奠爵興辭降主人對賔坐取爵適洗北面坐奠爵于篚下興盥洗賔北面盥洗自外來主人阼階之東南面辭洗賔坐奠爵于篚興對主人反位反位從降之位也主人辭洗進賔卒洗揖讓如初升主人拜洗賔荅拜興降盥如主人之禮賔升實爵主人之席前東南面酢主人酢報主人阼階上拜賔少退主人進受爵復位賔西階上拜送爵薦脯醢主人升席自北方乃設折俎祭如賔禮祭薦俎及酒亦嚌啐不告旨酒己物自席前適阼階上北面坐卒爵興坐奠爵遂拜執爵興賔

西階上北面荅拜自由也啐酒於席末由前降便也主人坐奠爵于序端阼階上再拜崇酒賓西階上荅再拜序端東序頭也崇充也謝酒惡相充滿也主人坐取觶于篚以降將酬賓賓降主人奠觶辭降賓對東面立主人坐取觶洗賓不辭洗不辭洗以其將自飲卒洗揖讓升賓西階上疑立主人實觶酬之阼階上北面坐奠觶遂拜執觶興酬勸酒賓西階上北面荅拜主人坐祭遂飲卒觶興坐奠觶遂拜執觶興賓西階上北面荅拜主人降洗賓降辭如獻禮以將酌已升不拜洗酬禮殺也賓西階上立主人實觶賓之席前北面酬賓賓西階上拜主人坐奠觶于薦西賓辭坐取觶以興反位賓辭辭主人復親酌已主人阼階上拜送賓北面坐奠觶于薦東反位酬酒不舉主人揖降賓降東面立于西階西當西序主人將與衆賓爲禮賓讓不敢獨居堂主人西南面三拜衆賓衆賓皆荅壹拜三拜示徧也壹拜不備禮也獻衆賓畢乃與衆賓拜敬不能並主人揖升坐取爵于序端降洗升實爵西階上獻衆賓衆賓之長升拜受者三人長其老者言三人則衆賓多矣國以多德行道藝爲榮何常數之有乎主人拜送拜送爵於衆賓右坐祭立飲不拜既爵授主人爵降復位既盡衆賓皆不

拜受爵坐祭立飲（自第四已下又不拜受爵禮彌略）每一人獻則薦諸其席（諸於）衆賓辯有脯醢（薦於其位）主人以虛爵降奠于篚（不復用）揖讓升賓厭衆賓升衆賓皆升就席一人洗舉觶於賓（一人主人之吏）升實觶西階上坐奠觶拜執觶興賓席末荅拜舉觶者坐祭遂飲卒觶興坐奠觶拜執觶興賓荅拜降洗升實之西階上北面（將進奠觶）賓拜（拜受觶）舉觶者進坐奠觶于薦西（不授賤不敢也）賓辭坐取以興（若親受然）舉觶者西階上拜送賓反奠于其所舉觶者降大夫若有遵者則入門左（謂此鄉之人爲大夫者也謂之遵者方以禮樂化民欲其遵法之也其士也於旅乃入鄉大夫士非鄉人禮亦然主於鄉人耳今文遵爲僎）主人降（迎大夫於門內也不出門別於賓）賓及衆賓皆降復初位（不敢居堂俟大夫入也初位門內東面）主人揖讓以大夫升拜至大夫荅拜主人以爵降大夫降主人辭降大夫辭洗如賓禮席于尊東（尊東明與賓夾尊也不言東上統於尊也）升不拜洗主人實爵席前獻于大夫大夫西階上拜進受爵反位主人大夫之右拜送大夫辭加席主人對不去加席（辭之者謙不以已尊加賢者也不去者大夫再重席正也賓一重席）乃薦脯醢大夫升席設折俎祭如賓禮不嚌肺不啐酒不告旨西階上卒爵拜主人荅拜

凡所不者殺於賓也大夫升席由東方大夫降洗將酢主人也大夫若衆則辯獻長乃酢主人復阼階降辭如
初卒洗主人盥盥者雖將酌自飲尊大夫不敢褻揖讓升大夫授主人爵于兩楹間
復位主人實爵以酢于西階上坐奠爵拜大夫荅拜坐祭卒爵
拜大夫荅拜主人坐奠爵于西楹南再拜崇酒大夫荅拜主人
復阼階揖降將升賓大夫降立于賓南雖尊不奪人之正禮主人揖讓以賓升
大夫及衆賓皆升就席席工于西階上少東樂正先升北面立于
其西言少東者明樂正西側階不欲大東辟射位工四人二瑟瑟先相者皆左何瑟面鼓
執越内弦右手相入升自西階北面東上工坐相者坐授瑟乃降瑟先賤者先就事也相扶工也面前也鼓在前變於君也執越内弦右手相由便也越瑟下孔所以發越其聲也前越言執者内有弦結手入之淺也相者降立西
方笙入立于縣中西面堂下樂相從也縣中磬東立西面乃合樂周南關雎葛覃卷耳
召南鵲巢采蘩采蘋不歌不笙不閒志在射略於樂也不略合樂者周南召南之風鄉樂也不可略其正也昔大王王季文王始居岐山之陽躬行召南之教以成王業至三分天下乃宣周南召南之化本其德之初刑于寡妻至于兄弟以御于家邦故謂之鄉樂用之房中以及朝庭饗食燕鄉射飲酒此六篇其風化之原也是以合金石絲竹而歌之工不興告于樂正曰正歌備不興者瞽矇禮略也樂正告
于賓乃降樂正降者堂上正樂畢也降立西階東北面主人取爵于上篚獻工大師則爲

之洗尊之也君賜大夫樂又從之以其人謂之大師賓降主人辭降大夫不降尊也工不辭洗卒洗升
實爵工不興左瑟一人拜受爵左瑟辟主人授爵也一人無大師則工之長者主人阼階上拜
送爵薦脯醢使人相祭人相者工飲不拜既爵授主人爵衆工不拜
受爵祭飲辯有脯醢不祭祭飲不興受爵坐祭坐飲不洗遂獻笙于西階上不洗者賤
也衆工而不洗矣而著笙不洗者笙賤於衆工正君賜之猶不洗也笙一人拜于下盡階不升堂受爵主
人拜送爵階前坐祭立飲不拜既爵升授主人爵衆笙不拜受
爵坐祭立飲辯有脯醢不祭主人以爵降奠于篚反升就席亦揖讓以
賓升衆賓皆升主人降席自南方禮殺由便側降賓不從降作相爲司正司正禮辭
許諾主人再拜司正荅拜爵備樂畢將留賓以事爲有解倦失禮立司正以監之察儀法也詩云既立之監或佐之史
主人升就席司正洗觶升自西階由楹內適阼階上北面受命
于主人洗觶者當酬以表其位顯其事也楹內楹北西階上北面請安于賓傳主人之命賓禮辭
許司正告于主人遂立于楹閒以相拜相謂贊主人及賓相拜之辭主人阼階上
再拜賓西階上荅再拜皆揖就席爲已安也今文揖爲升司正實觶降自西
階中庭北面坐奠觶興退少立奠觶表其位也少立自脩正慎其位也古文曰少退立進坐取觶

興反坐不祭遂卒觶興坐奠觶拜執觶興洗北面坐奠于其所今文
坐取觶無進又曰坐奠之拜興少退北面立于觶南立觶南亦其故擯位末旅旅序也末以次序相酬以將射也旅則禮
終也三耦俟于堂西南面東上司正既立司射選弟子之中德行道藝之高者以爲三耦使俟事於此司射適堂
西袒決遂取弓于階西兼挾乘矢升自西階階上北面告于賓
曰弓矢既具有司請射司射主人之吏也於堂西袒決遂者主人無次隱蔽而已袒左免衣也決猶闓也以象骨爲之著右大擘手指以
鉤弦闓體也遂射韝也以韋爲之所以遂弦者也其非射時則謂之拾拾斂也所以蔽膚斂衣也方持弦矢曰挾乘矢四矢也大射曰挾乘矢於弓外見鏃於弣右巨指
鉤弦古文挾皆作接賓對曰某不能爲二三子許諾言某不能謙也二三子謂衆賓已下司射適阼
階上東北面告于主人曰請射于賓賓許司射降自西階階前
西面命弟子納射器弟子賓黨之年少者也納內也射器弓矢決拾旌中籌楅豐也賓黨東面主人之吏西面乃納射
器皆在堂西賓與大夫之弓倚于西序矢在弓下北括衆弓倚
于堂西矢在其上上堂西廉矢亦北括主人之弓矢在東序東亦倚于東序也矢在其下北括司
射不釋弓矢遂以比三耦於堂西三耦之南北面命上射曰某御
於子命下射曰子與某子射比選次其才相近者也古文曰某從於子司正爲司馬兼官由便也立
司正爲涖酬今射司正無事司馬命張侯弟子說束遂繫左下綱事至也今文說皆作稅司馬

又命獲者倚旌于侯中為當負侯也獲者亦弟子也謂之獲者以事名之獲者由西方坐取旌倚于侯中乃退樂正適西方命弟子贊工遷樂于下當辟射也贊佐也遷徙也弟子相工如初入降自西階阼階下之東南堂前三笴西面北上坐笴矢幹也今文無南樂正北面立于其南北面鄉堂不與工序也司射猶挾乘矢以命三耦各與其耦讓取弓矢拾猶有故之辭拾更也三耦皆袒決遂有司左執弣右執弦而授弓有司弟子納射器者也凡納射器者皆執以俟事遂授矢受於納矢而授之三耦皆執弓搢三而挾一个未違俟處也搢插也插於帶右司射先立于所設中之西南東面三耦皆進由司射之西立于其西南東面北上而俟司射東面立于三耦之北搢三而挾一个為當誘射也固東面矣復言之者明卻時還揖進當階北面揖及階揖升堂揖豫則鉤楹內堂則由楹外當左物北面揖鉤楹繞楹而東也序無室可以深也周立四代之學於國而又以有虞氏之庠為鄉學鄉飲酒義曰主人迎賓于庠門外是也庠之制有堂有室也今言豫者謂州學也讀如成周宣謝災之謝周禮作序凡屋無室曰謝宜從謝州立謝者下鄉也左物下物也今文豫為序序乃夏后氏之學亦非也及物揖左足履物不方足還視侯中俯正足方猶併也志在於射左足至右足還併足則是立也南面視侯之中乃俯視併正其足不去旌以其不獲誘射誘猶教也將乘矢將行也行四矢象有事於四方執弓不挾右執弦不挾矢盡南面揖揖如

升射降出于其位南適堂西改取一个挾之（改更也不射而挾之示有事也今文曰適序西）遂適階西取扑搢之以反位（扑所以撻犯教者書云扑作教刑）司馬命獲者執旌以負侯（欲令射者見侯與旌深有志於中）獲者適侯執旌負侯而俟（俟待也今文俟爲立）司射還當上耦西面作上耦射（還左還也作使也）司射反位上耦揖進上射在左並行當階北面揖及階揖上射先升三等下射從之中等（中猶間也）上射升堂少左下射升上射揖並行（並併也併東行）皆當其物北面揖及物揖皆左足履物還視侯中合足而俟司馬適堂西不決遂袒執弓（不決遂因不射不備）出于司射之南升自西階鉤楹由上射之後西南面立于物間右執簫南揚弓命去侯（鉤楹以當由上射者之後也簫弓末也大射曰左執弣揚猶舉也）獲者執旌許諾聲不絶以至于乏坐東面偃旌興而俟（聲不絶不以宫商不絶而已鄉射威儀省偃猶仆也）司馬出于下射之南還其後降自西階反由司射之南適堂西釋弓襲反位立于司射之南（圍下射者明爲二人命去侯）司射進與司馬交于階前相左由堂下西階之東北面視上射命曰無射獲無獵獲上射揖司射退反位（射獲謂矢中人也獵矢從傍）乃射上射既發挾弓矢而后下射射拾

發以將乘矢古文而后作後非也孝經説然后曰后者後也當從后獲者坐而獲射者中則大言獲獲得也射講武田之類是以中爲獲也舉旌以宮偃旌以商宮爲君商爲臣聲和律呂相生獲而未釋獲但大言獲未釋其筭卒射皆執弓不挾南面揖揖如升射不挾亦右執弦如司射上射降三等下射少右從之中等並行上射於左降下與升射者相左交于階前相揖由司馬之南適堂西釋弓說決拾襲而俟于堂西南面東上三耦卒射亦如之司射去扑倚于西階之西升堂北面告于賓曰三耦卒射去扑乃升不敢佩刑器即尊者之側賓揖以揖然之司射降搢扑反位司馬適堂西袒執弓由其位南進與司射交于階前相左升自西階鉤楹自右物之後立于物閒西南面揖弓命取矢揖推之也獲者執旌許諾聲不絶以旌負侯而俟俟弟子取矢以旌指教之司馬出于左物之南還其後降自西階遂適堂前北面立于所設楅之南命弟子設楅楅猶幅也所以承笴矢者乃設楅于中庭南當洗東肆東肆統於賓司馬由司射之南退釋弓于堂西襲反位弟子取矢北面坐委于楅北括乃退司馬襲進當楅南北面坐左右撫矢而乘之撫拊之也就委矢左右手撫而四四數分之也上既言襲矣復言之者嫌

有事即袒也凡事升堂乃袒若矢不備則司馬又袒執弓如初升命曰取矢不索（索猶盡也）弟子自西方應曰諾乃復求矢加于楅（增故曰加曏鄉獲者許諾至此弟子曰諾事同互相明）司射倚扑于階西升請射于賓如初賓許諾賓主人大夫若皆與射則遂告于賓適阼階上告于主人主人與賓爲耦（言若者或射或否在時欲耳射者繹己之志君子務焉大夫遵者也告賓曰主人御于子告主人曰子與賓射）遂告于大夫大夫雖衆皆與士爲耦以耦告于大夫曰某御於子（大夫皆與士爲耦謙也來觀禮同爵自相與耦則嫌自尊別也大夫爲下射而云御於子尊大夫也士謂衆賓之在下者及羣士來觀禮者也禮一命已下齒于鄉里）西階上北面作衆賓射（作使）司射降搢扑由司馬之南適堂西立比衆耦（衆耦大夫耦及衆賓也命大夫之耦曰子與某子射其命衆耦如三耦）衆賓將與射者皆降由司馬之南適堂西繼三耦而立東上大夫之耦爲上若有東面者則北上（言若有者大夫士來觀禮及衆賓多無數也）賓主人與大夫皆未降（言未降者見其志在射）司射乃比衆耦辯（衆賓射者降比之耦乃徧）遂命三耦拾取矢司射反位（反位者俟其袒決遂來）三耦拾取矢皆袒決遂執弓進立于司馬之西南（必袒決遂者明將有射事）司射作上耦取矢（作之者還當上耦如作射）司射反位上耦揖進當楅北面揖及楅揖（當楅楅正南之東西）上射東面下

射西面上射揖進坐橫弓卻手自弓下取一个兼諸弣順羽且
興執弦而左還退反位東面揖橫弓者南踣弓也卻手由弓下取矢者以左手在弓表右手從裏取之便也兼幷矢
於弣當順羽既又當執弦也順羽者手放而下備不整理也不言毋周在阼非君周可也下射進坐橫弓覆手自弓上
取一个興其他如上射覆手由弓上取矢者以左手在弓裏右手從表取之亦便既拾取乘矢揖皆左
還南面揖皆少進當楅南皆左還北面搢三挾一个楅南鄉當楅之位揖
皆左還上射於右上射轉居右便其反位也下射左還少南行乃西面與進者相左相揖反位相左皆由
進者之北三耦拾取矢亦如之後者遂取誘射之矢兼乘矢而取之以
授有司于西方而后反位取誘射之矢挾五个弟子逆受於東面位之後衆賓未拾取矢皆
袒決遂執弓搢三挾一个由堂西進繼三耦之南而立東面北上
大夫之耦爲上未猶不也衆賓不拾者未射無楅上矢也言此者嫌衆賓三耦同倫初時有射者後乃射有拾取矢禮也司射作
射如初一耦揖升如初司馬命去侯獲者許諾司馬降釋弓反
位司射猶挾一个去扑與司馬交于階前升請釋獲于賓猶有故之
辭司射既誘射恒執弓挾矢以掌射事備尚未知當教之也今三耦卒射衆足以知之矣猶挾之者君子不必也賓許降搢扑西
面立于所設中之東北面命釋獲者設中遂視之視之當教之釋獲者

執鹿中一人執筭以從之鹿中謂射於謝也於庠當兕中釋獲者坐設中南當楅西當西序東面興受筭坐實八筭于中橫委其餘于中西南末興共而俟興還北面受筭反東面實之司射遂進由堂下北面命曰不貫不釋貫猶中也不中正不釋筭也古文貫作關上射揖司射退反位釋獲者坐取中之八筭改實八筭于中興執而俟執所取筭乃射若中則釋獲者坐而釋獲每一个釋一筭上射於右下射於左若有餘筭則反委之委餘筭禮尚異也委之合於中西又取中之八筭改實八筭于中興執而俟三耦卒射賓主人大夫揖皆由其階降揖主人堂東袒決遂執弓搢三挾一个賓於堂西亦如之皆由其階階下揖升堂揖主人爲下射皆當其物北面揖及物揖乃射卒南面揖皆由其階階上揖降階揖賓序西主人序東皆釋弓說決拾襲反位升及階揖升堂揖皆就席或言堂或言序亦爲庠謝互言也賓主人射大夫止於堂西大夫袒決遂執弓搢三挾一个由堂西出于司射之西就其耦大夫爲下射揖進耦少退揖如三耦及階耦先升卒射揖如升射耦先降降階耦少退皆釋弓于堂西襲耦遂止

于堂西大夫升就席耦於庭不並行尊大夫也在堂如上射之儀近其事得申衆賓繼射釋獲皆如初司射所作唯上耦於是言唯上耦者嫌賓主人射亦作之大射三耦卒射司射請于公及賓卒射釋獲者遂以所執餘獲升自西階盡階不升堂告于賓曰左右卒射降反位坐委餘獲于中西興共而俟司射不告卒射者釋獲者於是有事宜終之也餘獲餘筭也無餘筭則空手耳俟俟數也司馬袒決執弓升命取矢如初獲者許諾以旌負侯如初司馬降釋弓反位弟子委矢如初大夫之矢則兼束之以茅上握焉兼束大夫矢優之是以不拾也束于握上則兼取之順羽便也握謂中央也不束主人矢不可以殊於賓也言大夫之矢則矢有題識也肅慎氏貢楛矢銘其括今文上作尚司馬乘矢如初司射遂適西階西釋弓去扑襲進由中東立于中南北面視筭釋弓去扑射事已釋獲者東面于中西坐先數右獲固東面矣復言之者爲其少南就右獲二筭爲純純猶全也耦陰陽一純以取實于左手十純則縮而委之縮從也於數者東西爲從古文縮皆爲蹙毎委異之易校數有餘純則橫於下又異之也自近爲下一筭爲奇奇則又縮諸純下奇猶虧也又從之興自前適左東面起由中東就左獲少北於故東面鄉之坐兼斂筭實于左手一純以委十則異之變於右其餘如右獲謂所縮所橫司射復位釋獲者遂進取賢獲執以升自

西階盡階不升堂告于賓（賢獲勝黨之筭也齊之而取其餘）若右勝則曰右賢於左若左勝則曰左賢於右以純數告若有奇者亦曰奇（賢猶勝也言賢者射之以中爲雋也假如右勝告曰右賢於左若干純若干奇）若左右鈞則左右皆執一筭以告曰左右鈞降復位坐兼斂筭實八筭于中委其餘于中西興共而俟司射適堂西命弟子設豐（將飲不勝者設豐所以承其爵也豐形蓋似豆而卑）弟子奉豐升設于西楹之西乃降勝者之弟子洗觶升酌南面坐奠于豐上降袒執弓反位（勝者之弟子其少者也耦不酌下無能也酌者不授爵略之也執弓反射位不俟其黨已酌有事）司射遂袒執弓挾一个搢扑北面于三耦之南命三耦及衆賓勝者皆袒決遂執張弓（執張弓言能用之也右手執弦如卒射）不勝者皆襲說決拾卻左手右加弛弓于其上遂以執弣（固襲說決拾矣復言之者起勝者也執弛弓言不能用之也兩手執弣又不得執弦）司射先反位（居前俟所命來）三耦及衆射者皆與其耦進立于射位北上司射作升飲者如作射一耦進揖如升射及階勝者先升升堂少右（先升尊賢也少右辟飲者也亦相飲之位）不勝者進北面坐取豐上之觶興少退立卒觶進坐奠于豐下興揖（立卒觶不祭不拜受罰爵不備禮也右手執觶左手執弓）不勝者先

降後升先降略之不由次與升飲者相左交于階前相揖出于司馬之南遂適堂西釋弓襲而俟俟復射有執爵者主人使贊者代弟子酌也於既升飲而升自西階立于序端執爵者坐取觶實之反奠于豐上升飲者如初每者輒酌以至於徧三耦卒飲賓主人大夫不勝則不執弓執爵者取觶降洗升實之以授于席前優尊也受觶以適西階上北面立飲受罰爵者不宜自尊別卒觶授執爵者反就席大夫飲則耦不升以賓主人飲耦在上嫌其升若大夫之耦不勝則亦執弛弓特升飲尊者可以孤無能衆賓繼飲射爵者辯乃徹豐與觶徹猶除也設豐者反豐於堂西執爵者反觶於篚司馬洗爵升實之以降獻獲者于侯鄉人獲者賤明其主以侯爲功得獻也薦脯醢設折俎俎與薦皆三祭皆三祭爲其將祭侯也祭侯三處也獲者負侯北面拜受爵司馬西面拜送爵負侯負侯中也拜送爵不同面者辟正主也其設薦俎西面錯以南爲上爲受爵于侯薦之於位古文曰再拜受爵獲者執爵使人執其薦與俎從之適右个設薦俎獲者以侯爲功是以獻焉人謂主人贊者上設薦俎者也爲設籩在東豆在西俎當其北也言使設新之獲者南面坐左執爵祭脯醢執爵興取肺坐祭遂祭酒爲侯祭也亦二手祭酒及注如大射興適左个中皆如之先祭左个後中者以外即之至中若神在中也左个之西北三步東面設薦俎獲者

薦右東面立飲不拜既爵不就乏者明其享侯之餘也立飲薦右近司馬於是司馬北面司馬受爵
奠于篚復位獲者執其薦使人執俎從之辟設于乏南遷設薦俎就乏明已
所得禮也言辟之者不使當位辟舉旌偃旌也設于南右之也凡他薦俎皆當其位之前獲者負侯而俟司射適階
西釋弓矢去扑說決拾襲適洗洗爵升實之以降獻釋獲者于
其位少南薦脯醢折俎有祭不當其位辟中釋獲者薦右東面拜受爵
司射北面拜送爵釋獲者就其薦坐左執爵祭脯醢興取肺
坐祭遂祭酒興司射之西北面立飲不拜既爵司射受爵奠于
篚釋獲者少西辟薦反位辟薦少西之者爲復射妨司射視筭也亦辟俎司射適堂西袒
決遂取弓于階西挾一个搢扑以反位爲將復射司射去扑倚于階西
升請射于賓如初賓許司射降搢扑由司馬之南適堂西命三
耦及衆賓皆袒決遂執弓就位位射位也不言射者以當序取矢司射先反位言先三耦
及衆賓也既命之即反位不俟之也鄉不言先三耦未有拾取矢位無所先三耦及衆賓皆袒決遂執弓各
以其耦進反于射位以猶與也今文以爲與司射作拾取矢三耦拾取矢如初
反位賓主人大夫降揖如初主人堂東賓堂西皆袒決遂執弓皆

進階前揖南面相俟而揖行也及楅揖拾取矢如三耦及楅當楅東西也主人西面賓東面相揖拾取矢不北面揖由便也卒北面搢三挾一个亦於三耦爲之位揖退皆已揖左還各由其塗反位賓堂西主人堂東皆釋弓矢襲及階揖升堂揖就席將袒先言主人將襲先言賓尊賓也大夫袒決遂執弓就其耦降袒決遂於堂西就其耦於射位與之拾取矢揖皆進如三耦耦東面大夫西面大夫進坐說矢束說矢束者下耦以將拾取興反位而后耦揖進坐兼取乘矢順羽而興反位揖兼取乘矢者尊大夫不敢與之拾也相下相尊君子之所以相接也大夫進坐亦兼取乘矢如其耦北面搢三挾一个亦於三耦爲之位揖退耦反位大夫遂適序西釋弓矢襲升即席大夫不序於下尊也衆賓繼拾取矢皆如三耦以反位司射猶挾一个以進作上射如初一耦揖升如初進前也鄉言還當上耦西面是言進終始互相明也今文或言作升射司馬升命去侯獲者許諾司馬降釋弓反位司射與司馬交于階前去扑襲升請以樂樂于賓賓許諾司射降搢扑東面命樂正曰請以樂樂于賓賓許東面於西階之前也不就樂正命之者傳尊者之命於賤者遥號令之可也樂正亦許諾猶北面不還以賓在堂司射遂適階間堂下北面命曰不鼓不釋不與鼓節相應不釋筭也鄉射之鼓五節歌五終所以將八矢一節之間當拾發四節四拾其一節先以聽也上射揖司射退反

位樂正東面命大師曰奏騶虞間若一東面者進還鄉大師也騶虞國風召南之詩篇也射義曰騶虞者樂官備也其詩有一發五豝五豵于嗟騶虞之言樂得賢者衆多歎思至仁之人以充其官此天子之射節也而用之者方有樂賢之志取其宜也其他賓客鄉大夫則歌采蘋間若一者重節大師不興許諾樂正退反位乃奏騶虞以射三耦卒射賓主人大夫衆賓繼射釋獲如初卒射降皆應鼓與歌之節乃釋筭降者衆賓釋獲者執餘獲升告左右卒射如初卒已也今文曰告于賓司馬升命取矢獲者許諾司馬降釋弓反位弟子委矢司馬乘之皆如初司射釋弓視筭如初筭獲筭也今文曰視數也釋獲者以賢獲與鈞告如初降復位司射命設豐設豐實觶如初遂命勝者執張弓不勝者執弛弓升飲如初司射猶袒決遂左執弓右執一个兼諸弦面鏃適堂西以命拾取矢如初側持弦矢曰執面猶尚也并矢於弦尚其鏃將止變於射也司射反位三耦及賓主人大夫衆賓皆袒決遂拾取矢如初矢不挾兼諸弦弣以退不反位遂授有司于堂西不挾亦謂執之如司射也不以反射位授有司者射禮畢辯拾取矢揖皆升就席謂賓大夫及衆賓也相俟堂西進立于西階之前主人以賓揖升大夫及衆賓從升立時少退于大夫三耦及弟子自若留下司射乃適堂西釋弓去扑說決拾襲反位司馬命弟子說侯之左下綱而釋之說解也釋

（之不復射奄束之）命獲者以旌退命弟子退楅司射命釋獲者退中與筭而俟（諸所退皆俟堂西備復射也旌言以者旌恒執也獲者釋獲者亦退其薦俎）司馬反爲司正退復觶南而立（當監旅酬）樂正命弟子贊工即位弟子相工如其降也升自西階反坐（贊工遷樂也降時如初入樂正反自西階東北面）賓北面坐取俎西之觶興阼階上北面酬主人主人降席立于賓東賓坐奠觶拜執觶興主人荅拜賓不祭卒觶不拜不洗實之進東南面（所不者酬而禮殺也賓立飲）主人阼階上北面拜賓少退（少退少逡遁也）主人進受觶賓主人之西北面拜送（旅酬而同階禮殺也）賓揖就席主人以觶適西階上酬大夫大夫降席立于主人之西如賓酬主人之禮（其既實觶進西南面立鄉所酬）主人揖就席若無大夫則長受酬亦如之（長謂以長幼之次酬衆賓）司正升自西階相旅作受酬者曰某酬某子（某者字也某子者氏也稱酬者之字受酬者曰某子旅酬下爲上尊之也春秋傳曰字不若子此言某酬某子者射禮略於飲酒飲酒言某子受酬以飲酒爲主）受酬者降席司正退立于西序端東面（退立俟後酬者也始升相立階西北面）衆受酬者拜興飲皆如賓酬主人之禮辯遂酬在下者皆升受酬于西階上（在下謂賓黨也鄉飲酒記曰主人之贊者西面北上不與無筭爵然後與此異於賓）卒受者以觶降奠于篚司正降復

位使二人舉觶于賓與大夫二人主人之贊者舉觶者皆洗觶升實之西
階上北面皆坐奠觶拜執觶興賓與大夫皆席末荅拜舉觶者
皆坐祭遂飲卒觶興坐奠觶拜執觶興賓與大夫皆荅拜舉觶
者逆降洗升實觶皆立于西階上北面東上賓與大夫拜舉觶者
皆進坐奠于薦右坐奠之不敢授賓與大夫辭坐受觶以興辭辭其坐奠觶舉觶者
退反位皆拜送乃降賓與大夫坐反奠于其所興不舉者盛禮已崇古文曰反坐若
無大夫則唯賓長一人舉觶如燕禮媵爵之爲司正升自西階阼階上受命于主
人適西階上北面請坐于賓請坐欲與賓燕盡殷勤也至此盛禮以成酒清肴乾強有力者猶倦焉賓辭
以俎俎者肴之貴者也辭之者不敢以燕坐褻貴肴反命于主人主人曰請徹俎賓許司正降
自西階階前命弟子俟徹俎弟子賓黨也俎者主人贊者設之今賓辭之使其黨俟徹順賓意也上言請坐于賓此言主人
曰互相備耳司正升立于序端賓降席北面主人降席自南方阼階上
北面大夫降席席東南面俟弟子升受俎賓取俎還授司正司正以降自
西階賓從之降遂立于階西東面司正以俎出授從者授賓家從來者也古者與人飲
食必歸其盛者所以厚禮之主人取俎還授弟子弟子受俎降自西階以東主人

降自阼階西面立以東授主人侍者大夫取俎還授弟子弟子以降自西階遂出授從者大夫從之降立于賓南凡言還者明取俎各自鄉其席衆賓皆降立于大夫之南少退北上從降亦爲將燕主人以賓揖讓說屨乃升大夫及衆賓皆說屨升坐說屨者將坐空屨褻賤不宜在堂也說屨則摳衣爲其被地乃羞羞進也所進者狗胾醢也燕設啗具所以案酒無筭爵使二人舉觶賓與大夫不興取奠觶飲卒觶不拜二人謂鄉者二人也使之升立于西階上賓與大夫將旅當執觶也卒觶者固不拜矣著之者嫌坐卒爵者拜既爵此坐于席禮既殺不復崇執觶者受觶遂實之賓觶以之主人大夫之觶長受長衆賓長而錯皆不拜錯者實主人之觶以之次賓也實賓長之觶以之次大夫其或多者迭飲於坐而已皆不拜受禮又殺也辯卒受者與以旅在下者于西階上衆賓之末飲而酬主人之贊者大夫之末飲而酬賓黨亦錯焉不使執觶者酬以其將旅酬不以己尊孤人也其末若皆衆賓則先酬主人之贊者若皆大夫則先酬賓黨而已執觶者酌在上辯降復位長受酬酬者不拜乃飲卒觶以實之言酬者不拜者嫌酬堂下異位當拜也古文曰受酬者不拜受酬者不拜受禮殺進受尊者之酬猶不拜辯旅皆不拜主人之贊者於此始旅嫌有拜執觶者皆與旅嫌已飲不復飲也上使之勸人耳非逮下之惠也亦自以齒與於旅也卒受者以虛觶降奠于篚執觶者洗升實觶反奠于賓與大夫復奠之者燕以飲酒爲歡醉乃止主人之意也今文無執觶及賓觶大大之觶皆爲爵實觶觶爲之無筭樂合鄉樂無次數賓興樂正命奏陔陔陔夏其

詩云周禮賓醉而出奏陔夏陔夏者天子諸侯以鍾鼓大夫士鼓而已賓降及階陔作賓出衆賓皆出主人送于門外再拜拜送賓于門東西面賓不荅拜禮有終明日賓朝服以拜賜于門外拜賜謝恩惠也主人不見如賓服遂從之拜辱于門外乃退不見不褻禮也拜辱謝其自屈辱

主人釋服乃息司正釋服說朝服服玄端也息猶勞也勞司正謂賓之與之飲酒以其昨日尤勞倦也月令曰勞農以休息之無介勞禮略貶於飲酒也此已下皆記禮之異者不殺無俎故也使人速速召賓迎于門外不拜入升不拜至不拜洗薦脯醢無俎賓酢主人主人不崇酒不拜衆賓既獻衆賓一人舉觶遂無筭爵言遂者明其間闕也賓俎奠觶于其所擯者遂受命于主人請坐于賓賓降說屨升坐矣不言遂請坐者請坐主於無筭爵無司正使擯者而已不立之賓不與昨日至尊不可褻也古文與作豫徵唯所欲徵召也謂所欲請呼以告於鄉先生君子可也告請也鄉先生鄉大夫致仕者也君子有大德行不仕者羞唯所有用時見物鄉樂唯欲不歌雅頌取周召之詩在所好

記大夫與則公士爲賓不敢使鄉人加尊於大夫也公士在官之士鄉賓主用處士使能不宿戒能者敏於事不待宿戒而習之其牲狗也狗取擇人亨于堂東北鄉飲酒義曰俎陽氣之所發也尊綌冪賓至徹之以綌爲冪取其堅絜蒲筵緇布純筵席也純緣西序之席北上衆賓統於賓獻用爵其他用觶爵尊不可褻也以爵拜者不徒作以爵拜謂拜既爵徒猶空也作起也不空起言起必酢主人薦脯用籩五膱祭半膱橫于上醢以豆出

自東房膱長尺二寸（脯用籩籩宜乾物也醢以豆豆宜濡物也膱猶脡也為記者異耳祭橫于上殊之也於人為縮膱廣狹未聞也古文膱為胾今文或作植）俎由東壁自西階升（狗既亨載于東方）賓俎脊脅肩肺主人俎脊脅臂肺肺皆離皆右體也進腠（以骨名肉貴骨也賓俎用肩主人用臂尊賓也離猶挫也腠膚理也進理謂前其本右體周所貴也若有尊者則俎其餘體也）凡舉爵三作而不徒爵（謂獻賓獻大夫獻工皆有薦）凡奠者於左（不飲不欲其妨）將舉者於右（便其舉也）衆賓之長一人辭洗如賓禮（尊之於其黨）若有諸公則如賓禮大夫如介禮無諸公則大夫如賓禮（尊卑之差諸公大國之孤也）樂作大夫不入（後樂賢也）樂正與立者齒（謂其飲之次也尊樂正同於賓黨鄉飲酒記曰與立者皆薦以齒）三笙一和而成聲（三人吹笙一人吹和凡四人也爾雅曰笙小者謂之和）獻工與笙取爵于上篚既獻奠于下篚其笙則獻諸西階上（奠爵于下篚不復用也今文無與笙）立者東面北上（賓黨）司正既舉觶而薦諸其位（薦於觶南）三耦者使弟子司射前戒之（弟子賓黨之少者也前戒謂先射請戒之）司射之弓矢與扑倚于西階之西（便其事也）司射既袒決遂而升司馬階前命張侯遂命倚旌（著並行也古文曰遂命獲者倚旌）凡侯天子熊侯白質諸侯麋侯赤質大夫布侯畫以虎豹士布侯畫以鹿豕（此所謂獸侯也燕射則張之鄉射及賓射當張采侯二正而記此者天子諸侯之燕射各以其鄉射之禮而張此侯由是云焉白質赤質皆謂采其地其

地不采者白布也能麋虎豹鹿豕皆正面畫其頭象於正鵠之處耳君畫一臣畫二陽奇陰偶之數也燕射射熊虎豹不忘上下相犯射麋鹿豕志在君臣相養也其畫之皆毛物之凡畫者丹質賓射之侯燕射之侯皆畫雲氣於側以爲飾必先以丹采其地丹淺於赤射自楹間物長如笴其間容弓距隨長武自楹間者謂射於庠也楹間中央東西之節也物謂射時所立處也謂之物者物猶事也君子所有事也長如笴者謂從畫之長短也笴矢幹也長三尺與跬相應射者進退之節也間容弓者上下射相去六尺也距隨者物橫畫也始前足至東頭爲距後足來合而南面爲隨武跡也尺二寸序則物當棟堂則物當楣是制五架之屋也正中曰棟次曰楣前曰庪命負侯者由其位於賤者禮略凡適堂西皆出入于司馬之南唯賓與大夫降階遂西取弓矢尊者宜逸由便也旌各以其物旌物名也雜帛爲物大夫士之所建也言各者鄉射或於庠或於謝無物則以白羽與朱羽糅杠長三仞以鴻脰韜上二尋無物者謂小國之州長也其鄉大夫一命其州長士不命不命者無物此翿旌也翿亦所以進退衆者糅雜也杠橦也七尺曰仞鴻鳥之長脰者也八尺曰尋今文糅爲縮韜爲翿凡挾矢於二指之間橫之二指謂左右手之第二指此以食指將指挾之司射在司馬之北司馬無事不執弓以不主射故也始射獲而未釋獲復釋獲復用樂行之君子取人以漸上射於右於右物射楅長如笴博三寸厚寸有半龍首其中虵交韋當博廣也兩端爲龍首中央爲虵身相交也虵龍君子之類也交者象君子取矢於楅上也直心背之衣曰當以丹韋爲之司馬左右撫矢而乘之分委於當楅髤橫而拳之南面坐而奠之南北當洗髤赤黑漆也射者有過則

撻之過謂矢揚中人凡射時矢中人當刑之今鄉會衆賢以禮樂勸民而射者中人本意在侯去傷害之心遠是以輕之以扑撻於中庭而已書曰扑作教刑

衆賓不與射者不降不以無事亂有事古文與爲豫

取誘射之矢者既拾取矢而后兼誘射之乘矢而取之謂反位已禮成乃更進取之不相因也

賓主人射則司射擯升降卒射即席而反位卒事擯賓主人升降者皆尊之也不使司馬擯其升降主於射

鹿中髹前足跪鑿背容八筭釋獲者奉之先首前足跪者象教擾之獸受負也

大夫降立于堂西以俟射尊大夫不使久列於射位

大夫與士射袒薰襦不肉袒殊於耦

耦少退于物下大夫也既發則然

司射釋弓矢視筭與獻釋獲者釋弓矢唯此二事休武主文釋弓矢耳然則擯升降不釋

禮射不主皮主皮之射者勝者又射不勝者降禮射謂以禮樂射也大射賓射燕射是矣不主皮者貴其容體比於禮其節比於樂不待中爲備也言不勝者降則不復升射也主皮者無侯張獸皮而射之主於獲也尚書傳曰戰鬭不可不習故於蒐狩以閑之也閑之者貫之也貫之者習之也凡祭取餘獲陳於澤然後卿大夫相與射也中者雖不中也取不中者雖中也不取何以然所以貴揖讓之取也而賤勇力之取嚮之取也於囿中勇力之取也今之取也於澤宮揖讓之取也澤習禮之處非所於行禮其射又主中此主皮之射與天子大射張皮侯賓射張五采之侯燕射張獸侯

主人亦飲于西階上就射爵而飲也已無俊才不可以辭罰

獲者之俎折脊脅肺臑臑若膞胳觳之折以大夫之餘體

東方謂之右个侯以鄉堂爲面也

釋獲者之俎折脊脅肺皆有祭皆獲者也祭祭肺也以言肺謂刌肺不離嫌無祭肺

大夫說矢束坐說之明不自尊

別也歌騶虞若采蘋皆五終射無筭謂衆賓繼射者衆賓無數也每一耦射歌五終也古者於旅也語禮成樂備乃可以言語先王禮樂之道也疾今人慢於禮樂之盛言語無節故追道古也凡旅不洗敬殺不洗者不祭不盛既旅士不入後正禮也既旅則將燕矣士入齒於鄉人大夫後出下鄉人不干其賓主之禮主人送于門外再拜拜送大夫尊之也主人送賓還入門揖大夫乃出送拜之鄉侯上个五尋上个謂最上幅也八尺曰尋上幅用布四丈中十尺方者也用布五丈今官布幅廣二尺二寸旁削一寸考工記曰梓人爲侯廣與崇方謂中也侯道五十弓弓二寸以爲侯中言侯中所取數也量侯道以貍步而云弓者侯之所取數宜於躬器也正二寸骹中之博也今文改弓爲肱也倍中以爲躬躬身也謂中之上下幅也用布各二丈倍躬以爲左右舌謂上个也居兩旁謂之个左右出謂之舌下舌半上舌半者半其出於射者也用布三丈所以半上舌者侯人之形類也上个象臂下个象足中人張臂八尺張足六尺五八四十五六三十以此爲衰也凡鄉侯用布十六丈數起侯道五十弓以計道七十弓之侯用布二十五丈二尺道九十弓之侯用布三十六丈箭籌八十箭篠也籌筭也筭八十者略以十耦爲正貴全數其時衆寡從賓長尺有握握素握本所持處也素謂刊之也刊本一膚楚扑長如笴刊本尺刊其可持處君射則爲下射上射退于物一笴既發則荅君而俟荅對也此以下雜記也今文君射則爲下君樂作而后就物君袒朱襦以射君尊小臣以巾執矢以授君尊不揗矢不挾矢授之稍屬若飲君如燕則夾爵謂君在不勝之黨也賓飲君如燕賓媵觚于公之禮則夾爵夾爵者君既卒爵復自酌君國中射則皮樹中以翿旌獲白羽與朱羽

糅國中城中也謂燕射也皮樹獸名以翿旌獲尚文德也今文皮樹繁豎糅爲縚古文無以於郊則閭中以旌獲於郊謂大射也大射於大學王制曰小學在公宮之左大學在郊閭獸名如驢一角或曰如驢岐蹄周書曰北唐以閭折羽爲旌於竟則虎中龍旜於竟謂與鄰國君射也畫龍於旜尚文章也通帛爲旜大夫兕中各以其物獲兕獸名似牛一角士鹿中翿旌以獲謂小國之州長也用翿爲旌以獲無物也古文無以獲唯君有射于國中其餘否臣不習武事於君側也古文有作又今文無其餘否君在大夫射則肉袒不袒纁襦厭於君也今文無射

儀禮卷第五

經六千六百四十五字
注六千九百十五字

儀禮卷第六

燕禮第六　儀禮　鄭氏注

燕禮小臣戒與者小臣相君燕飲之法與者謂留羣臣也君以燕禮勞使臣若臣有功故與羣臣樂之小臣則警戒告語焉飲酒以合會為歡也膳宰具官饌于寢東膳宰天子曰膳夫掌君飲食膳羞者也具官饌具其官之所饌謂酒也牲也脯醢也寢露寢樂人縣縣鍾磬也國君無故不徹縣言縣者為燕新之設洗篚于阼階東南當東霤罍水在東篚在洗西南肆設膳篚在其北西面設此不言其官賤也當東霤者人君為殿屋也亦南北以堂深肆陳也膳篚者君象觚所饌也亦南陳言西面尊之異其文司宮尊于東楹之西兩方壺左玄酒南上公尊瓦大兩有豐冪用綌若錫在尊南南上尊士旅食于門西兩圜壺司宮天子曰小宰聽酒人之成要者也尊方壺為卿大夫士也臣道直方於東楹之西予君專此酒也玉藻曰唯君面尊玄酒在南順君之面也瓦大有虞氏之尊也禮器曰君尊瓦甒豐形似豆卑而大冪用綌若錫冬夏異也在尊南在方壺之南也尊士旅食者用圜壺變於卿大夫也旅衆也士衆食謂未得正禄所謂庶人在官者也今文錫為緆司宮筵賓于戶西東上無加席也筵席也席用蒲筵緇布純無加席燕私禮臣屈也諸侯之官無司几筵也射人告具告事具於君射人主此禮以其或射也小臣設公席于阼階上西鄉設加席公升即位于席西鄉周禮諸侯胙席莞筵紛純加繅席畫純後設公席者凡禮卑者先即事尊者後也小臣納卿大夫卿大夫皆入門右北面東上士立于西方東面北

上祝史立于門東北面東上小臣師一人在東堂下南面士旅食者立于門西東上〔納者以公命引而入也自士以下從而入即位耳師長也小臣之長一人猶天子大僕正君之服位者也凡入門而右由闑東左則由闑西〕公降立于阼階之東南南鄉爾卿卿西面北上爾大夫大夫皆少進〔爾近也移也揖而移之近之也大夫猶北面少前〕射人請賓〔命當由君出也〕公曰命某爲賓〔某大夫也〕射人命賓賓少進禮辭〔命賓者東面南顧禮辭辭不敢也〕反命〔射人以賓之辭告於君〕又命之賓再拜稽首許諾〔又復〕射人反命〔告賓許〕賓出立于門外東面〔當更以賓禮入〕公揖卿大夫乃升就席〔揖之人之也〕小臣自阼階下北面請執冪者與羞膳者〔執冪者執瓦大之冪也方圜壺無冪羞膳羞於公謂庶羞〕乃命執冪者執冪者升自西階立於尊南北面東上〔以公命於西階前命之也東上立酒之冪爲上也羞膳者從而東由堂東升自北階房中西面南上不言之者不升堂略之也〕膳宰請羞于諸公卿者〔小臣不請而使膳宰於卑者彌略也禮以異爲敬〕射人納賓〔射人爲擯者也今文曰擯者〕賓入及庭公降一等揖之〔及至也至庭謂既入而左北面時〕公升就席〔以其將與主人爲禮不參之也〕賓升自西階主人亦升自西階賓右北面至再拜賓荅再拜〔主人宰夫也宰夫大宰之屬掌賓客之獻飲食者也其位在洗北西面君於其臣雖爲賓不親獻以其尊莫敢伉禮也至再拜者拜賓來至也天子膳夫爲獻主〕主人降洗洗南西北面〔賓將從降鄉之〕賓降階西東面主

人辭降賓對（對荅）主人北面盥坐取觚洗賓少進辭洗主人坐奠

觚于篚興對賓反位（賓少進者又辭宜違其位也獻不以爵辟正主也古文觚皆為觶）主人卒洗賓揖

乃升（賓毋先升尊也）主人升賓拜洗主人賓右奠觚荅拜降盥（主人復盥為拜手坋塵也）

賓降主人辭賓對卒盥賓揖升主人升坐取觚（取觚將就瓦大酌膳）執冪者

舉冪主人酌膳執冪者反冪（君物曰膳膳之言善也酌君尊者尊賓也）主人筵前獻賓賓

西階上拜筵前受爵反位主人賓右拜送爵（賓既拜前受觚退復位）膳宰薦

脯醢賓升筵膳宰設折俎（折俎牲體骨也鄉飲酒記曰賓俎脊脅肩肺）賓坐左執爵右祭

脯醢奠爵于薦右興取肺坐絕祭嚌之興加于俎坐挩手執爵

遂祭酒興席末坐啐酒降席坐奠爵拜告旨執爵興主人荅拜

降席（席西也旨美也）賓西階上北面坐卒爵興坐奠爵遂拜主人荅拜（遂拜拜既爵也）

賓以虛爵降（將酢主人）主人降賓洗南坐奠觚少進辭降主人東面

對（上既言爵矣復言觚者嫌易之也大射禮曰主人西階西東面少進對今文從北以下觚皆為爵）賓坐取觚奠于篚下盥

洗（篚下篚南）主人辭洗（謙也今文無洗）賓坐奠觚于篚興對卒洗及階揖升主

人升拜洗如賓禮賓降盥主人降賓辭降卒盥揖升酌膳執冪

如初以酢主人于西階上主人北面拜受爵賓主人之左拜送爵賓既南面授爵乃之左主人坐祭不啐酒辟正主也未薦者臣也不拜酒不告旨主人之義遂卒爵興坐奠爵拜執爵興賓答拜主人不崇酒以虛爵降奠于篚崇充也不以酒謝賓甘美君物也賓降立于西階西既受獻矣不敢安盛射人升賓賓升立于序內東面東西牆謂之序大射禮曰擯者以命升賓主人盥洗象觚升實之東北面獻于公象觚觚有象骨飾也取象觚者東面公拜受爵主人降自西階阼階下北面拜送爵士薦脯醢膳宰設折俎升自西階薦進也大射禮曰宰胥薦脯醢由左房公祭如賓禮膳宰贊授肺不拜酒立卒爵坐奠爵拜執爵興凡異者君尊變於賓也主人答拜升受爵以降奠于膳篚更爵洗升酌膳酒以降酢于阼階下北面坐奠爵再拜稽首公答再拜更爵者不敢襲至尊也古文更爲受主人坐祭遂卒爵再拜稽首公答再拜主人奠爵于篚主人盥洗升媵觚于賓酌散西階上坐奠爵拜賓賓降筵北面答拜媵送也讀或爲揚揚舉也酌散者酌方壺酒也於膳爲散今文媵皆作騰主人坐祭遂飲賓辭卒爵拜賓答拜辭者辭其代君行酒不立飲也此降於正主酬也主人降洗賓降主人辭降賓辭洗卒洗揖升不

拜洗[不拜洗酬而禮殺] 主人酌膳賓西階上拜[拜者拜其酌已] 受爵于筵前反位主人拜送爵賓升席坐祭酒遂奠于薦東[遂者因坐而奠不北面也奠之者酬不舉也] 主人降復位賓降筵西東南面立[賓不立于序内位彌尊也位彌尊者其禮彌卑記所謂一張一弛者是之類與]

小臣自阼階下請媵爵者公命長[命長使選卿大夫之中長幼可使者] 小臣作下大夫二人媵爵[作使也卿爲上大夫不使之者爲其尊] 媵爵者阼階下皆北面再拜稽首公荅再拜[再拜稽首拜君命也] 媵爵者立于洗南西面北上序進盥洗角觶升自西階序進酌散交于楹北降阼階下皆奠觶再拜稽首執觶興公荅再拜[序次第也猶代也楹北西楹之北也交而相待於西階上既酌右還而反往來以右爲上] 媵爵者皆坐祭遂卒觶興坐奠觶再拜稽首執觶興公荅再拜媵爵者執觶待于洗南[待君命也] 小臣請致者[請使一人與二人與優君也] 若君命皆致則序進奠觶于篚阼階下皆再拜稽首公荅再拜媵爵者洗象觶升實之序進坐奠于薦南北上降阼階下皆再拜稽首送觶公荅再拜[序進往來由尊北交于東楹之北奠于薦南不敢必君舉也大射禮曰媵爵者皆退反位] 公坐取大夫所媵觶興以酬賓賓降西階下再拜稽首公命小臣辭賓升成拜[興以酬賓就其階而]

酬之也升成拜復再拜稽首也先時君辭之於禮若未成然公坐奠觶荅再拜執觶興立卒觶賓下
拜小臣辭賓升再拜稽首不言成拜者為拜故下實未拜也下不輒拜禮殺也此賓拜于君之左不言之者不敢敵
偶於君公坐奠觶荅再拜執觶興賓進受虛爵降奠于篚易觶洗
君尊不酌故也凡爵不相襲者也於尊者言更自敵以下言易更作新易有故之辭進受虛爵尊君也不言公酬賓於西階上及公反位者亦尊君空其文也
公有命則不易不洗反升酌膳觶下拜小臣辭賓升再拜稽首
下拜下亦未拜凡下未拜有二或禮殺或君親辭君親辭則聞命即升升乃拜是亦不言成拜公荅再拜拜於阼階上也於是賓請旅侍臣
賓以旅酬於西階上旅序也以次序勸卿大夫飲酒射人作大夫長升受旅言作大夫則卿存矣
長者尊先而卑後賓大夫之右坐奠觶拜執觶興大夫荅拜賓在右者相飲之位賓坐
祭立飲卒觶不拜酬而禮殺若膳觶也則降更觶洗升實散大夫拜
受賓拜送言更觶卿尊也大夫辯受酬如受賓酬之禮不祭卒受者以
虛觶降奠于篚卒猶後也大射禮曰奠于篚復位今文辯皆作徧主人洗升實散獻卿于
西階上酬而後獻卿別尊卑也飲酒成於酬也司宮兼卷重席設于賓左東上言兼卷則每卿
異席也重席重蒲筵緇布純也卿坐東上統於君也席自房來卿升拜受觚主人拜送觚卿辭重席
司宮徹之徹猶去也重席雖非加猶為其重累去之辟君也乃薦脯醢卿升席坐左執爵右

祭脯醢遂祭酒不啐酒降席西階上北面坐卒爵興坐奠爵拜執爵興主人答拜受爵卿降復位不酢辟君也卿無俎者燕主於羞辯獻卿主人以虛爵降奠于篚今文無奠于篚射人乃升卿卿皆升就席若有諸公則先卿獻之如獻卿之禮諸公者謂大國之孤也孤一人言諸者容牧有三監席于阼階西北面東上無加席席孤北面爲其大尊屈之也亦因阼階西位近君近君則屈親寵苟敬私昵之坐小臣又請媵爵者二大夫媵爵如初又復請致者若命長致則媵爵者奠觶于篚一人待于洗南長致致者阼階下再拜稽首公答再拜命長致者公或時未能舉自優暇也古文云阼階下北面再拜洗象觶升實之坐奠于薦南降與立于洗南者二人皆再拜稽首送觶公答再拜奠于薦南者於公所用酬賓觶之處二人俱拜以其共勸君公又行一爵若賓若長唯公所酬一爵先媵者之下觶也若賓若長則酬賓禮殺矣長公卿之尊者也賓則以酬長長則以酬賓以旅于西階上如初大夫卒受者以虛觶降奠于篚主人洗升獻大夫于西階上大夫升拜受觚主人拜送觚大夫坐祭立卒爵不拜既爵主人受爵大夫降復位既盡也不拜之者禮又殺胥薦主人于洗北西面脯醢無脀胥膳宰之吏也主人大夫之下先大夫薦之尊之也不於上者上無其位也脀俎實辯獻

大夫遂薦之繼賓以西東上徧獻之乃薦略賤也亦獻而后布席也卒射人乃升大夫
大夫皆升就席席工于西階上少東樂正先升北面立于其西工瞽矇歌諷誦詩者也凡執技藝者稱工少牢饋食禮曰皇尸命工祝樂記師乙曰乙賤工也樂正于天子樂師也凡樂掌其序事樂成則告備小臣
納工工四人二瑟小臣左何瑟面鼓執越内弦右手相入升自西
階北面東上坐小臣坐授瑟乃降工四人者燕禮輕從大夫制也面鼓者燕尚樂可鼓者在前也越瑟下孔也内弦弦爲主也相扶工也後二人徒相天子大僕二人也小臣四人祭僕六人御僕十二人皆同官工歌鹿鳴四牡皇皇者華三者皆小雅篇也鹿鳴君與臣下及四方之賓宴講道脩政之樂歌也此采其己有旨酒以召嘉賓嘉賓既來示我以善道又樂嘉賓有孔昭之明德可則傚也四牡君勞使臣之來樂歌也此采其勤苦王事念將父母懷歸傷悲忠孝之至以勞賓也皇皇者華君遣使臣之樂歌也此采其更是勞苦自以爲不及欲諮謀於賢知而以自光明也卒歌主人洗升獻工工不興左瑟一人拜受爵主人
西階上拜送爵工歌乃獻之賤者先就事也左瑟便其右一人工之長者也工拜於席薦脯醢輒薦之變於大夫也使
人相祭使扶工者相其祭薦祭酒卒爵不拜賤不備禮主人受爵將復獻衆工也衆工不拜
受爵坐祭遂卒爵辯有脯醢不祭主人受爵降奠于篚遂猶因也古文曰卒爵不拜公又舉奠觶唯公所賜以旅于西階上如初言賜者君又彌尊賓長彌卑
卒旅畢也笙入立于縣中奏南陔白華華黍以笙播此三篇之詩縣中縣中央也鄉飲酒禮曰磬南北

笙奏南陔白華華黍皆小雅篇也今亡其義未聞昔周之興也周公制禮作樂采時世之詩以爲樂歌所以通情相風切也其有此篇明矣後世衰微幽厲尤甚禮樂之書稍稍廢棄孔子曰吾自衛反魯然後樂正雅頌各得其所謂當時在者而復重雜亂者也惡能存其亡者乎且正考父校商之名頌十二篇于周大師歸以祀其先王至孔子二百年之間五篇而已此其信也

主人洗升獻笙于西階上一人拜盡階不升堂受爵降主人拜送爵階前坐祭立卒爵不拜既爵升授主人一人笙之長者也鄉射禮曰笙一人拜于下

衆笙不拜受爵降坐祭立卒爵辯有脯醢不祭

乃間歌魚麗笙由庚歌南有嘉魚笙崇丘歌南山有臺笙由儀間代也謂一歌則一吹也六者皆小雅篇也魚麗言太平年豐物多也此采其物多酒旨所以優賓也南有嘉魚言大平君子有酒樂與賢者共之也此采其能以禮下賢者賢者纍蔓而歸之與之宴樂也南山有臺言大平之治以賢者爲本也此采其愛友賢者爲邦家之基民之父母既欲其身之壽考又欲其名德之長也由庚崇丘由儀今亡其義未聞

遂歌鄉樂周南關雎葛覃卷耳召南鵲巢采蘩采蘋周南召南國風篇也王后國君夫人房中之樂歌也關雎言后妃之德葛覃言后妃之職卷耳言后妃之志鵲巢言國君夫人之德采蘩言國君夫人不失職也采蘋言卿大夫之妻能脩其法度也昔大王王季居于岐山之陽躬行召南之敎以興王業及文王而行周南之敎以受命大雅云刑于寡妻至于兄弟以御于家邦謂此也其始一國爾文王作邑于豐以故地爲卿士之采地乃分爲二國周周公所食也召召公所食也於時文王三分天下有其二德化被于南土是以其詩有仁賢之風者屬之召南焉有聖人之風者屬之周南焉夫婦之道者生民之本王政之端此六篇者其敎之原也故國君與其臣下及四方之賓燕用之合樂也鄉樂者風也小雅爲諸侯之樂大雅頌爲天子之樂鄉飲酒升歌小雅禮盛者可以進取燕合鄉樂者禮輕者可以逮下也春秋傳曰肆夏繁遏渠天子所以享元

侯也文王大明緜兩君相見之樂也然則諸侯相與燕升歌大雅合小雅也天子與次國小國之君燕亦如之與大國之君燕升歌頌合大雅其笙間之篇未聞大師告于樂正曰正歌備大師上工也掌合陰陽之聲教六詩以六律爲之音者也子貢問師乙曰吾聞聲歌各有宜也如賜者宜何歌也是明其掌而知之也正歌者升歌及笙各三終間歌三終合樂三終爲一備備亦成也樂正由楹內東楹之東告于公乃降復位言由楹內者以其立於堂廉也復位位在東縣之北射人自阼階下請立司正公許射人遂爲司正君許其請因命用爲司正君三舉爵樂備作矣將留賓飲酒更立司正以監之察儀法也射人俱相禮其事同司正洗角觶南面坐奠于中庭升東楹之東受命西階上北面命卿大夫君曰以我安卿大夫皆對曰諾敢不安洗奠角觶于中庭明其事以自表威儀多也君意殷勤欲留賓飲酒命卿大夫以我故安或亦其實不主意於賓司正降自西階南面坐取觶升酌散降南面坐奠觶右還北面少立坐取觶興坐不祭卒觶奠之興再拜稽首右還將適觶南先西面也必從觶西爲君之在東也少立者自嚴正慎其位左還南面坐取觶洗南面反奠于其所反奠虛觶不空位也升自西階東楹之東請徹俎降公許告于賓賓北面取俎以出膳宰徹公俎降自阼階以東膳宰降自阼階以賓親徹若君親徹然卿大夫皆降東面北上以將坐降待賓反也賓反入及卿大夫皆說屨升就席公以賓及卿大夫皆坐乃安凡燕坐必說屨屨賤不在堂也禮者尚敬

敬多則不親燕安坐相親之心羞庶羞謂膳肝膋狗胾醢也骨體所以致敬也庶羞所以盡愛也敬之愛之厚賢之道大夫祭薦燕乃祭薦不敢於盛成禮也司正升受命皆命君曰無不醉賓及卿大夫皆興對曰諾敢不醉皆反坐皆命者命賓命卿大夫也起對必降席司正退立西序端主人洗升獻士于西階上士長升拜受觶主人拜送觶獻士用觶士賤也今文觶作觚士坐祭立飲不拜既爵其他不拜坐祭立飲他謂衆士也亦升受爵不拜乃薦司正與射人一人司士一人執冪二人立于觶南東上天子射人司士皆下大夫二人諸侯則上士其人數亦如之司正爲上辯獻士士既獻者立于東方西面北上乃薦士每已獻而即位于東方蓋尊之畢獻薦于其位祝史小臣師亦就其位而薦之次士獻之已不變位位自在東方主人就旅食之尊而獻之旅食不拜受爵坐祭立飲北面酌南鄉獻之於尊南不洗者以其賤略之也亦畢獻乃薦之主人執虛爵奠于篚復位若射則大射正爲司射如鄉射之禮大射正射人之長者也如鄉射之禮者燕爲樂卿大夫宜從其禮也如者如其告弓矢既具至退中與筭弃也納射器而張侯其告請先于君乃以命賓及卿大夫其爲司正者亦爲司馬君與賓爲耦鄉射記曰自君射至龍旜亦其異者也薦旅食乃射者是燕射主於飲酒賓降洗升媵觚于公酌散下拜公降一等小臣辭賓升再拜稽首公荅再拜此當言媵觶酬之禮皆用觶言觚者字之誤也古者觶字或作角旁氏由此誤爾賓坐祭卒爵再拜稽首公荅再拜賓降洗象觶升酌膳

坐奠于薦南降拜小臣辭賓升成拜公荅再拜賓反位反位反席也今文曰
洗象觚公坐取賓所媵觶興唯公所賜至此又言興者明公崇禮不倦也今文觶又爲觚受者
如初受酬之禮降更爵洗升酌膳下拜小臣辭升成拜公荅拜
乃就席坐行之坐行之若今坐相勸酒有執爵者士有盥升主酌授之者唯受于公者拜
公所賜者也其餘則否司正命執爵者爵辯卒受者興以酬士欲令惠均大夫卒受
者以爵興西階上酬士士升大夫奠爵拜士荅拜興酬士者士立堂下無坐位大
夫立卒爵不拜實之士拜受大夫拜送士旅于西階上辯祝史小臣旅食
皆及焉士旅酌旅序也士以次序自酌相酬無執爵者卒主人洗升自西階獻庶子于阼階
上如獻士之禮辯降洗遂獻左右正與內小臣皆於阼階上如
獻庶子之禮庶子掌正六牲之體及舞位使國子脩德學道世子之官也而與膳宰樂正聯事樂正亦學國子以舞左右正謂樂正僕人正
也小樂正立于西縣之北僕人正僕人師僕人士立于其北北上大樂正立于東縣之北若射則僕人正僕人士陪于工後內小臣奄人掌君陰事陰令后夫人之官也
皆獻于阼階上別於外內臣也獻正下及內小臣則磬人鐘人鎛人鼓人僕人之屬盡獻可知也凡獻皆薦也無筭爵筭數也爵行無次無數唯
意所勸醉而止士也有執膳爵者有執散爵者執膳爵者酌以進公公
不拜受執散爵者酌以之公命所賜所賜者興受爵降席下奠

爵再拜稽首公荅拜席下席西也古文曰公荅再拜受賜爵者以爵就席坐公卒
爵然後飲不敢先虛爵明此勸惠從尊者來也執膳爵者受公爵酌反奠之宴歡在於飲酒成其
意受賜爵者興授執散爵執散爵者乃酌行之予其所勸者唯受爵於
公者拜卒受爵者興以酬士于西階上士升大夫不拜乃飲實爵
士不拜受爵乃猶而也大夫就席士旅酌亦如之公有命徹冪則卿
大夫皆降西階下北面東上再拜稽首公命小臣辭公荅再拜
大夫皆辟命徹冪者公意殷勤必盡酒也小臣辭不升成拜明雖醉正臣禮也不言賓賓彌臣也君荅拜於上示不虛受也遂升
反坐士終旅於上如初卿大夫降而爵止於其反席卒之無筭樂升歌閒合無數也取歡而已其樂章亦然
宵則庶子執燭於阼階上司宮執燭於西階上甸人執大燭於
庭閽人爲大燭於門外宵夜也燭燋也甸人掌共薪蒸者庭大燭爲位廣也閽人門人也爲作也作大燭以俟賓客出賓
醉北面坐取其薦脯以降取脯重得君賜奏陔陔陔夏樂章也賓出奏陔夏以爲行節也凡夏以鍾鼓奏之
賓所執脯以賜鍾人於門內霤遂出必賜鍾人鍾人掌以鍾鼓奏九夏今奏陔以節已用賜脯以報之明雖醉
不忘禮古文賜作錫卿大夫皆出隨賓出也公不送賓禮訖是臣也公與客燕謂四方之使者曰寡君
有不腆之酒以請吾子之與寡君須臾焉使某也以請君使人戒客辭也禮使

人各以其爵寡鮮也猶言少德謙也腆善也上介出請入告古文腆皆作殄今文皆曰不腆酒無之對曰寡君君之私也君無所辱賜于使臣臣敢辭上介出荅主國使者辭也私謂獨有恩厚也君無所爲辱賜於使臣謙不敢當也敢者怖懼用勢決之辭寡君固曰不腆使某固以請寡君君之私也君無所辱賜于使臣臣敢固辭重傳命固如故寡君固曰不腆使某固以請某固辭不得命敢不從許之也於是出見主國使者辭以見許爲得命今文無使某致命曰寡君使某有不腆之酒以請吾子之與寡君須臾焉親相見致君命辭也君貺寡君多矣又辱賜于使臣臣敢拜賜命貺賜也猶愛也敢拜賜命從使者拜君之賜命猶謙不必辭也

記燕朝服於寢朝服者諸侯與其羣臣日視朝之服也謂冠玄端緇帶素韠白屨也燕於路寢相親暱也今辟雍十月行此燕禮玄冠而衣皮弁服與禮異也其牲狗也狗取擇人也明非其人不與爲禮也亨于門外東方亨于門外臣所掌也若與四方之賓燕則公迎之于大門內揖讓升四方之賓謂來聘者也自戒至於拜至皆如公食亦告饌具而後公即席小臣請執冪請羞者乃迎賓也賓爲苟敬席于阼階之西北面有脀不嚌肺不啐酒其介爲賓苟且也假也主國君饗時親進醴于賓今燕又宜獻焉人臣不敢褻煩尊者至此升堂而辭讓欲以臣禮燕爲恭敬也於是席之如獻諸公之位言苟敬者賓實主國所宜敬也脀折俎也不嚌啐似若尊者然也介門西北面西上公降迎上介以爲賓揖讓升如初禮主人獻賓獻公旣獻苟敬乃媵觚羣臣即位如燕也無膳尊無膳爵降尊以就卑也與卿燕則大夫爲賓與

大夫燕亦大夫爲賓不以所與燕者爲賓者燕爲序歡心賓主敬也公父文伯飲南宮敬叔酒以路堵父爲客此之謂也君恒以大夫爲賓者大夫卑雖尊之猶遠于君今文無則下無燕羞膳者與執冪者皆士也尊君也膳宰卑於士羞卿者小膳宰也膳宰之佐也若以樂納賓則賓及庭奏肆夏賓拜酒主人荅拜而樂闋公拜受爵而奏肆夏公卒爵主人升受爵以下而樂闋肆夏樂章也今亡以鐘鎛播之鼓磬應之所謂金奏也記曰入門而縣興示易以敬也卿大夫有王事之勞則奏此樂焉升歌鹿鳴下管新宮笙入三成新宮小雅逸篇也管之入三成謂三終也遂合鄉樂鄉樂周南召南六篇言遂者不間也若舞則勺勺頌篇告成大武之樂歌也其詩曰於鑠王師遵養時晦又曰實維爾公允師既合鄉樂萬舞而奏之所以美王侯勸有功也唯公與賓有俎主於燕其餘可以無俎獻公曰臣敢奏爵以聽命授公釋此辭不敢必受之凡公所辭皆栗階栗蹙也謂越等急趨君命也凡栗階不過二等其始升猶聚足連步越二等左右足各一發而升堂凡公所酬既拜請旅侍臣既拜謂自酌升拜時也擯者阼階下告于公還西階下告公許旅行也請行酒于羣臣必請者不專惠也凡薦與羞者小膳宰也謂於卿大夫以下也上特言羞卿者小膳宰者欲絶於賓羞賓者亦士有內羞謂羞豆之實酏食糝食羞籩之實糗餌粉餈君與射則爲下射袒朱襦樂作而后就物君尊小臣以巾授矢稍屬君尊不搢矢不以樂志辟不敏也既發則小臣受弓以授弓人俟復發也不使大射正燕射輕上射退于物一笱既發則荅君而俟荅對若

飲君燕則夾爵謂君在不勝之黨賓飲之如燕媵觚則又夾爵君在大夫射則肉袒不纏襦厭於君若與四方之賓燕媵爵曰臣受賜矣臣請贊執爵者受賜謂公卿者酬之至燕主人事賓之禮殺賓降洗升媵觶于公荅恩惠也相者對曰吾子無自辱焉辭之也對荅也亦告公以公命荅之也有房中之樂弦歌周南召南之詩而不用鍾磬之節也謂之房中者后夫人之所諷誦以事其君子

經三千二百二十三字
注四千六百二十字

儀禮卷第六

儀禮卷第七

大射儀第七　　儀禮　鄭氏注

大射之儀君有命戒射將有祭祀之事當射宰告於君君乃命之言君有命政教宜由尊者宰戒百官有事於射者宰於天子冢宰治官卿也作大事則掌以君命戒於百官射人戒諸公卿大夫射司士戒士射與贊者射人掌以射法治射儀司士掌國中之士治凡其戒命皆司馬之屬也與戒公卿大夫與士辨貴賤也贊佐也謂士佐執事不射者前射三日宰夫戒宰及司馬射人宿視滌宰夫冢宰之屬掌百官之徵令者司馬於天子政官之卿凡大射則合其六耦滌謂溉器埽除射宮司馬命量人量侯道與所設乏以貍步大侯九十參七十干五十設乏各去其侯西十北十量人司馬之屬掌量道巷塗數者侯謂所射布也尊者射之以威不寧侯卑者射之以求爲侯量侯道謂去堂遠近也容謂之乏所以爲獲者之御矢貍之伺物每舉足者止視遠近爲發必中也是以量侯道取象焉鄉射記曰侯道五十弓考工記曰弓之下制六尺則此貍步六尺明矣大侯熊侯謂之大者與天子熊侯同參讀爲糝糝雜也雜侯者豹鵠而麋飾下天子大夫也干讀爲豻豻侯者豻鵠豻飾也大夫將祭於己射麋侯士無臣祭不射遂命量人巾車張三侯大侯之崇見鵠於參參見鵠於干干不及地武不繫左下綱設乏西十北十凡乏用革巾車於天子宗伯之屬掌裝衣車者亦使張侯侯巾類崇高也高必見鵠鵠所射之主射義曰爲人君者以爲君鵠爲人臣者以爲臣鵠爲人父者以爲父鵠爲人子者以爲子鵠言射中此乃能任己位也鵠之言較較直也射者所以直己志或曰鵠鳥名射之難中中之爲俊是以所射於侯取名也淮南子曰鳱鵠知來然則所云正者正也亦鳥名齊魯之閒名

題肩爲正正鵠皆鳥之捷黠者考工記曰梓人爲侯廣與崇方參分其廣而鵠居一焉則大侯之鵠方六尺糝侯之鵠方四尺六寸大半寸豻侯之鵠方三尺三寸少半寸及至也武迹也中人之足長尺二寸以豻侯計之糝侯去地一丈五寸少半寸也大侯去地二丈二尺五寸少半寸凡侯北面西方謂之左前射三日張侯設乏欲使有事者豫志焉

樂人宿縣于阼階東笙磬西面其南笙鍾其南鑮皆南陳 笙猶生也東爲陽中萬物以生春秋傳曰大蔟所以金奏贊陽出滯沽洗所以脩絜百物考神納賓是以東方鍾磬謂之笙皆編而縣之周禮曰凡縣鍾磬半爲堵全爲肆有鍾有磬爲全鑮如鍾而大奏樂以鼓鑮爲節 建鼓在阼階西南鼓應鼙在其東南鼓 建猶樹也以木貫而載之樹之跗也南鼓謂所伐面也應鼙應朔鼙也先擊朔鼙應之鼙小鼓也在東便其先擊小後擊大也鼓不在東縣南爲君也

西階之西頌磬東面其南鍾其南鑮皆南陳一建鼓在其南東鼓朔鼙在其北 言成功曰頌西爲陰中萬物之所成春秋傳曰夷則所以詠歌九則平民無貳無射所以宣布哲人之令德示民軌義是以西方鍾磬謂之頌朔始也奏樂先擊西鼙樂爲賓所由來也鍾不言頌磬不言東鼓義同省文也古文頌爲庸 一建鼓在西階之東南面 言面者國君於其君臣備三面爾無鍾磬有鼓而已其爲諸侯則軒縣 簜在建鼓之間 簜竹也謂笙簫之屬倚於堂 鼗倚于頌磬西紘 鼗如鼓而小有柄賓至摇之以奏樂也紘編磬繩也設鼗於磬西倚于紘也王制曰天子賜諸侯樂則以柷將之賜伯子男樂則以鼗將之 廞明司

宮尊于東楹之西兩方壺膳尊兩甒在南有豐冪用錫若絺綴諸箭蓋冪加勺又反之皆玄尊酒在北 膳尊君尊也後陳之尊之也豐以承尊也說者以爲若井鹿盧其爲字從豆曲聲近似豆大而卑矣冪覆尊巾也錫細布也絺細葛也箭篠也爲冪蓋卷辟綴於篠横之也又反之爲覆勺也皆玄尊二者皆有玄酒之尊重本也酒在北

尊統於君南爲上也唯君面尊言專惠也今文錫或作錫絺或作綌古文箭作晉尊士旅食于西鑮之南北面兩圜壺旅衆也士衆食未得正祿謂庶人在官者圜壺變於方也賤無玄酒又尊于大侯之乏東北兩壺獻酒爲隷僕人巾車獠侯豻侯之獲者獻讀爲沙沙酒濁特泲之必摩沙者也兩壺皆沙酒郊特牲曰汁獻涚于醆酒服不之尊侯時而陳於南統於侯皆東面設洗于阼階東南罍水在東篚在洗西南陳設膳篚在其北西面或言南陳或言西面異其文也又設洗于獲者之尊西北水在洗北篚在南東陳亦統於侯也無爵因服不也有篚爲奠虛爵也服不之洗亦侯特而陳於其南小臣設公席于阼階上西鄉司宮設賓席于戶西南面有加席卿席賓東東上小卿賓西東上大夫繼而東上若有東面者則北上席工于西階之東東上諸公阼階西北面東上唯賓及公席布之也其餘樹之於位後耳小卿命於其君者也席於賓西射禮辨貴賤也諸公大國有孤卿一人與君論道亦不典職如公矣官饌百官各饌其所當共之物羹定亨肉孰也射義曰諸侯之射也必先行燕禮燕禮牲用狗射人告具于公公升即位于席西鄉小臣師納諸公卿大夫諸公卿大夫皆入門右北面東上士西方東面北上大史在干侯之東北北面東上士旅食者在士南北面東上小臣師從者在東堂下南面西上大史在干侯東北士旅食者在士南爲有侯入庭深也小臣師正之佐也正相君出入君之大命公降立于阼階之東南南鄉小臣師詔

揖諸公卿大夫諸公卿大夫西面北上揖大夫大夫皆少進詔告也變爾言揖亦以其入庭深也上言大夫誤衍耳大射正擯大射正射人之長擯者請賓公曰命某爲賓某大夫名擯者命賓賓少進禮辭命賓者東面南顧辭辭以不敏反命以賓之辭告於君又命之賓再拜稽首受命又復擯者反命賓出立于門外北面公揖卿大夫升就席小臣自阼階下北面請執冪者與羞膳者請士可使執君兩甒之冪及羞脯醢庶羞於君者方圜壺獻無冪乃命執冪者執冪者升自西階立于尊南北面東上命者於西階前以公命命之東上執玄尊之冪爲上羞膳者從而東由堂東升自北階立于房中西面南上不言命者不升堂略之膳宰請羞于諸公卿者膳宰請者異於君也擯者納賓賓及庭公降一等揖賓賓辟及至也辟逡遁不敢當盛公升即席以賓將與主人爲禮不參之奏肆夏肆夏樂章名今亡呂叔玉云肆夏時邁也時邁者大平巡守祭山川之樂歌其詩曰明昭有周式序在位又曰我求懿德肆于時夏奏此以延賓其著宣王德勸賢與周禮曰賓出入奏肆夏賓升自西階主人從之賓右北面至再拜賓荅再拜主人宰夫也又掌賓客之獻飲食君於臣雖爲賓不親獻以其莫敢亢禮主人降洗洗南西北面賓將從降鄉之不於洗北辟正主賓降階西東面主人辭降賓對對荅主人北面盥坐取觚洗賓少進辭洗主人坐奠觚于篚興對賓反位賓少進者所辭異宜違其位也獻不用爵辟正主主人卒洗賓揖升賓每先升尊也

主人升賓拜洗主人賓右奠觚荅拜降盥賓降主人辭降賓對卒盥賓揖升主人升坐取觚取觚將就瓦甒酌膳執冪者舉冪主人酌膳執冪者蓋冪酌者加勺又反之反之覆勺筵前獻賓賓西階上拜受爵于筵前反位主人賓右拜送爵賓既拜於筵前受爵退復位宰胥薦脯醢宰胥宰官之吏也不使膳宰薦不主於飲酒變於燕賓升筵庶子設折俎庶子司馬之屬掌正六牲之體者也鄉射記曰賓俎脊脅肩肺不使膳宰設俎爲射變於燕賓坐左執觚右祭脯醢奠爵于薦右興取肺坐絶祭嚌之興加于俎坐挩手執爵遂祭酒興席末坐啐酒降席坐奠爵拜告旨執爵興主人荅拜降席席西也旨美也樂闋闋止也樂止者尊賓之禮盛於上也賓西階上北面坐卒爵興坐奠爵拜執爵興主人荅拜賓以虛爵降既卒爵將酢也主人降賓洗南西北面坐奠觚少進辭降主人西階西東面少進對賓坐取觚奠于篚下盥洗篚下篚南主人辭洗賓坐奠觚于篚興對卒洗及階揖升主人升拜洗如賓禮賓降盥主人降賓辭降卒盥揖升酌膳執冪如初以酢主人于西階上主人北面拜受爵賓主人之左拜送爵賓南面授爵乃於左拜凡授爵鄉所受者主人坐祭不啐酒辟正主也未薦者臣也不拜

酒主人之義燕禮曰不拜酒不告旨遂卒爵興坐奠爵拜執爵興賓荅拜主人不崇酒以虛爵降奠于篚不崇酒辟正主也崇充也謂謝酒惡相充實賓降立于西階西東面既受獻矣不敢安盛擯者以命升賓賓升立于西序東面命公命也東西牆謂之序主人盥洗象觚升酌膳東北面獻于公象觚觚有象骨飾者也取象觚東面不言賓之變於燕公拜受爵乃奏肆夏言乃者其節異於賓主人降自西階阼階下北面拜送爵宰胥薦脯醢由左房庶子設折俎升自西階自由也左房東房也人君左右房鄉射記曰主人俎脊脅臂肺也公祭如賓禮庶子贊授肺不拜酒立卒爵坐奠爵拜執爵興凡異者君尊變於賓主人荅拜樂闋升受爵降奠于篚更爵洗升酌散以降酢于阼階下北面坐奠爵再拜稽首公荅拜更易也易爵不敢襲至尊古文更爲受主人坐祭遂卒爵興坐奠爵再拜稽首公荅拜主人奠爵于篚主人盥洗升媵觚于賓酌散西階上坐奠爵拜賓西階上北面荅拜媵送也散方壺之酒也古文媵皆作騰主人坐祭遂飲賓辭卒爵興坐奠爵拜執爵興賓荅拜辭者辭其代君行酒不立飲也北於正主酬也主人降洗賓降主人辭降賓辭洗卒洗賓揖升不拜洗不拜洗酬而禮殺也主人酌膳賓西階上拜受爵于

筵前反位主人拜送爵賓升席坐祭酒遂奠于薦東（遂者因坐而奠之不北面也奠之者酬不舉也）主人降復位賓降筵西東南面立（賓不立於序內位彌尊）小臣自阼階下請媵爵者公命長（命之使選於長幼之中也卿則尊士則卑）小臣作下大夫二人媵爵（作使）媵爵者阼階下皆北面再拜稽首公荅拜（再拜稽首拜君命）媵爵者立于洗南西面北上序進盥洗角觶升自西階序進酌散交于楹北降適阼階下皆奠觶再拜稽首執觶興公荅拜（序次第也猶代也先者既酌右還而反與後酌者交於西楹北相左俟於西階上乃降往來以右爲上古文曰降造阼階下）媵爵者皆坐祭遂卒觶興坐奠觶再拜稽首執觶興公荅再拜媵爵者執觶待于洗南（待待君命）小臣請致者（請君使一人與二人與不必君命）若命皆致則序進奠觶于篚阼階下皆北面再拜稽首公荅拜媵爵者洗象觶升實之序進坐奠于薦南北上降適阼階下皆再拜稽首送觶公荅拜（既酌而代進往來由尊北交於東楹北亦相左奠於薦南不敢必君舉）媵爵者皆退反位（反門右北面位）公坐取大夫所媵觶興以酬賓賓降西階下再拜稽首小臣正辭賓升成拜（公起酬賓於西階降尊以就卑也正長也小臣長辭變於燕升成拜復再拜稽首先時君辭之於禮若未成然）公坐奠觶荅拜執觶興公卒觶賓

下拜小臣正辭賓升再拜稽首不言成拜者為拜故下實未拜也下不輒拜禮殺也下亦降也發端言降拜因上事言下拜公坐奠觶荅拜執觶興賓進受虛觶降奠于篚易觶興洗賓進以臣道就君受虛爵君不親酌凡爵不相襲者於尊者言更自敵以下言易更作新易有故之辭也不言公酬賓於西階上及公反位者尊君空其文也公有命則不易不洗反升酌膳下拜小臣正辭賓升再拜稽首公荅拜不易君義也不洗臣禮也賓告于擯者請旅諸臣擯者告于公公許旅序也賓欲以次序勸諸臣酒賓以旅大夫于西階上擯者作大夫長升受旅作使也使之以長幼之次先孤卿後大夫賓大夫之右坐奠觶拜執觶興大夫荅拜賓在右相飲之位賓坐祭立卒觶不拜酬而禮殺若膳觶也則降更觶洗升實散大夫拜受賓拜送遂就席言更觶尊卿尊卿則賓禮殺大夫辯受酬如受賓酬之禮不祭酒卒受者以虛觶降奠于篚復位卒猶已也今文辯作徧主人洗觚升實散獻卿于西階上酬賓而後獻卿飲酒禮成於酬司宮兼卷重席設于賓左東上言兼卷則每卿異席重席蒲筵緇布純席卿言東上統於君席自房來卿升拜受觚主人拜送觚卿辭重席司宮徹之徹猶去也重席雖非加猶為其重累辭之辟君乃薦脯醢卿升席庶子設折俎卿折俎未聞蓋用脊脅臑折肺卿有俎者射禮尊卿坐左執爵右祭脯醢奠爵于薦右興取肺坐絕祭不嚌

肺興加于俎坐捝手取爵遂祭酒執爵興降席西階上北面坐
卒爵興坐奠爵拜執爵興陳酒肴君之惠也不嚌啐事在朝臣之意主人荅拜受爵卿降
復位復西面位不酢辟君辯獻卿主人以虛爵降奠于篚擯者升卿卿皆升
就席若有諸公則先卿獻之如獻卿之禮席于阼階西北面東
上無加席公孤也席之北面爲大尊屈之也亦因阼階上近君近君則親寵苟敬私昵之坐小臣又請媵爵者二大
夫媵爵如初請致者若命長致則媵爵者奠觶于篚命長致者使長者一人致
也公或時未能舉自優暇一人待于洗南不致者長致者阼階下再拜稽首公荅拜
再拜稽首拜君命洗象觶升實之坐奠于薦南降與立于洗南者二人皆
再拜稽首送觶公荅拜奠於薦南先媵者上觶之處也二人皆拜如初共勸君飲之公又行一爵若
賓若長唯公所賜一爵先媵者之下觶也若賓若長禮殺也長孤卿之尊者也於是言賜射禮明尊卑以旅于西階
上如初賜賓則以酬長賜長則以酬賓大夫長升受旅以辯大夫卒受者以虛觶降奠于篚主人
洗觚升獻大夫于西階上大夫升拜受觚主人拜送觚大夫坐祭
立卒爵不拜既爵主人受爵大夫降復位既盡也大夫卒爵不拜賤不備禮胥薦主
人于洗北西面脯醢無脀胥宰官之吏主人下大夫也先大夫薦之尊之也不薦于上辟正主脀俎實辯獻大夫

遂薦之繼賓以西東上若有東面者則北上卒擯者升大夫大夫皆升就席辯獻乃薦略賤也亦獻後布席也乃席工于西階上少東小臣納工工六人四瑟工謂瞽矇善歌諷誦詩者也六人大師少師各一人上工四人四瑟者禮大樂衆也僕人正徒相大師僕人師相少師僕人士相上工徒空手也僕人正僕人之長師其佐也士其吏也天子視瞭相工諸侯兼官是以僕人掌之大師少師工之長也凡國之瞽矇正焉杜蒯曰曠也大師也於是分別工及相者射禮明貴賤相者皆左何瑟後首內弦挎越右手相謂相上工者後首主於射略於此樂內弦挎越以右手相工由便也越瑟下孔所以發越其聲者也古文後首爲後手後者徒相入謂相大師少師者也上列官之尊卑此言先後之位亦所以明貴賤凡相者以工出入小樂正從之從大師也後升者變於燕也小樂正於天子樂師也升自西階北面東上工六人坐授瑟乃降相者也降立于西縣之北小樂正立于西階東不統於工明工雖衆位猶在此乃歌鹿鳴三終鹿鳴小雅篇也人君與臣下及四方之賓燕講道脩政之樂歌也言己有旨酒以召嘉賓與之飲者樂嘉賓之來示我以善道又樂嘉賓有孔昭之明德可則傚也歌鹿鳴三終而不歌四牡皇皇者華主於講道略於勞苦與諮事主人洗升實爵獻工工不興左瑟工歌而獻之以事報之也洗爵獻工辟正主也獻不用觚工賤異之也工不興不能備禮左瑟便其右大師無瑟於是言左瑟者節也一人拜受爵謂大師也言一人者工賤同之也工拜於席主人西階上拜送爵薦脯醢輒薦之變於大夫使人相祭使人相者相其祭薦祭酒卒爵不拜主人受虛爵衆工不拜受爵坐祭遂卒爵辯有脯醢不祭相者相其祭酒而已主人受爵降

奠于篚復位大師及少師上工皆降立于鼓北羣工陪于後鼓北西縣之北也言鼓北者與鼓齊面餘長在後也羣工陪于後三人爲列也於是時小樂正亦降立於其南北面工立僕人立于其側坐則在後考工記曰鼓人爲皐陶長六尺有六寸乃管新宮三終管謂吹簜以播新宮之樂其篇亡其義未聞笙從工而入既管不獻略下樂也立于東縣之中卒管大師及少師上工皆東坫之東南西面北上坐不言縣北統於堂也於是時大樂正還北面立于其南擯者自阼階下請立司正三爵既備上下樂作君將留羣臣而射宜更立司正以監之察儀法也公許擯者遂爲司正君許其請因命用之不易之者俱相禮其事同也司正適洗洗角觶南面坐奠于中庭奠觶者著其位以顯其事威儀多也升東楹之東受命于公西階上北面命賓諸公卿大夫公曰以我安賓諸公卿大夫皆對曰諾敢不安以我安者君意殷勤欲留之以我故安也司正降自西階南面坐取觶升酌散降南面坐奠觶奠於中庭故處興右還北面少立坐取觶興坐不祭卒觶奠之興再拜稽首左還南面坐取觶洗南面反奠于其所北面立皆所以自昭明於衆也將於觶南北面則右還於觶北南面則左還如是得從觶西往來也必從觶西往來者爲君在阼不背之也司射適次袒決遂執弓挾乘矢於弓外見鏃於弣右巨指鈎弦司射射人也次若今時更衣處張幃席爲之耦次在洗東南袒左免衣也決猶闓也以象骨爲之著右巨指所以鈎弦而闓之遂射韝也以朱韋爲之著左臂所以遂弦也方持弦矢曰挾乘矢四矢弣弓把也見鏃焉順其射也右巨

指右手大擘以鉤弦弦在旁挾由便也古文挾皆作接 自阼階前曰爲政請射 爲政謂司馬也司馬政官主射禮 遂告曰大夫與大夫士御於大夫 因告選三耦於君御猶侍也大夫與大夫爲耦不足則士侍於大夫與爲耦也今文於爲于 遂適西階前東面右顧命有司納射器 納內也 射器皆入君之弓矢適東堂賓之弓矢與中籌豐皆止于西堂下衆弓矢不挾 衆弓矢不挾則納公與賓弓矢者挾之楅承矢器今文俟作待 總衆弓矢楅皆適次而俟 中閭中算器也籌算也豐可奠射爵者衆弓矢三耦及卿大夫以下弓矢也司射矢亦止西堂下 工人士與梓人升自北階兩楹之間疏數容弓若丹若墨度尺而午射正莅之 工人士梓人皆司空之屬能正方圜者一從一橫曰午謂畫物也射正司射之長 卒畫自北階下司宮埽所畫物自北階下 埽物重射事也工人士梓人司宮位在北堂下 大史俟于所設中之西東面以聽政 中未設也大史俟焉將有事也鄉射禮曰設中南當楅西當西序東面 司射西面誓之曰公射大侯大夫射參士射干射者非其侯中之不獲卑者與尊者爲耦不異侯大史許諾 誓猶告也古文異作辭 遂比三耦 比選次之也不言面者大夫在門右北面士西方東面 三耦俟于次北西面北上 未知其耦今文俟爲立 司射命上射曰某御於子命下射曰子與某子射卒遂命三耦取弓矢于次 取弓矢不拾者次中隱蔽處 司射入于次搢三挾一个出于次西面

揖當階北面揖及階揖升堂揖當物北面揖及物揖由下物少
退誘射搢扱也挾一个挾於弦也个猶枚也由下物而少退謙也誘猶教也夫子循循然善誘人射三侯將乘矢始射干
又射參大侯再發將行也行四矢象有事於四方詩云四矢反兮以御亂兮卒射北面揖揖於當物之處不南面者
爲不背卿及階揖降如升射之儀遂適堂西改取一个挾之改更也不射而挾矢示有
事也遂取扑搢之以立于所設中之西南東面扑所以撻犯教者也於是言立著其位也鄉射記曰
司射之弓矢與扑倚于西階之西司馬師命負侯者執旌以負侯司馬師正之佐也欲令射者見侯與旌深志於
侯中也負侯獲者也天子服不氏下士一人徒四人掌以旌居乏待獲析羽爲旌負侯者皆適侯執旌負侯而俟
司射適次作上耦射作使也司射反位上耦出次西面揖進上射
在左並行當階北面揖及階揖上射先升三等下射從之中等
上射在左便射位也中猶間也上射升堂少左下射升上射揖並行並併也併東行皆當其
物北面揖及物揖皆左足履物還視侯中合足而俟視侯中各視其侯之中大夫耦
則視參中參中十四尺士耦則視干中干中十尺司馬正適次袒決遂執弓右挾之出升自西
階適下物立于物間左執弣右執簫南揚弓命去侯司馬正政官之屬簫弓末
揚弓者執下末揚猶舉也適下物由上射後東過也命去侯者將射當獲也鄉射禮曰西南面立於物間負侯皆許諾以宮趨直

西及乏之南又諾以商至乏聲止宮爲君商爲臣其聲和相生也鄉射禮曰獲者執旌許諾古文聲爲磬授獲者退立于西方獲者興共而俟大侯服不氏負侯徒一人居乏之相代而獲參侯干侯徒負侯居乏不相代鄉射禮曰獲者執旌許諾聲不絕以至于乏坐東面偃旌興而俟古文獲皆作護非也司馬正出于下射之南還其後降自西階遂適次釋弓說決拾襲反位拾遂也鄉射禮曰司馬反位立于司射之南司射進與司馬正交于階前相左由堂下西階之東北面視上射命曰毋射獲毋獵獲上射揖司射退反位射獲矢中乏也從旁爲獵乃射上射既發挾矢而后下射射拾發以將乘矢拾更也將行也獲者坐而獲坐言獲也舉旌以宮偃旌以商再言獲也獲而未釋獲但言獲未釋筭古文釋爲舍卒射右挾之北面揖揖如升射右挾之右手挾弦上射降三等下射少右從之中等並行上射於左與升射者相左交于階前相揖適次釋弓說決拾襲反位上射於左由下射階上少右乃降待之言襲者凡射皆袒三耦卒射亦如之司射去扑倚于階西適阼階下北面告于公曰三耦卒射反搢扑反位司馬正袒決遂執弓右挾之出與司射交于階前相左出出於次也袒時亦適次升自西階自右物之後立于物間西南面揖弓命取矢揖推之負侯許諾如

初去侯皆執旌以負其侯而俟（侯小臣取矢以旌指教之）司馬正降自西階北面命設楅（此出于下射之南還其後而降之）小臣師設楅司馬正東面以弓爲畢（畢所以教助執事者鄉射記曰乃設楅于中庭南當洗東肆）既設楅司馬正適次釋弓說決拾襲反位小臣坐委矢于楅北括司馬師坐乘之（乘四四數之）卒若矢不備則司馬正又袒執弓升命取矢如初曰取矢不索乃復求矢加于楅卒司馬正進坐左右撫之興反位（左右撫分上下射此坐皆北面）司射適西階西倚扑升自西階東面請射于公（倚扑者將助君前不敢佩刑器也升堂者欲諸公卿大夫辯聞也）公許遂適西階上命賓御于公諸公卿則以耦告于上大夫則降即位而后告（告諸公卿於堂上尊之也）司射自西階上北面告于大夫曰請降司射先降搢扑反位大夫從之降適次立于三耦之南西面北上（適次由次前而北西面立）司射東面于大夫之西比耦大夫與大夫命上射曰某御於子命下射曰子與某子射卒遂比衆耦（衆耦士也）衆耦立于大夫之南西面北上若有士與大夫爲耦則以大夫之耦爲上（爲上居羣士之上）命大夫之耦曰子與某子射告於大夫曰某御於子（士雖爲上射其辭猶尊大夫）命

易思

衆耦如命三耦之辭諸公卿皆未降言未降者見其志在射遂命三耦各與其耦拾取矢皆袒決遂執弓右挾之此命入次之事也司射既命而反位不言之者上射出當作取矢事未訖一耦出西面揖當楅北面揖及楅揖三耦同入次其出也一一上射出西面立司射作之乃揖行也當楅楅正南之東西上射東面下射西面上射揖進坐橫弓郤手自弓下取一个兼諸弣興順羽且左還毋周反面揖橫弓者南踣弓也郤手自弓下取矢者以左手在弓表右手從裏取之便也兼并也并矢於弣當順羽既又當執弦順羽者手放而下備不整理也左還反其位毋周右還而反東面也君在阼還周則下射將背之古文且爲阻下射進坐橫弓覆手自弓上取一个兼諸弣興順羽且左還毋周反面揖橫弓亦南踣弓也人東西鄉以南北爲橫覆手自弓上取矢以左手在弓裏右手從表取之便也既拾取矢梱之梱齊等之也古文梱作魁兼挾乘矢皆內還南面揖內還者上射左下射右不皆右還亦以君在阼嫌下射故左還而背之也上以陽爲內下以陰爲內因其宜可也適楅南皆左還北面揖搢三挾一个楅南鄉當楅之位也揖以耦左還上射於左以猶與也言以者耦之事成於此意相人耦也上射轉居左便其反位也上射少北乃東面退者與進者相左相揖退釋弓矢于次說決拾襲反位二耦拾取矢亦如之後者遂取誘射之矢兼乘矢而取之以授有司于次中皆襲反位有司納射器因留主授受之司射作射如初一耦揖升如初司馬命去

侯負侯許諾如初司馬降釋弓反位司射猶挾一个去扑與司馬交于階前適阼階下北面請釋獲于公猶守故之辭於此言之者司射既誘射恒執弓挾矢以掌射事備尚未知當敎之也今三耦卒射衆足以知之矣猶挾之者君子不必也公許反搢扑遂命釋獲者設中以弓爲畢北面北面立于所設中之南當視之也鄉射禮曰設中南當楅西當西序大史釋獲小臣師執中先首坐設之東面退大史實八筭于中橫委其餘于中西興共而俟先猶前也命大史而小臣師設之國君官多也小臣師退反東堂下位鄉射禮曰橫委其餘于中西南末司射西面命曰中離維綱揚觸梱復公則釋獲衆則不與離猶過也獵也侯有上下綱其邪制躬舌之角者爲維或曰維當爲絹絹綱耳揚觸者謂矢中他物揚而觸侯也梱復謂矢至侯不著而還復復反也公則釋獲優君也衆當中鵠而著古文梱作魁唯公所中中三侯皆獲値中一侯則釋獲釋獲者命小史小史命獲者傳告服不使知此司射所命司射遂進由堂下北面視上射命曰不貫不釋上射揖司射退反位貫猶中也射不中鵠不釋筭古文貫作關釋獲者坐取中之八筭改實八筭興執而俟執所取筭乃射若中則釋獲者每一个釋一筭上射於右下射於左若有餘筭則反委之委餘筭禮貴異又取中之八筭改實八筭于中興執而俟三耦卒射賓降取弓矢于堂西不敢與君並俟告取之以升俟君事畢諸公卿則

適次繼三耦以南〔言繼三耦明在大夫北〕公將射則司馬師命負侯皆執其旌以負其侯而俟〔君尊若始焉〕司馬師反位隸僕人埽侯道〔新之〕司射去扑適阼階下告射于公公許適西階東告于賓〔告當射也今文曰阼階下無適〕遂搢扑反位小射正一人取公之決拾于東坫上一小射正授弓拂弓皆以俟于東堂〔授弓當授大射正拂弓去塵〕公將射則賓降適堂西袒決遂執弓搢三挾一个升自西階先待于物北北一笴東面立〔不敢與君併笴矢幹東面立鄉君也〕司馬升命去侯如初還右乃降釋弓反位〔還右還君之右也猶出下射之南還其後也今文曰右還〕公就物小射正奉決拾以笥大射正執弓皆以從於物〔笥萑葦器大射正舍司正親其職〕小射正坐奠笥于物南遂拂以巾取決興贊設決朱極三〔極猶放也所以韜指利放弦也以朱韋爲之三者食指將指無名指無極放弦契於此指多則痛小指短不用〕小臣正贊袒公袒朱襦卒袒小臣正退俟于東堂小射正又坐取拾興贊設拾以笥退奠于坫上復位〔既袒乃設拾拾當以韝襦上〕大射正執弓以袂順左右隈上再下壹左執弣右執簫以授公公親揉之〔順放之也隈弓淵也揉宛之觀其安危也今文順爲循古文揉爲紐〕小臣師以巾內拂矢而授矢于公稍屬〔內拂恐塵及君也稍屬不搢矢〕

大射正立于公後以矢行告于公若不中使君當知而改其度下曰留上曰揚左
右曰方留不至也揚過去也方出旁也公既發大射正受弓而俟拾發以將乘矢公下
射也而先發不留尊也公卒射小臣師以巾退反位大射正受弓受弓以授有司於東堂
小射正以笥受決拾退奠于坫上復位大射正退反司正之位
小臣正贊襲公還而后賓降釋弓于堂西反位于階西東面
階西東面賓降位公即席司正以命升賓賓升復筵而后卿大夫繼射
諸公卿取弓矢于次中袒決遂執弓搢三挾一个出西面揖揖
如三耦升射卒射降如三耦適次釋弓說決拾襲反位衆皆繼
射釋獲皆如初諸公卿言取弓矢衆言釋獲互言也卒射釋獲者遂以所執餘獲
適阼階下北面告于公曰左右卒射司射不告者釋獲者於是有事宜終之也餘獲餘筭也無餘筭
則無所執古文曰餘筭反位坐委餘獲于中西興共而俟司馬袒執弓升命
取矢如初負侯許諾以旌負侯如初司馬降釋弓如初小臣委
矢于楅如初司馬司馬正於是司馬師亦坐乘矢賓諸公卿大夫之矢皆異束之以
茅卒正坐左右撫之進束反位異束大夫矢尊殊之也正司馬正也進前也又言束整結之示親也賓之

矢則以授矢人于西堂下（是言矢人則納射器之有司各以其器名官職不言君矢小臣以授矢人于東堂下可知）司
馬釋弓反位而后卿大夫升就席（此言其升前小臣委矢於楅）司射適階西釋
弓去扑襲進由中東立于中南北面視筭（釋弓去扑射事已也）釋獲者東
面于中西坐先數右獲（固東面矣復言之者少南就右獲）二筭爲純（純猶全也耦陰陽也）一純
以取實于左手十純則縮而委之（縮從也於數者東西爲從古文縮皆作蹙）每委異之（易校
數）有餘純則橫諸下（又異之也自近爲下）一筭爲奇奇則又縮諸純下（又從之）
興自前適左（從中前北也更端故起）東面坐（少北於故）坐兼斂筭實于左手一純
以委十則異之（變於右也）其餘如右獲（謂所縮所橫者）司射復位釋獲者遂進
取賢獲執之由阼階下北面告于公（賢獲勝黨之筭也執之者齊而取其餘）若右勝則
曰右賢於左若左勝則曰左賢於右以純數告若有奇者亦曰
奇（告曰某賢於某若干純若干奇）若左右鈞則左右各執一筭以告曰左右鈞還
復位坐兼斂筭實八筭于中委其餘于中西興共而俟司射命
設豐（當飲不勝者射爵）司宮士奉豐由西階升北面坐設于西楹西降復
位勝者之弟子洗觶升酌散南面坐奠于豐上降反位（弟子其少者也不授

者射爵猶罰爵略之司射遂袒執弓挾一个搢扑東面于三耦之西命三耦及衆射者勝者皆袒決遂執張弓執張弓言能用之也右手挾弦不勝者皆襲說決拾卻左手右加弛弓于其上遂以執弣固襲說決拾矣復言之者起勝者也不勝者執弛弓言不能用之也兩手執弣無所挾也司射先反位居前俟所命入次而來飲三耦及衆射者皆升飲射爵于西階上不勝之黨無不飲小射正作升飲射爵者如作射一耦出揖如升射及階勝者先升升堂少右先升尊賢也少右辟飲者亦因相飲之禮然不勝者進北面坐取豐上之觶興少退立卒觶進坐奠于豐下興揖立卒觶不祭不拜受罰不備禮也右手執觶左手執弓不勝者先降後升先降略之不由次也降而少右後並行與升飲者相左交于階前相揖適次釋弓襲反位僕人師繼酌射爵取觶實之反奠于豐上退俟于序端僕人師酌者君使之代弟子也自此以下辯爲之酌升飲者如初三耦卒飲若賓諸公卿大夫不勝則不降不執弓耦不升此耦謂士也諸公卿或闕士爲之耦者不升其諸公卿大夫相爲耦者不降席重恥尊也僕人師洗升實觶以授賓諸公卿大夫受觶于席以降適西階上北面立飲卒觶授執爵者反就席雖尊亦西階上立飲不可以己尊枉正罰也授爵而不奠豐尊大夫也若飲公則侍射者降洗角觶升酌散

降拜侍射賓也飲君則不敢以爲罰從致爵之禮也公降一等小臣正辭賓升再拜稽首公荅再拜賓坐祭卒爵再拜稽首公荅再拜賓降洗象觶升酌膳以致下拜小臣正辭升再拜稽首公荅再拜公卒觶賓進受觶降洗散觶升實散下拜小臣正辭升再拜稽首公荅再拜賓復酌自飲者夾爵也但如致爵則無以異於燕也夾爵亦所以恥公也所謂若飲君燕則夾爵賓坐不祭卒觶降奠于篚階西東面立不祭象射爵擯者以命升賓賓升就席擯者司正也今文席爲筵若諸公卿大夫之耦不勝則亦執弛弓特升飲此耦亦謂士也特猶獨也以尊與甲爲耦而又不勝使之獨飲若無倫匹孤賤也衆皆繼飲射爵如三耦射爵辯乃徹豐與觶徹除也司宮尊侯于服不之東北兩獻酒東面南上皆加勺設洗于尊西北篚在南東肆實一散于篚爲大侯獲者設尊也言尊侯者獲者之功由侯也不於初設之者不敢必君射也君不射則不獻大侯之獲者散爵名容五升司馬正洗散遂實爵獻服不言服不著其官尊大侯也服不司馬之屬掌養猛獸而教擾之者洗酌皆西面服不侯西北三步北面拜受爵近其所爲獻司馬正西面拜送爵反位不侯卒爵略賤也此終言之獻服不之徒乃反位宰夫有司薦庶子設折俎宰夫有司宰夫之吏也鄉射記曰獲者之俎折脊脅肺卒錯獲者適右个薦俎從之不言服不言獲者國君大侯服不負侯其徒居乏待獲變其文

容二人也司馬正皆獻之薦俎已錯乃適右个明此獻已已歸功於侯也適右个由侯内鄉射記曰東方謂之右个獲者左執爵右祭薦俎二手祭酒祭俎不奠爵不備禮也二手祭酒者獲者南面於俎北當爲侯祭於豆間爵反注爲一手不能正也此薦俎之設如於北面人焉天子祝侯曰唯若寧侯無或若女不寧侯不屬於王所故抗而射女強飲強食貽女曾孫諸侯百福諸侯以下祝辭未聞適左个祭如右个中亦如之先祭个後中者以外即之至中若神在中鄉射禮曰獻獲者俎與薦皆三祭卒祭左个之西北三步東面此鄉受獻之位也不北面者嫌爲侯卒爵設薦俎立卒爵不言不拜既爵司馬正已反位不拜可知也鄉射禮曰獲者薦右東面立飲司馬師受虛爵洗獻隸僕人與巾車獲者皆如大侯之禮隸僕人埽侯道巾車張大侯及參侯干侯之獲者其受獻之禮如服不也隸僕人巾車於服不之位受之功成於大侯也不言量人者此自後以及先可知卒司馬師受虛爵奠于篚獲者之篚獲者皆執其薦庶子執俎從之設于乏少南少南爲復射妨旌也隸僕人巾車量人自服不而南服不復負侯而俟司射適階西去扑適堂西釋弓說決拾襲適洗洗觚升實之降獻釋獲者于其位少南獻釋獲者與獲者異文武不同也去扑者扑不升堂也少南辟中薦脯醢折俎皆有祭俎與服不同唯祭一爲異釋獲者薦右東面拜受爵司射北面拜送爵釋獲者就其薦坐左執爵右祭脯醢興取肺坐祭遂祭酒祭俎不奠爵亦賤不備禮興司射之西北面立卒爵不拜既爵司射受虛爵奠于篚釋獲者少

西辟薦反位（辟薦少西之者爲復射妨司射視筭亦辟俎也）司射適堂西袒決遂取弓挾一个適階西搢扑以反位（爲將復射）司射倚扑于階西適阼階下北面請射于公如初（不升堂賓諸公卿大夫既射矣聞之可知）反搢扑適次命三耦皆袒決遂執弓序出取矢（曏言拾是言序互言耳）司射先反位（言先先三耦也司射既命三耦以入次之事即反位三耦入次袒決遂執弓挾矢乃出反次外西面位曏不言司射先反位三耦未有次位無所先也）三耦拾取矢如初小射正作取矢如初（小射正司射之佐作取矢禮殺代之）三耦既拾取矢諸公卿大夫皆降如初位與耦入於次皆袒決遂執弓皆進當楅進坐說矢束上射東面下射西面拾取矢如三耦（皆進當楅進三耦揖之位也凡繼射命耦而已不作射不作取矢從初）若士與大夫爲耦士東面大夫西面大夫進坐說矢束退反位（說矢束自同於三耦謙也）耦揖進坐兼取乘矢興順羽且左還毋周反面揖（兼取乘矢不敢與大夫拾）大夫進坐亦兼取乘矢如其耦北面搢三挾一个揖進大夫與其耦皆適次釋弓說決拾襲反位諸公卿升就席（大夫反位諸公卿乃升就席大夫與已上下位）衆射者繼拾取矢皆如三耦遂入于次釋弓矢說決拾襲反位司射猶挾一个以作射如初一耦揖升如初司馬升命去侯負侯許諾

司馬降釋弓反位司射與司馬交于階前倚扑于階西適阼階下北面請以樂于公公許請奏樂以爲節也始射獲而未釋獲復釋獲復用樂行之君子之於事也始取苟能中課有功終用成法教化之漸也射用應樂爲難孔子曰射者何以聽循聲而發發而不失正鵠者其唯賢者乎司射反搢扑東面命樂正曰命用樂言君有命用樂射也樂正在工南北面樂正曰諾司射遂適堂下北面視上射命曰不鼓不釋不與鼓節相應不釋筭也鼓亦樂之節學記曰鼓無當於五聲五聲不得不和凡射之鼓節投壺其存者也周禮射節天子九諸侯七卿大夫以下五上射揖司射退反位樂正命大師曰奏貍首閒若一樂正西面受命左還東面命大師以大射之樂章使奏之也貍首逸詩曾孫也貍之言不來也其詩有射諸侯首不朝者之言因以名篇後出失之謂之曾孫曾孫者其章頭也射義所載詩曰曾孫侯氏是也以爲諸侯射節者采其旣有弧矢之威又言小大莫處御於君所以燕以射則燕則譽有樂以時會君事之志也閒若一者調其聲之踈數重節大師不興許諾樂正反位奏貍首以射三耦卒射賓待于物如初公樂作而后就物稍屬不以樂志其他如初儀不以樂志君之射儀遲速從心其發不必應樂辟不敏也志意所擬度也春秋傳曰吾志其目卒射如初賓就席諸公卿大夫衆射者皆繼射釋獲如初卒射降反位釋獲者執餘獲進告左右卒射如初司馬升命取矢負侯許諾司馬降釋弓反位小臣委矢司馬師乘之皆如初司射釋弓視筭如初釋獲者

以賢獲與鈞告如初復位司射命設豐實觶如初遂命勝者
執張弓不勝者執弛弓升飲如初卒退豐與觶如初司射猶袒
決遂左執弓右執一个兼諸弦面鏃適次命拾取矢如初側持弦矢曰執面猶
尚也兼矢於弦尚鏃將止變於射也司射反位三耦及諸公卿大夫衆射者皆袒決遂
以拾取矢如初矢不挾兼諸弦面鏃退適次皆授有司弓矢襲
反位不挾亦謂執之如司射卿大夫升就席司射適次釋弓說決拾去扑襲
反位司馬正命退楅解綱小臣師退楅巾車量人解左下綱司
馬師命獲者以旌與薦俎退解猶釋也今文司馬師無司馬司射命釋獲者退中
與筭而俟諸所退射器皆俟備君復射釋獲者亦退其薦俎公又舉奠觶唯公所賜若賓若
長以旅于西階上如初大夫卒受者以虛觶降奠于篚反位司馬
正升自西階東楹之東北面告于公請徹俎公許射事既畢禮殺人倦宜徹俎燕坐
遂適西階上北面告于賓賓北面取俎以出諸公卿取俎如賓
禮遂出授從者于門外自其從者大夫降復位門東北面位庶子正徹公俎
降自阼階以東降自阼階若親徹也以東去藏賓諸公卿皆入門東面北上諸公卿不入門

而右以將燕亦因從賓司正升賓賓諸公卿大夫皆說屨升就席公以賓及卿

大夫皆坐乃安曏命以我安臣於君尚猶踧踖至此乃敢安羞庶羞羞進也庶衆也所進衆羞謂膟肝膋狗胾醢也或有炰鼈膾鯉

雉兔鶉鴽大夫祭薦燕乃祭薦不敢於盛成禮司正升受命皆命公曰衆無不醉賓及

諸公卿大夫皆興對曰諾敢不醉皆反位坐皆命者命賓命諸公命卿大夫皆鄉其位也興對必

降席敬也司正退立西序端主人洗酌獻士于西階上士長升拜受觶主人拜送

獻士用觶士賤也今文觶作觚士坐祭立飲不拜既爵其他不拜坐祭立飲其他謂衆士也升不

拜受爵乃薦司正與射人于觶南北面東上司正爲上司正射人士也以齒受獻既乃薦

之也司正大射正也射人小射正略其佐辯獻士士既獻者立于東方西面北上乃薦士士既

獻易位者以卿大夫在堂臣位尊東也畢獻薦之略賤祝史小臣師亦就其位而薦之亦者亦士也辯獻乃薦也祝史

門東北面東上主人就士旅食之尊而獻之旅食不拜受爵坐祭立飲主人

既酌西面士旅食北面受之不洗者於賤略之主人執虛爵奠于篚復位賓降洗升媵觶于公

酌散下拜公降一等小臣正辭賓升再拜稽首公荅再拜賓受公賜多矣

禮將終宜勸公序厚意也今文觶爲觚公荅拜無再拜賓坐祭卒爵再拜稽首公荅再拜賓降洗

象觚升酌膳坐奠于薦南降拜小臣正辭賓升成拜公荅拜賓

反位反位反席也此觚當爲觶公坐取賓所媵觚興唯公所賜受者如初受酬之禮降更爵洗升酌膳下再拜稽首小臣正辭升成拜公荅拜乃就席坐行之坐行之若今坐相勸酒有執爵者士有盥升主酌授之唯受于公者拜公所賜者拜其餘則否司正命執爵者爵辯卒受者興以酬士欲令惠均大夫卒受者以爵興西階上酬士士升大夫奠爵拜士荅拜與酬士者立堂下與上坐者異也大夫立卒爵不拜實之士拜受大夫拜送士旅于西階上辯祝史小臣師旅食皆及焉士旅酌旅序也士以次自酌相酬無執爵者若命曰復射則不獻庶子獻庶子則正禮畢後無事司射命射唯欲司射命賓及諸公卿大夫射欲者則射不欲者則止可否之事從人心也卿大夫皆降再拜稽首公荅拜拜君樂與臣下執事無已不言賓賓從羣臣禮在上壹發中三侯皆獲其功一也而和者益多尚歡樂也矢揚觸或有參中者主人洗升自西階獻庶子于阼階上如獻士之禮辯獻降洗遂獻左右正與內小臣皆於阼階上如獻庶子之禮庶子既掌正六牲之體又正舞位授舞器與膳宰樂正聯事又掌國子戒令教治也于之宮也左右正謂樂正僕人正也位在中庭之左右小樂正在頌磬之北右也工在西則北面工遷於東則東面大樂正在笙磬之北左也工在西則西面工遷於東則北面僕人正相大師工升堂與其師上降立於小樂正之北北上工遷於東則陪其工後國君無故不釋縣二正君之近官也內小臣奄人掌君陰事陰令后夫人之宮也獻三官於阼階別內外臣也同獻更洗以時事不聯也獻正下及內小臣則磬人鍾人鎛人鼓人僕人師僕人士者獻可知也

庶子內小臣位在小臣師之東少退西上 無筭爵 筭數也爵行無次數唯意所勸醉而止 士也有執膳爵者有執
散爵者執膳爵者酌以進公公不拜受執散爵者酌以之公命
所賜所賜者興受爵降席下奠爵再拜稽首公荅再拜 席下席西
受賜爵者以爵就席坐公卒爵然後飲 酬之禮爵代舉今爵並行嫌不代也並行猶代者明
勸惠從尊者來 執膳爵者受公爵酌反奠之 燕之歡在飲酒成其意也 受賜者興授執
散爵者執散爵者乃酌行之 與其所勸者 唯受于公者拜卒爵者興以
酬士于西階上士升大夫不拜乃飲實爵 乃猶而也 士不拜受爵大夫
就席士旅酌亦如之公有命徹冪則賓及諸公卿大夫皆降
西階下北面東上再拜稽首 命徹冪者公意殷勤欲盡酒 公命小臣正辭公荅
拜大夫皆辟升反位 升不成拜於將醉正臣禮 士終旅於上如初 卿大夫降而爵止於其反席卒之
無筭樂 升歌閒合無次數唯意所樂 宵則庶子執燭於阼階上司宮執燭於西
階上甸人執大燭於庭閽人爲燭於門外 宵夜也燭燋也甸人掌共薪蒸者庭大燭爲其位廣也爲
作也作燭候賓出 賓醉北面坐取其薦脯以降 取脯重得君之賜 奏陔 陔夏樂章也其歌頌類也
以鍾鼓奏之其篇今亡 賓所執脯以賜鍾人于門內霤遂出 必賜鍾人鍾人以鍾鼓奏陔夏賜之脯明

雖醉志禮不忘樂卿大夫皆出從賓出公不送臣也與之安燕交歡嫌亢禮也公入驁驁夏亦樂章也以鍾鼓奏之其詩今亡此公出而言入者射宮在郊以將還爲入燕不驁者於路寢無出入也

儀禮卷第七

經六千八百九十
注七千三百八

儀禮卷第八

聘禮第八　　儀禮　鄭氏注

聘禮君與卿圖事 圖謀也謀聘故及可使者謀事者必因朝其位君南面卿西面大夫北面士東面 遂命使者 遂猶因也既謀其人因命之也聘使卿 使者再拜稽首辭 辭以不敏 君不許乃退 退反位也受命者必進 既圖事戒上介亦如之 既已也戒猶命也已謀事乃命上介難於使者易於介 宰命司馬戒衆介衆介皆逆命不辭 宰上卿貳君事者也諸侯謂司徒爲宰衆介者士也士屬司馬周禮司馬之屬司士掌作士適四方使爲介逆猶受也

宰書幣 書聘所用幣多少也宰又掌制國之用 命宰夫官具 宰夫宰之屬也命之使衆官具幣及所宜齎 及期夕幣 及猶至也夕幣先行之日夕陳幣而視之重聘也 使者朝服帥衆介夕 視其事也古文帥皆作率 管人布幕于寢門外 管猶館也館人謂掌次舍帷幕者也布幕以承幣寢門外朝也古文管作官今文布作敷 官陳幣皮北首西上加其奉於左皮上馬則北面奠幣于其前 奉所奉以致命謂束帛及玄纁也馬言則者此享主用皮或時用馬馬入則在幕南皮馬皆乘古文奉爲卷今文無則 使者北面衆介立于其左東上 既受行同位也位在幕南 卿大夫在幕東西面北上 大夫西面辟使者 宰入告具于君君朝服出門左南鄉 入告入路門而告 史讀書展幣 展猶校録也史幕東西面讀書賈人坐撫其幣每者曰在必西面者欲君與使者俱見之也 宰執書告備具于君授使者使者受書授上介 史展

幣畢以書還授宰宰既告備以授使者其受授皆北面 公揖入揖禮羣臣官載其幣舍于朝待旦行也上介視載者監其安處之畢乃出所受書以行為當復展厥明賓朝服釋幣于禰告為君使也賓使者謂之賓尊之也天子諸侯將出告羣廟大夫告禰而已凡釋幣設洗盥如祭有司筵几于室中祝先入主人從入主人在右再拜祝告又再拜更云主人者廟中之稱也祝告告以主人將行也釋幣制玄纁束奠于几下出祝釋之也凡物十曰束玄纁之率玄居三纁居二朝貢禮云純四只制丈八尺主人立于戶東祝立于牖西少頃之間示有俟於神又入取幣降卷幣實于笲埋于西階東又入者祝也埋幣必盛以器若藏之然又釋幣于行告將行也行者之先其古人之名未聞天子諸侯有常祀在冬大夫三祀曰門曰行曰厲喪禮有毀宗躐行出于大門則行神之位在廟門外西方不言埋幣可知也今時民春秋祭祀有行神古之遺禮乎遂受命賓須介來乃受命也言遂者明自是出不復入上介釋幣亦如之如其於禰與行上介及衆介俟于使者之門外俟待也待於門外東面北上使者載旜帥以受命于朝旜旌旗屬也載之者所以表識其事也周禮曰通帛為旜又曰孤卿建旜至於朝門使者北面東上古文旜皆為膳君朝服南鄉卿大夫西面北上君使卿進使者進之者使者謙不敢必君之終使己使者入及衆介隨入北面東上君揖使者進之上介立于其左接聞命進之者有命宜相近也接猶續也賈人西面坐啓櫝取圭垂繅不起而授宰賈人在官知物賈者繅所以藉圭也其或拜則奠于其上今文繅作璪宰執圭屈繅自公左

授使者 屈繅者斂之禮以相變爲敬也自公左贊幣之義 使者受圭同面垂繅以受命 同面者宰就使者北面並授之既授之而君出命矣凡授受者授由其右受由其左 既述命同面授上介 述命者循君之言重失誤 上介受圭屈繅出授賈人衆介不從 賈人將行者在門外北面 受享束帛加璧受夫人之聘璋享玄纁束帛加琮皆如初 享獻也既聘又獻所以厚恩惠也帛今之璧色繒也夫人亦有聘享者以其與己同體爲國小君也其聘用璋取其半圭也君享用璧夫人用琮天地配合之象也圭璋特達瑞也璧琮有加往德也周禮曰瑑圭璋璧琮以覜聘 遂行舍於郊 於此脫舍衣服乃即道也曲禮曰凡爲君使已受命君言不宿於家 斂旜 此行道耳未有事也斂藏也 若過邦至于竟使次介假道束帛將命于朝曰請帥奠幣 至竟而假道諸侯以國爲家不敢直徑也將猶奉也帥猶道也請道己道路所當由 下大夫取以入告出許遂受幣 言遂者明受其幣非爲許故也容其辭讓不得命也 餼之以其禮上賓大牢積唯芻禾介皆有餼 凡賜人以牲生曰餼餼猶稟也給也以其禮者尊卑有常差也常差者上賓上介牲用大牢羣介用少牢米皆百筥牲陳于門內之西北面米設于中庭上賓上介致之以束帛羣介則牽羊焉上賓有禾十車芻二十車禾以秣馬 士帥沒其竟 沒盡 誓于其竟賓南面上介西面衆介北面東上史讀書司馬執策立于其後 此使次介假道止而誓也賓南面專威信也史於衆介之前北面讀書以勑告士衆爲其犯禮暴掠也禮君行師從卿行旅從司馬主軍法者執策示罰 未入竟壹肄 謂於所聘之國竟也肄習也習聘之威儀重失誤 爲壝壇畫階帷其北無宮 壝土象壇也帷其北宜有所鄉依也無宮不壝土畫外垣也 朝服無主無執也

不立主人主人尊也不執玉不敢褻也徒習其威儀而已介皆與北面西上入門左之位也古文與作豫習享士執庭實士士介也庭實必執之者皮則有攝張之節習夫人之聘享亦如之習公事不習私事公事致命者也及竟張旝誓及至也張旝明事在此國也張旝謂使人維之乃謁關人謁告也古者竟上為關以譏異服識異言關人問從者幾人欲知聘問且為有司當共委積之具以介對以所與受命者對謙也聘禮上公之使者七介侯伯之使者五介子男之使者三介以其代君交於列國是以貴之周禮曰凡諸侯之卿其禮各下其君二等君使士請事遂以入竟請猶問也問所為來之故也遂以入因道之入竟斂旝乃展復校錄幣重其事斂旝變於始入布幕賓朝服立于幕東西面介皆北面東上賈人北面坐拭圭拭清也側幕而坐乃開櫝遂執展之持之而立告在上介北面視之退復位言退復位則視圭進違位退圭圭璋尊不陳之陳皮北首西上又拭璧展之會諸其幣加于左皮上上介視之退會合也諸於也古文曰陳幣北首馬則幕南北面奠幣于其前前當前幕上展夫人之聘享亦如之賈人告于上介上介告于賓展夫人聘享上介不視貶於君也賈人既拭璋琮南面告於上介上介於是乃東面以告賓亦所謂放而文之類有司展羣幣以告羣幣私覿及大夫者有司載幣者自展自告及郊又展如初郊遠郊也周制天子畿內千里遠郊百里以此差之遠郊上公五十里侯伯三十里子男十里也近郊各半之及館展幣於賈人之館如初館舍也遠郊之內有候館可以小休止沐浴展幣不于賓館者為主國之人有勞問已者就焉便疾也賓至于近郊張旝君

使下大夫請行反君使卿朝服用束帛勞請行問所之也雖知之謙不必也士請事大夫請行卿勞彌尊賓也其服皆朝服上介出請入告賓禮辭迎于舍門之外再拜出請出門西面請所以來事也入告入北面告賓也每所及至皆有舍其有來者者皆出請入告于此言之者賓彌尊事彌録勞者不荅拜凡爲人使不當其禮賓揖先入受于舍門內不受于堂此主於侯伯之臣也公之臣受勞於堂勞者奉幣入東面致命東面鄉賓賓北面聽命還少退再拜稽首受幣勞者出北面聽命若君南面然少退象降拜授老幣老賓之臣出迎勞者欲儐之勞者禮辭賓揖先入勞者從之乘皮設設於門內也物四曰乘皮麋鹿皮也賓用束錦儐勞者言儐者賓在公館如家之義亦以來者爲賓勞者再拜稽首受稽首尊國賓也賓再拜稽首送幣受送拜皆北面象階上勞者揖皮出乃退賓送再拜揖皮出東面揖執皮者而出夫人使下大夫勞以二竹簠方玄被纁裏有蓋竹簠方者器名也以竹爲之狀如簠而方如今寒具筥筥者圜此方耳其實棗蒸栗擇兼執之以進兼猶兩也右手執棗左手執栗賓受棗大夫二手授栗受授不游手慎之也賓之受如初禮如卿勞之儀儐之如初下大夫勞者遂以賓入出以束錦授從者因東面釋辭請道之以入然則賓送不拜至于朝主人曰不腆先君之祧既拚以俟矣賓至外門下大夫入告出釋此辭主人者公也不言公而言主人主人接賓之辭明至欲受之不敢稽賓也腆猶善也遷主所在曰祧周禮天子七廟文武爲祧諸侯五廟則祧始祖也是亦廟也

言祧者祧尊而廟親待賓客者上尊者賓曰俟間賓之意不欲奄卒主人也且以道路悠遠欲沐浴齊戒俟間未敢聞命大夫帥至于館卿致館致至也賓至此館主人以上卿禮致之所以安之也賓迎再拜卿致命賓再拜稽首卿退賓送再拜卿不俟設飧之畢以不用束帛致故也不用束帛致之者明爲新至非大禮也宰夫朝服設飧食不備禮曰飧詩云不素飧兮春秋傳曰方食魚飧皆謂是飪一牢在西鼎九羞鼎三腥一牢在東鼎七中庭之饌也飪孰也孰在西腥在東象春秋也鼎西九東七凡其鼎實與其陳如陳饔餼羞鼎則陪鼎也以其實言之則曰羞以其陳言之則曰陪堂上之饌八西夾六八六者豆數也凡饌以豆爲本堂上八豆八簋六鉶兩簠八壺西夾六豆六簋四鉶兩簠六壺其實與其陳亦如饔餼門外米禾皆二十車禾槀實并刈者也諸侯之禮車米視生牢禾視死牢牢十車大夫之禮皆視死牢而已雖有生牢不取數焉米陳門東禾陳門西薪芻倍禾各四十車凡此之陳亦如饔餼上介飪一牢在西鼎七羞鼎三堂上之饌六門外米禾皆十車薪芻倍禾西鼎七無鮮魚鮮腊衆介皆少牢亦飪在西鼎五羊豕腸胃魚腊新至尚孰堂上之饌四豆四簋兩鉶四壺無簠厥明訝賓于館此訝下大夫也以君命迎賓謂之訝訝迎也亦皮弁賓皮弁聘至于朝賓入于次服皮弁者朝聘主相尊敬也諸侯視朔皮弁服入于次者俟辦也次在大門外之西以帷爲之乃陳幣有司入于主國廟門外以布幕陳幣如展幣焉圭璋賈人執櫝而俟卿爲上擯大夫爲承擯士爲紹擯擯者出請事擯謂主國之君所使出接賓者也紹繼也其位相承繼而出也主君公也則擯者五人侯伯也則擯者四人子男也則擯者三人聘義曰介紹而傳命君子於其所尊不敢質敬之至也既知其所爲來之事復請之者賓來當與主君爲禮爲其謙不敢斥尊者啓發以進之於是時賓出次直闑西北

面上擯在闑東閾外西面其相去也公之使者七十步侯伯之使者五十步子男之使者三十步此旅擯耳不傳命上介在賓西北東面承擯在上擯東南西面各自次序而下末介末擯旁相去三丈六尺上擯之請事進南面揖賓俱前賓至末介上擯至末擯亦相去三丈六尺止揖而請事還入告于公天子諸侯朝覲乃命介紹傳命耳其儀各鄉本受命反面傳而下及末則鄉受之反面傳而上又受命傳而下亦如之此三丈六尺者門容二徹參个旁加各一步也今文無擯

公皮弁迎賓于大門内大夫納賓公不出大門降于待其君也大夫上擯也謂之大夫者上序可知從大夫揔無所別也於是賓主人皆裼

賓入門左内賓位也衆介隨入北面西上少退擯者亦入門而右北面東上上擯進相君

公再拜南面拜迎

賓辟不荅拜辟位逡遁不敢當其禮

公揖入毎門毎曲揖毎門輒揖者以相人偶爲敬也凡君與賓入門賓必後君介及擯者隨之並而鴈行既入則或左或右相去如初玉藻曰君入門介拂闑大夫中棖與闑之間士介拂棖賓入不中門不履閾此賓謂聘卿大夫也門中門之正也不敢與君並由之敬也介與擯者鴈行卑不踰尊者之迹亦敬也賓之介猶主人之擯

及廟門公揖入立于中庭公揖先入省内事也既則立於中庭以俟賓不復出如此得君行一臣行二於禮可矣公迎賓于大門内卿大夫以下入廟門即位而俟之

賓立接西塾接猶近也門側之堂謂之塾立近塾者已與主君交禮將有出命俟之於此介在幣南北面西上上擯亦隨公入門東東上少進於士

几筵既設擯者出請命有几筵者以其廟受宜依神也賓至廟門司宮乃于依前設之神尊不豫事也席西上上擯待而出請受賓所以來之命重停賓也至此言命事彌至言彌信也周禮諸侯祭祀席蒲筵繢純右彫几

賈人東面坐啓櫝取圭垂繅不起而授上介賈人鄉入陳幣東面俟於此言之就有事也授圭不起賤不與爲禮也不言裼襲者賤不裼也繅有組繫也

上介不襲執圭屈繅授賓上介北面受圭進西面授賓不襲者以盛禮不在於已也屈繅幷持之也曲禮曰執玉其有藉者則裼無藉者則襲

賓襲執圭執圭

盛禮而又盡飾爲其相蔽敬也玉藻曰服之襲也充美也是故尸襲執玉龜襲也擯者入告出辭玉擯者上擯也入告公以賓執圭將致其聘命圭贄之重者辭之亦所以致尊讓也納賓賓入門左公事自闑西介皆入門左北面西上隨賓入也介無事止於此今文無門三揖君與賓也入門將曲揖既曲北面又揖當碑揖至于階三讓讓升公升二等先賓升二等亦欲君行一臣行二賓升西楹西東面與主君相鄉擯者退中庭鄉公所立處退者以公宜親受賓命不用擯相也賓致命致其君之命也公左還北鄉當拜擯者進進阼階西釋辭於賓相公拜也公當楣再拜拜貺也貺惠賜也楣謂之梁一賓三退負序三退三逡遁也不言辟者以執圭將進授之公側襲受玉于中堂與東楹之間側猶獨也言獨見其尊賓也佗日公有事必有贊爲之者凡襲于隱者公序坫之間可知也中堂南北之中也入堂深尊賓事也東楹之間亦以君行一臣行二擯者退負東塾而立反其等位無事賓降介逆出逆出由便賓出聘事畢公側授宰玉使藏之授於序端裼降立裼者免上衣見裼衣凡當盛禮者以充美爲敬非盛禮者以見美爲敬禮尚相變也玉藻曰裘之裼也見美也又曰麛裘青犴褎絞衣以裼之論語曰素衣麑裘皮弁時或素衣其裘同可知也裘者爲溫表之爲其褻也寒暑之服冬則裘夏則葛凡襢裼者左降立俟享也亦於中庭古文裼皆作賜擯者出請不必賓事之有無賓裼奉束帛加璧享擯者入告出許許受之庭實皮則攝之毛在內內攝之入設也皮虎豹之皮攝之者右手并執前足左手并執後足毛在內不欲文之豫見也內攝之者兩手相鄉也入設亦參分庭一在南言則者或以馬也凡君於臣臣於君麋鹿皮可也賓入門左揖讓如初升致命張皮張者釋外足見文也

公再拜受幣士受皮者自後右客自由也從東方來由客後西居其左受皮也執皮者既授亦自前西而出
賓出當之坐攝之象受于賓公側授宰幣皮如入右首而東如入左在前皮右首
者變于生也聘于夫人用璋享用琮如初禮如公立于中庭以下若有言則以束
帛如享禮有言有所告請若有所問也記曰有故則束帛加書以將命春秋臧孫辰告糴于齊公子遂如楚乞師晉侯使韓穿來言汶陽之田
皆是也無庭實也擯者出請事賓告事畢公事畢賓奉束錦以請覿覿見也鄉將公
事是欲交其歡敬也不用羔因使而見非特來擯者入告出辭客有大禮未有以待之請禮賓賓禮辭
聽命擯者入告告賓許也宰夫徹几改筵宰夫又主酒食者也將禮賓徹神几改神席更布也賓席東上公食大夫
禮曰蒲筵常緇布純加萑席尋玄帛純此筵上下大夫也周禮曰筵國賓于牖前莞筵紛純加繅席畫純左彤几者則是筵孤也孤彤几卿大夫其漆几與公
出迎賓以入揖讓如初公出迎者已之禮更端也公升側受几于序端漆几也今文無升宰
夫內拂几三奉兩端以進內拂几不欲塵坋尊者以進自東箱來授君公東南鄉外拂几
三卒振袂中攝之進西鄉進就賓也擯者告告賓以公授几賓進訝受几于筵
前東面俟未設也今文訝為梧公壹拜送公尊也古文壹作一賓以几辟辟位逡遁北面設几
不降階上荅再拜稽首不降以主人禮未成也几賓左几宰夫實觶以醴加柶于
觶面枋酌以授君也君不自酌尊也宰夫亦洗升實觶以醴自東箱來不面擸不訝授也公側受醴將以飲賓賓不降

壹拜進筵前受醴復位公拜送醴賓壹拜者醴質以少爲貴宰夫薦籩豆脯醢賓升筵擯者退負東塾事未畢擯者不退中庭以有宰夫也賓祭脯醢以柶祭醴三庭實設庭實乘馬降筵北面以柶兼諸觶尚擸坐啐醴降筵就階上公用東帛致幣也言用尊于下也亦受之于序端建柶北面奠于薦東糟醴不啐擯者進相幣以贊辭賓降辭幣不敢當公禮也公降一等辭辭賓降也栗階升聽命栗階趨君命尚疾不連步降拜拜受公辭不降一等殺也升再拜稽首受幣當東楹北面亦訝受而北面者禮主於已已臣也退東面俟俟君拜也不北面者謙若不敢當階然公壹拜賓降也公再拜不俟公再拜者不敢當公之盛也公再拜者事畢成禮也賓執左馬以出受尊者禮宜親之也效馬者并左右靮授之餘三馬主人牽者從出也上介受賓幣從者訝受馬從者士介賓覿奉束錦總乘馬二人贊入門右北面奠幣再拜稽首不請不辭鄉時已請也覿用束錦辟享幣也總者總八轡牽之贊者居馬間扣馬也入門而右私事自闑右奠幣再拜以臣禮見也贊者賈人之屬介特覿也擯者辭辭其臣賓出事畢擯者坐取幣出有司二人牽馬以從出門西面于東塾南將還之也贊者有司受馬乃出凡取幣于庭北面擯者請受請以客禮受之賓禮辭聽命賓受其幣贊者受馬牽馬右之入設庭實先設客禮也右之欲人居馬左任右手便也於是牽馬者四人事得申也曲禮曰效馬效羊者右牽之賓奉幣入門左介皆入門左西上以客

禮入可從介公揖讓如初升公北面再拜公再拜者以其初以臣禮見新之也賓三退反還負序反還者不敢與授圭同振幣進授當東楹北面不言君受略之也士受馬者自前還牽者後適其右受自由也適牽者之右而受之也此亦並授者不自前左由便也便其已授而去也受馬自前變於受皮牽馬者自前西乃出自由也賓降階東拜送君辭拜送幣于階東以君在堂鄉之拜也君降一等辭君乃辭之而賓由拜敬也擯者曰寡君從子雖將拜起也此禮固多有辭矣未有著之者是其志而煥乎未敢明說栗階升公西鄉賓階上再拜稽首成拜公少退為敬賓降出公側授宰幣馬出廟中宜清公降立擯者出請上介奉束錦士介四人皆奉玉錦束請覿玉錦錦之文纖縟者也禮有以少文為貴者後言束辭之便也擯者入告出許上介奉幣儷皮二人贊儷猶兩也上介用皮變於賓也皮麋鹿皮皆入門右東上奠幣皆再拜稽首皆者皆眾介也贊者奠皮出擯者辭亦辭其臣介逆出亦事畢也擯者執上幣士執眾幣有司二人舉皮從其幣出請受此請受請于上介也擯者先即西面位請之釋辭之時眾執幣者隨立門中而俟委皮南面擯者既釋辭執眾幣者進即位有司乃得委之南面便其復入也委皮當門執幣者西面北上擯者請受請于上介也上言其次此言其位互約文也介禮辭聽命皆進訝受其幣此言皆訝受者嫌擯者一授之上介奉幣皮先入門左奠皮皮先者介隨執皮者而入也入門左介至揖位而立

執皮者奠皮以有不敢授之義古文重入公再拜拜中庭也不受于堂介賤也介振幣自皮西進北面授幣退復位再拜稽首送幣進者北行參分庭一而東行當君乃復北行也介出宰自公左受幣不側授介禮輕有司二人坐舉皮以東擯者又納士介納者出道入也士介入門右奠幣再拜稽首終不敢以客禮見擯者辭介逆出擯者執上幣以出禮請受賓固辭禮請受者一請受而聽之也賓爲之辭士介賤不敢以言通於主君也固衍字當如面大夫也公荅再拜擯者出立于門中以相拜擯者以賓辭入告還立門中閾外西面公乃遥荅拜也相者贊告之士介皆辟辟於其東面位逡遁也士三人東上坐取幣立侯賓者執上幣來也擯者進就公所也宰夫受幣于中庭以東使宰夫受于士士介幣輕也受之于公左賓幣公側授宰上介幣宰受于公左士介幣宰夫受于士敬之差執幣者序從之序從者以宰夫當一受之擯者出請賓告事畢賓既告事畢衆介逆道賓而出也擯者入告公出送賓公出衆擯亦逆道紹擯及賓並行間亦六步及大門内公問君鄉以公禮將事無由問也賓至始入門之位北面將揖而出衆介亦在其右少退西上於此可以問君居處何如序殷勤也時承擯紹擯亦於門東北面東上上擯往來傳君命南面蘧伯玉使人於孔子孔子問曰夫子何爲此公問君之類也賓對公再拜拜其無恙公拜賓亦辟公問大夫賓對公勞賓賓再拜稽首公荅拜勞以道路之勤公勞介介皆再拜稽首公荅拜賓出公再拜送賓不顧公既拜客趨辟君命上擯送賓出反告賓不顧於此君可以反路寢矣論語説孔子之行曰君召使擯色勃如

也足躩如也賓退必復命曰賓不顧矣賓請有事於大夫請問問卿也不言問聘聘亦問也嫌近君也上擯送賓出賓東面而請之
擯者反命因告之公禮辭許禮辭一辭賓即館小休息也即就也卿大夫勞賓賓不見以己
公事未行上介以賓辭辭之大夫奠鴈再拜上介受不言卿卿與大夫同執鴈下見于國君周禮凡諸侯之卿見朝君皆執羔
勞上介亦如之君使卿韋弁歸饔餼五牢變皮弁服韋弁敬也韋弁韎韋之弁兵服也而服之
者皮韋同類取相近耳其服蓋韎布以爲衣而素裳牲殺曰饔生曰餼今文歸或爲饋上介請事賓朝服禮辭朝服示不受也
受之當以尊服有司入陳入賓所館之廟陳其積饔謂飪與腥飪一牢鼎九設于西階前陪鼎
當內廉東面北上上當碑南陳牛羊豕魚腊腸胃同鼎膚鮮魚
鮮腊設扃鼏膷臐膮蓋陪牛羊豕陪鼎三牲臛膷臐膮陪之庶羞加也當內廉辟堂塗也腸胃次腊以其出牛羊
也膚豕肉也唯燖者有膚北饌先陳其位後言其次重大禮詳其事也宮必有碑所以識日景引陰陽也凡碑引物者宗廟則麗牲焉以取毛血其材宮廟以石窆用木
腥二牢鼎二七無鮮魚鮮腊設于阼階前西面南陳如飪鼎二
列有腊者所以優賓也堂上八豆設于戶西西陳皆二以並東上韭菹其南醓
醢屈戶室戶也東上變于親食賓也醓醢汁也屈猶錯也今文並皆爲併八簋繼之黍其南稷錯黍在北六
鉶繼之牛以西羊豕豕南牛以東羊豕鉶羹器也兩簠繼之粱在北
簠不次簋者粱稻加也凡饌屈錯要相變八壺設于西序北上二以並南陳壺酒尊也酒蓋稻酒粱酒不錯者酒

不以雜錯爲味西夾六豆設于西墉下北上韭菹其東醓醢屈六簋繼之黍其東稷錯四鉶繼之牛以南羊羊東豕豕以北牛兩簠繼之粱在西皆二以並南陳六壺西上二以並東陳東陳在北墉下統於豆饌于東方亦如之東方東夾室西北上亦非菹其東醓醢也壺東上西陳亦在北墉下統於豆醓醢百甕夾碑十以爲列醯在東夾碑在鼎之中央也醯在東醯穀陽也醢肉陰也餼二牢陳于門西北面東上牛以西羊豕豕西牛羊豕餼生也牛羊右手牽之豕東之寢右亦居其左米百筥筥半斛設于中庭十以爲列北上黍粱稻皆二行稷四行庭實固當庭中言當中庭者南北之中也東西爲列列當醯醢南亦相變也此言中庭則設碑近如堂深也門外米三十車車秉有五籔設于門東爲三列東陳大夫之禮米禾皆視死牢秉籔數名也秉有五籔二十四斛也籔讀若不數之數今文籔或爲逾禾三十車車三秅設于門西西陳秅數名也三秅千二百秉薪芻倍禾倍禾者以其用多也薪從禾芻從禾四者之車皆陳北輈凡此所以厚重禮也聘義曰古之用財不能均如此然而用財如此其厚者言盡之於禮也盡之於禮則內君臣不相陵而外不相侵故天子制之而諸侯務焉爾賓皮弁迎大夫于外門外再拜大夫不荅拜大夫使者卿也揖入及廟門賓揖入賓與使者揖而入使者止執幣賓俟之于門內謙也古者天子適諸侯必舍於太祖廟諸侯行舍于諸公廟大夫行舍于大夫廟大夫奉束帛執其所以將命入三揖皆行皆猶並也使者尊不後主人至于階讓大夫先升

一等讓不言三不成三也凡升者主人讓于客三敵者則客三辭主人乃許升亦道賓之義也使者尊主人三讓則許升矣今使者三讓則是主人四讓也公雖尊亦三讓乃許升不可以不下主人也古文曰三讓賓從升堂北面聽命北面于階上也大夫東面致命賓降階西再拜稽首拜饟亦如之大夫以東帛同致饔餼也賓殊拜之敬也重君之禮也大夫辭升成拜尊賓受幣堂中西北面趨主君命也堂中西中央之西大夫降出賓降授老幣出迎大夫老家臣也賓出迎欲擯之大夫禮辭許入揖讓如初賓升一等大夫從升堂賓先升敵也皆北面庭實設馬乘乘四馬也賓降堂受老束錦大夫止止不降使之餘尊賓奉幣西面大夫東面賓致幣不言致命非君命也大夫對北面當楣再拜稽首稽首尊君客也致對有辭也受幣于楹間南面退東面俟賓北面授尊君之使賓再拜稽首送幣大夫降執左馬以出出廟門從者亦訝受之賓送于外門外再拜明日賓拜于朝拜饔與餼皆再拜稽首拜謝主君之恩惠於大門外周禮曰凡賓客之治令訝聽之此拜亦皮弁服上介饔餼三牢飪一牢在西鼎七羞鼎三飪鼎七無鮮魚鮮腊也賓介皆異館腥一牢在東鼎七堂上之饌六六者賓西夾之數西夾亦如之筥及甕如上賓凡所不貶者尊介也言如上賓者明此賓客介也饟一牢門外米禾視死牢牢十車薪芻倍禾凡其實與陳如上賓凡凡飪以下下大夫韋弁用束帛致之

上介韋弁以受如賓禮介不皮弁者以其受大禮似賓不敢純如賓也儐之兩馬束錦士介四人皆餼大牢米百筥設于門外牢米不入門略之也米設當門亦十爲列北上牢在其南西上宰夫朝服牽牛以致之執紖牽之東面致命朝服無束帛亦略之上介西面拜迎士介朝服北面再拜稽首受受於牢東拜自牢後適宰夫右受由前東面授從者無擯既受拜送之矣明日衆介亦各如其受之服從賓拜於朝賓朝服問卿不皮弁別於主君卿每國三人卿受于祖廟重賓禮也祖王父也下大夫擯無士擯者既接於君所急見之擯者出請事大夫朝服迎于外門外再拜賓不荅拜揖大夫先入每門每曲揖及廟門大夫揖入入者省內事也既而俟于宁也擯者請命亦從入而出請不几筵辟君也庭實設四皮麋鹿皮也賓奉束帛入三揖皆行至于階讓皆猶並也古文曰三讓賓升一等大夫從升堂北面聽命賓先升使者尊賓東面致命致其君命大夫降階西再拜稽首賓辭升成拜受幣堂中西北面於堂中央之西受幣趨聘君之命賓降出大夫降授老幣無擯不擯賓辟君也擯者出請事賓面如覿幣面亦見也其謂之面威儀質也賓奉幣庭實從庭實四馬入門右大夫辭大夫於賓入自階下辭迎之賓遂左見私事也雖敵賓猶謙入門右爲若降等然曲禮曰客若降等則就主人之階主人與辭於客然後客復就西階庭實設揖讓如初大夫至庭中旋並行大夫升一等賓從之大夫先升道賓大夫西面賓稱面稱舉也舉相見之辭

以相接大夫對北面當楣再拜受幣于楹閒南面退西面立受幣楹閒敵也賓亦
振幣進北面授賓當楣再拜送幣降出大夫降授老幣擯者出請事上介
特面幣如覿介奉幣特面者異於主君士介不從而入也君尊衆介始覿不自別也上賓則衆介皆從之皮二人贊
亦儷皮也入門右奠幣再拜降等也大夫辭於辭上介則出擯者反幣出還于上介也庭
實設介奉幣入大夫揖讓如初大夫亦先升一等今文曰入設介升大夫再拜受亦於
楹閒南面而受介降拜大夫降辭介升再拜送幣介既送幣降出也大夫亦受老幣擯者出請
衆介面如覿幣入門右奠幣皆再拜大夫辭介逆出擯者執上
幣出禮請受賓辭賓亦爲士介辭大夫荅再拜擯者執上幣立于門中
以相拜士介皆辟老受擯者幣于中庭士三人坐取羣幣以從
之擯者出請事賓出大夫送于外門外再拜賓不顧不顧言去擯者
退大夫拜辱拜送也下大夫嘗使至者幣及之嘗使至已國則以幣問之也君子不忘舊上介
朝服三介問下大夫下大夫如卿受幣之禮上介三介下大夫使之禮也其面如
賓面于卿之禮大夫若不見有故也君使大夫各以其爵爲之受如
主人受幣禮不拜各以其爵主人卿也則使卿大夫也則使大夫不拜代受之耳不當主人禮也夕夫人使下大

夫韋弁歸禮夕問卿之夕也使下大夫下君也君使之云夫人者以致辭當稱寡小君堂上籩豆六設于戶東西上二以並東陳籩豆六者下君禮也臣設于戶東又辟饌位也其設脯其南醢屈六籩六豆壺設于東序北上二以並南陳醙黍清皆兩壺醙白酒也凡酒稻為上黍次之粱次之皆有清白以黍閒清白者互相備明三酒六壺也先言醙白酒尊先設之大夫以束帛致之致夫人命也此禮無牢下朝君也賓如受饔食之禮儐之乘馬束錦上介四豆四籩四壺受之如賓禮四壺無稻酒也不儐致牢下於君也儐之兩馬束錦明日賓拜禮於朝於是乃言賓拜明介從拜也今文禮為醴大夫餼賓大牢米八筐其陳於門外黍粱各二筐稷四筐二以並南陳無稻牲陳於後東上不饌於堂庭辟君也賓迎再拜老牽牛以致之賓再拜稽首受老退賓再拜送老室老大夫之貴臣上介亦如之衆介皆少牢米六筐皆士牽羊以致之米六筐者又無粱也士亦大夫之貴臣公於賓壹食再饗饗謂亨大牢以飲賓也公食大夫禮曰設洗如饗則饗與食互相先後也古文壹皆為一今文饗皆為鄉燕與羞俶獻無常數羞謂禽羞鴈鶩之屬成孰煎和也俶始也始獻四時新物聘義所謂時賜無常數由恩意也古文俶作淑賓介皆明日拜于朝上介壹食壹饗饗食賓介為介從饗獻矣復特饗之客之也若不親食使大夫各以其爵朝服致之以侑幣如致饔無儐君不親食謂有疾及他故也必致之不廢其禮也致之必使同班敵者易以相親敬也致禮於卿使卿致禮於大夫使大夫非必命數也無儐以已本宜往古文侑皆作宥致饗以酬幣亦如

之酬幣饗禮酬賓勸酒之幣也所用未聞也禮幣束帛乘馬亦不是過也禮器曰琥璜爵蓋天子酬諸侯大夫於賓壹饗壹食上介若食若饗若不親饗則公作大夫致之以酬幣致食以侑幣作使也大夫有故君必使其同爵者爲之致之列國之賓來榮辱之事君臣同之君使卿皮弁還玉于館玉圭也君子於玉比德焉以之聘重禮也還之者德不可取於人相切厲之義也皮弁者始以此服受之不敢不終也賓皮弁襲迎于外門外不拜帥大夫以入迎之不拜示將去不純爲主也帥道也今文曰迎于門外古文帥爲率大夫升自西階鉤楹鉤楹由楹内將南面致命致命不東面以賓在下也必言鉤楹者賓在下嫌楹外也賓自碑内聽命升自西階自左南面受圭退負右房而立聽命於下敬也自左南面右大夫且並受也必並受者若鄉君前耳退爲大夫降逡遁今文或曰由自西階無南面大夫降中庭賓降自碑内東面授上介于阼階東大夫降出言中庭者爲賓降節也授於阼階東者欲親見賓人藏之也賓還阼階下西面立上介出請賓迎大夫還璋如初入出請請事於外以入告也賓雖將去出入猶東唯升堂由西階凡介之位未有改也賓裼迎大夫賄用束紡賄予人財之言也紡紡絲爲之今之縳也所以遺聘君可以爲衣服相厚之至禮玉束帛乘皮禮禮聘君也所以報享也亦言玉辟可知也今文禮皆作醴皆如還玉禮大夫出賓送不拜公館賓爲賓將去親存送之厚殷勤且謝聘君之意也公朝服賓辟辟不敢受主國君見已於此館也此亦不見言辟者君在廟門敬也凡君有事於諸侯臣之家車造廟門乃下上介聽命聽命於廟門中西面如相拜然也擯者每贊君辭則曰敢不承命告于寡君之老聘享夫人之聘享問大夫送賓公皆再

拜拜此四事公東、面拜擯者北面公退賓從請命于朝賓從者實爲拜主君之館已也言請命者以已不見不敢斥尊者之意公辭賓退辭其拜也退還館裝駕爲旦將發也周禮曰賓從拜辱于朝明日客拜禮賜遂行之賓三拜乘禽於朝訝聽之發去乃拜乘禽明已受賜大小無不識遂行舍于郊始發且宿近、郊自展軨公使卿贈如覿幣贈送也所以好送之也言如覿幣見爲反報也今文公爲君受于舍門外如受勞禮無儐不入無儐明去而宜有已也如受勞禮以贈勞同節使下大夫贈上介亦如之使士贈衆介如其覿幣大夫親贈如其面幣無儐贈上介亦如之使人贈衆介如其面幣士送至于竟使者歸及郊請反命郊近郊也告郊人使請反命於君也必請之者以已久在外嫌有罪惡不可以入春秋時鄭伯惡其大夫高克使之將兵逐而不納此蓋請而不得入朝服載旜行時稅舍于此郊今還至此正其故行服以俟君命勑也古文旜作膳禳乃入禳祭名也爲行道累歷不祥禳之以除災凶乃入陳幣于朝西上上賓之公幣私幣皆陳上介公幣陳他介皆否皆否者公幣私幣皆不陳此幣使者及介所得於彼國君卿大夫之贈賜也其或陳或不陳詳尊而略卑也其陳之及卿大夫處者待之如夕幣其禮於君者不陳上賓使者公幣君之賜也私幣卿大夫之幣也他介士介也言他容衆從者束帛各加其庭實皮左不加於其皮、上欒其多也公南鄉亦宰告于君君乃朝服出門左南鄉卿進使者使者執圭垂繅北面上介執璋屈繅立于其左此主於反命士介亦隨入並立東上反命曰以君命聘于某君某君受幣于某宮某君再拜以享某君某君再拜君亦揖使者進之乃進反命也某君某國名也某宮若言桓宮僖宮也某君再拜謂再拜受也必言此者明彼君敬君已不辱命宰自公左受玉亦於使者之東同面並受也不右使者由便也受上介璋致命亦如之變反言致者若云非君命也致命曰以君命聘於某君夫人某君再拜以享于某君夫人某君再拜不言受幣于某宮可知略之執賄幣以告曰某君使某子賄授宰某子若言高子國子凡使者所當以告君者上介取以授之賄幣在外也禮玉亦如之亦執束帛加璧也告曰某君使某子禮宰受之士隨自後左士介受乘皮如初上介出取玉束帛士介從取皮也執禮幣以盡言賜禮禮幣主國君初禮賓之幣也以盡言賜禮謂自此至於贈公曰然而不善乎善其能使於四方而猶女也授上介幣再拜稽首公荅再拜授上介幣當拜公言也不授宰者當復陳之私幣不告亦略卑也君勞之再拜稽首君荅再拜勞之以道路勤苦若有獻則曰某君之賜也言此物某君之所賜尋爲惠者也其所獻雖珍異不言某爲彼君服御物謙也其大夫出反必獻忠孝也君其以賜乎不必其當君也獻不拜者爲君之荅已也上介徒以公賜告如上賓之禮徒謂空手不執其幣君勞之再拜稽首君荅拜勞士介亦如之士介四人旅荅壹拜又賤也君使宰賜使者幣使者再拜稽首以所陳幣賜之也禮臣子人賜之而必獻之君父不敢自私服也君父因以予之則拜受之如更受賜也既拜宰以上幣授之賜介介皆再拜稽首士介之幣皆載以造朝不陳之耳與上介同受賜命俱拜既拜宰亦以上幣授上介乃退君揖入皆出去介皆送至于使者之門將行俟于門反又送于門與尊長出入之禮也乃退揖揖别也使者拜其辱隨謝之也再拜上介三拜士介

釋幣于門門大門也主于闑布席于闑西閾外東面設洗于門外東方其餘如初于禰時出于行入于門不兩告告所先見也乃至于
禰筵几于室薦脯醢告反也薦進也觴酒陳主人酌進奠一獻也言陳者將復有次也先薦後酌祭禮也行釋幣反釋奠
略出謹入也席于阼爲酢主人也酢主人者祝取爵酌不酢於室異於祭薦脯醢成酢禮也三獻室老亞獻士三獻也每獻奠輒
取爵酌主人自酢也一人舉爵三獻禮成更起酒也主人奠之未舉也獻從者從者家臣從行者也主人獻之勞之也皆升飲酒於西階
上不使人獻之辟國君也行酬乃出主人舉奠酬從者下辯室老亦與焉也上介至亦如之聘遭喪入竟
則遂也遭喪主國君薨也入竟則遂國君以國爲體士旣請事已入竟矣關人未告則反不郊勞子未君也不筵几致命不於
廟就尸柩於殯宮又不神之不禮賓喪降事也主人畢歸禮賓所飲食不可廢也禮謂饔餼饗食賓唯饔
餼之受受正不受加也不賄不禮玉不贈喪殺禮爲之不備遭夫人世子之喪君不
受使大夫受于廟其他如遭君喪夫人出子死君爲喪主使大夫受聘禮不以凶接吉也其他謂禮所降
遭喪將命于大夫主人長衣練冠以受遭喪謂主國君薨夫人世子死也此三者皆大夫攝主人長衣
素純布衣也去衰易冠不以純凶接純吉也吉時在裏爲中衣中衣長衣繼皆掩尺表之曰深衣純袂寸半耳君喪不言使大夫受子未君無使臣義也聘君
若薨于後入竟則遂旣接於主國君也赴者未至則哭于巷衰于館未至謂赴
告主國君者也哭于巷者哭于巷門未可爲位也衰于館未可以凶服出見人其聘享之事自若吉也今文赴作訃受禮受饔餼也不受饗食
亦不受加赴者至則衰而出禮爲隣國闕於是可以凶服將事也唯稍受之稍稟食也歸執圭復

命于殯外自西階不升堂 復命于殯者臣子之於君父存亡同 子即位不哭 將有告請之事宜清淨也

不言世子者君薨也諸臣待之亦皆如朝夕哭位 辯復命如聘 自陳幣至于上介以公賜告無勞 子臣皆哭 使者既復命子與羣臣皆哭 與介入北鄉哭 北鄉哭新至別於朝夕 出袒括髮 悲哀變於外臣也 入門右即位踊 從臣位自哭至踊如奔喪禮 若有私喪則哭于館衰而居不饗食 私喪謂其父母也哭于館衰而居不敢以私喪自聞于主國凶服于君之吉使春秋傳曰大夫以君命出聞喪徐行而不反 歸使衆介先衰而從之 已有齊斬之服不忍顯然趨於往來其在道路使介居前歸又請反命已猶徐行隨之君納之乃朝服既反命出公門釋服哭而歸其佗如奔喪之禮吉時道路深衣 賓入竟而死遂也主人爲之具而殯 具謂始死至殯所當用 介攝其命 爲致聘享之禮也初時上介接聞命 君弔介爲主人 雖有臣子親因猶不爲主人以介與賓並命於君尊也 主人歸禮幣必以用 當中肻贈諸喪具之用不必如賓禮 介受賓禮無辭也 介受主國賓已之禮無所辭也以其當陳之以反命也有賓喪嫌其辭之 不饗食歸介復命柩止于門外 門外大門外也必以柩造朝達其忠心 介卒復命出奉柩送之君弔卒殯 卒殯成節乃去 若大夫介卒亦如之 不言上介者小聘上介士也 士介死爲之棺斂之 不具佗衣物也自以時服也 君不弔焉 主國君使人弔不親往 若賓死未將命則既斂于棺造于朝介將命 未將命謂俟閒之後也以柩造朝以已至朝志在達君命 若介死歸復命唯上介造于朝若介死雖士介賓既復命往卒殯乃歸 往謂送柩 小

聘曰問不享有獻不及夫人主人不筵几不禮面不升不郊勞記貶於聘所以爲小也獻私獻也面猶覿也其禮如爲介三介如爲介如爲大聘上介記久無事則聘焉事謂盟會之屬若有故則卒聘束帛加書將命百名以上書於策不及百名書於方故謂災患及時事相告請也將猶致也名書文也今謂之字策簡也方板也主人使人與客讀諸門外受其意既聘享賓出而讀之讀之不於內者人稠處嚴不得審悉主人國君也人內史也書必璽之客將歸使大夫以其束帛反命于館爲書報也明日君館之既報館之書問尚疾也既受行出遂見宰問幾月之資資行用也古者君臣謀密草創未知所之遠近問行用當知多少而已古文資作齎使者既受行日朝同位謂前夕幣之間同位者使者北面介立于左少退別其處臣也出祖釋軷祭酒脯乃飲酒于其側祖始也既受聘享之禮行出國門止陳車騎釋酒脯之奠於軷爲行始也詩傳曰軷道祭也謂祭道路之神春秋傳曰軷涉山川然則軷山行之名也道路以險阻爲難是以委土爲山或伏牲其上使者爲軷祭酒脯祈告也卿大夫處者於是餞之飲酒於其側禮畢乘車轢之而遂行舍於近郊矣其牲犬羊可也古文軷作祓所以朝天子圭與繅皆九寸剡上寸半厚半寸博三寸繅三采六等朱白倉圭所執以爲瑞節也剡上象天圜地方也雜采曰繅以韋衣木板飾以三色再就所以薦玉重慎也九寸上公之圭也古文繅或作藻今文作璪問諸侯朱綠繅八寸二采再就降於天子也於天子曰朝於諸侯曰問記之於聘文互相備皆玄纁繫長尺絢組采成文曰絢繫無事則以繫玉因以爲飾皆用五采組上以玄下以絳爲地今文絢作約問大夫之幣俟

于郊爲肆又齎皮馬肆猶陳列也齎猶付也使者既受命宰夫載問大夫之禮待於郊陳之爲行列至則以付之也使者初行舍于近郊幣云肆馬云齎因其宜亦互文也不於朝付之者辟君禮也必陳列之者不夕也古文肆爲肆辭無常孫而說孫順也大夫使受命不受辭辭必順且說辭多則史少則不達史謂策祝辭苟足以達義之至也至極也今文至爲砥辭曰非禮也敢對曰非禮也敢辭辭不受也對荅問也二者皆卒曰敢言不敢卿館於大夫大夫館於士士館於工商館者必於廟不館於敵者之廟爲大尊也自官師以上有廟有寢工商則寢而已管人爲客三日具沐五日具浴管人掌客館者也客謂使者下及士介也飧不致不以束帛致命草次饌飧具輕賓不拜以不致命沐浴而食之自絜清尊主國君賜也記此重者沐浴可知卿大夫訝大夫士訝士皆有訝卿使者大夫上介也士衆介也訝主國君所使迎待賓者如今使者護客賓即館訝將公命使已迎待之命又見之以其摯又復也復以私禮見者訝將舍於賓館之外宜相親也大夫訝者執鴈士訝者執雉賓既將公事復見之以其摯既已也公事聘享問大夫復報也使者及上介執鴈羣介執雉各以見其訝凡四器者唯其所寶以聘可也言國獨以此爲寶也四器謂圭璋璧琮宗人授次次以帷少退于君之次主國之門外諸侯及卿大夫之所使者次位皆有常處上介執圭如重授賓慎之也曲禮曰凡執主器執輕如不克賓入門皇升堂讓將授志趨皇自莊盛也讓謂舉手平衡也志猶念也念趨謂審行步也孔子之執圭鞠躬如也如不勝上如揖下如授勃如戰色足蹜蹜如有循古文皇皆作王授如爭承下如送君還而后退重失隊也而后猶然後也下

階發氣怡焉再三舉足又趨 發氣舍息也再三舉足自安定乃復趨也至此云舉足則志趨卷遯而行也孔子之升堂鞠躬如也屏氣似不息者出降一等逞顏色怡怡如也沒階趨進翼如也 及門正焉 容色復故此皆心變見於威儀 執圭入門鞠躬焉如恐失之 記異說也 及享發氣焉盈容 發舍氣也孔子之於享禮有容色 衆介北面蹌焉 容貌舒揚 私覿愉愉焉 容貌和敬 出如舒鴈 威儀自然而有行列舒鴈鵞鴐 皇且行入門主敬升堂主慎 復記執玉異說 凡庭實隨入左先皮馬相間可也 隨入不並行也間猶代也土物有宜君子不以所無爲禮畜獸同類可以相代古文間作干 賓之幣唯馬出其餘皆東 馬出當從廐也餘物皆東藏之內府 多貨則傷于德 貨天地所化生謂玉也君子於玉比德焉朝聘之禮以爲瑞節重禮也多之則是主於貨傷敗其爲德 幣美則沒禮 幣人所造成以自覆幣謂束帛也愛之斯欲衣食之君子之情也是以享用幣所以副忠信美之則是主於幣而禮之本意不見也 賄在聘于賄 賄財也于讀曰爲言主國禮賓當視賓之聘禮而爲之財也賓客者主人所欲豐也若苟豐之是又傷財也周禮曰凡諸侯之交各稱其邦而爲之幣以其幣爲之禮古文賄皆作悔 凡執玉無藉者襲 藉謂繅也繅所以縕藉玉 禮不拜至 以賓不於是始至今文禮爲醴 醴尊于東箱瓦大一有豐 瓦大瓦尊豐承尊器如豆而卑 薦脯五膱祭半膱橫之 膱脯如版然者或謂之脡皆取直貌焉 祭醴再扱始扱一祭卒再祭 卒謂後扱 主人之庭實則主人遂以出賓之士訝受之 此謂餘三馬也左馬賓執以出矣士介從者 既覿賓若私獻奉獻將命 時有珍異之物或賓奉之所以自序尊敬也猶以君命致之 擯者入告出禮辭 辭其獻也 賓

東面坐奠獻再拜稽首送獻不入者奉物禮輕擯者東面坐取獻舉以入告
出禮請受東面坐取獻者以宜並受也其取之由賓南而自後右客也賓固辭公答再拜拜受於賓也固亦衍字
擯者立于閾外以相拜賓辟相贊也古文閾爲蹙擯者授宰夫于中庭東藏之既
乃介覿若兄弟之國則問夫人兄弟謂同姓若昏姻甥舅有親者問猶遺也謂獻也不言獻者變於君也非兄弟獻不及夫人
若君不見君有疾若他故不見使者使大夫受受聘享也大夫上卿也自下聽命自西階升受
負右房而立賓降亦降此儀如還圭然而賓大夫易處耳今文無而不禮辟正主也古文禮作醴幣之
所及皆勞不釋服以與賓接於君所賓又請有事于已不可以不速也所不及者下大夫未嘗使者也不勞者以先是賓請有事於已
同類既聞彼爲禮所及則已往有嫌也所以知及不及者賓請有事固曰某子某子賜饔唯羹飪筮一尸若昭若穆
羹飪謂飪一牢也肉謂之羹唯是祭其先大禮之盛者也筮尸若昭若穆容父在父在則祭祖父卒則祭禰腥饎不祭則士介不祭也士之初行不釋幣于禰不祭可也
古文羹爲羔飪作腍僕爲祝祝曰孝孫某孝子某薦嘉禮于皇祖某甫皇
考某子僕爲祝者大夫之臣攝官也如饋食之禮如少牢饋食之禮不言少牢今以大牢也今文無之假器於大
夫不敢以君之器爲祭器肦肉及廋車肦猶賦也廋廋人也車巾車也二人掌視車馬之官也賦及之明辯也古文肦作紛聘曰致
饔急歸大禮明日問大夫不以殘日問人崇敬也古文曰問夫人也夕夫人歸禮與君異日下之也今文歸作饋既
致饔旬而稍宰夫始歸乘禽日如其饔餼之數稍稟食也乘禽乘行之禽也謂鴈鶩之屬

其歸之以雙爲數其賓與上介也古文既爲餼士中日則二雙中猶間也不一日一雙大寡不敬也凡獻執一雙委其餘于面執一雙以將命也面前也其受之也上介受以入告之士舉其餘從之賓不辭拜受于庭上介執之以相拜于門中乃入授人上介受亦如之士介拜受于門外禽羞俶獻比比放也其致之禮如乘禽也禽羞謂成孰有齊和者俶獻四時珍美新物也俶始也言其始可獻也聘義謂之時賜歸大禮之日既受饔餼請觀聘於是國欲見其宗廟之好百官之富若尤尊大之焉訝帥之自下門入帥猶道也從下門外入游觀非正也各以其爵朝服此句似非其次宜在凡致禮下絕爛在此士無饔無饔者無擯謂歸餼也大夫不敢辭君初爲之辭矣此句亦非其次宜在明日問大夫之下凡致禮皆用其饗之加籩豆凡致禮謂君不親饗賓及上介以酬幣致其禮也其其賓與上介也加籩豆謂其實也亦實於甕筐饗禮今亡無饔者無饗禮士介無饗禮凡餼大夫黍粱稷筐五斛謂大夫餼賓上介也器寡而大略既將公事賓請歸謂已問大夫事畢請歸不敢自專謙也主國留之饗食燕獻無日數盡殷勤也凡賓拜于朝訝聽之拜拜賜也唯稍不拜燕則上介爲賓賓爲苟敬饗食君親爲主尊賓也燕私樂之禮崇恩殺敬也賓不欲主君復舉禮事禮已于是辭爲賓君聽之從諸公之席命爲苟敬苟敬者主人所以小敬也更降迎其介以爲賓介大夫也雖爲賓猶卑於君君則不與亢禮也主人所以致敬者自敵以上宰夫獻爲主人代公獻無行則重賄反幣無行謂獨來復無所之也必重其賄與反幣者使者歸以得禮多爲榮所以盈聘君之意也反幣謂禮玉束帛乘皮所以報聘君之享禮也昔秦康公使西乞術聘于魯辭孫而說襄仲曰不有君子其能國乎厚賄之此謂重賄反幣者也今文曰賄反幣曰子以君命在寡君寡君拜君命之

辱此賛君拜聘享辭也在存也君以社稷故在寡小君拜此賛拜夫人聘享辭也言君以社稷故者夫人與君體敵不敢當其惠也其卒亦曰寡君拜命之辱君貺寡君延及二三老拜此賛拜問大夫之辭貺賜也大夫曰老又拜送拜送賓也其辭蓋云子將有行寡君敢拜送自拜聘享至此亦非其次宜承上君館之下賓於館堂楹閒釋四皮束帛賓不致主人不拜賓將遂去是館留禮以禮主人所以謝之也不致不拜不以將別崇新敬也大夫來使無罪饗之樂與嘉賓爲禮過則餼之餼之腥致其牢禮也其致之辭不云君之有故耳聘義曰使者聘而誤主君不親饗食所以愧厲之也不言罪者罪將執之其介爲介饗食賓有介者賓尊行敵禮也有大客後至則先客不饗食致之卑不與尊者齊禮唯大聘有几筵謂受聘享時也小聘輕雖受于廟不爲神位十斗曰斛十六斗曰籔十籔曰秉秉十六斛今江淮之間量名有爲籔者今文籔爲逾二百四十斗謂一車之米秉有五籔四秉曰筥此秉謂刈禾盈手之秉也筥穧名也若今萊易之間刈稻聚把有名爲筥者詩云彼有遺秉又云此有不斂穧十筥曰稯十稯曰秅四百秉爲一秅一車之禾三秅爲千二百秉三百筥三十稯也古文稯作緵

儀禮卷第八

經五千三百四
注一万九百六十一

儀禮卷第九

公食大夫禮第九

公食大夫之禮使大夫戒各以其爵戒猶告也告之必使同班敵者易以相親敬上介出請入告問所以來事三辭爲既先受賜不敢當賓出拜辱拜使者屈辱來迎己大夫不荅拜將命不荅拜爲人使也將猶致也賓再拜稽首受命大夫還復於君賓不拜送遂從之不拜送者爲從之不終事賓朝服即位于大門外如聘於是朝服則初時玄端如聘亦入于次俟即位具主人也擯者俟君於大門外卿大夫士序及宰夫具其饌物皆於廟門之外羹定肉謂之羹定猶孰也著之者下以爲節甸人陳鼎七當門南面西上設扃鼏鼏若束若編七鼎一大牢也甸人冢宰之屬兼亨人者南面西上以其爲賓統於外也扃鼎扛所以舉之者也凡鼎鼏蓋以茅爲之長則束本短則編其中央今文扃作鉉古文鼏皆作密設洗如饗必如饗食者先饗後食如其近者也饗食禮亡燕禮則設洗於阼階東南古文饗或作鄉小臣具槃匜在東堂下爲公盥也公尊不就洗小臣於小賓客饗食掌正君服位宰夫設筵加席几設筵於戶西南面而左几公不賓至授几者親設涪醬可以略此無尊主於食不獻酬飲酒漿飲俟于東房飲酒清酒也漿飲截漿也其俟奠於豐上也飲酒先言飲明非獻酬之酒也漿飲先言漿別於六飲也凡宰夫之具饌于東房凡非一也飲食之具宰夫所掌也酒漿不在凡中者雖無尊猶嫌在堂公如賓服迎賓于大門內不出大門降於國君大夫納賓大夫謂上擯也納賓以公命賓入門左公再拜賓辟再拜稽首左西方賓

位也辟逡遁不敢當君拜也公揖入賓從揖入道之及廟門公揖入廟禰廟也賓入三揖每曲揖及當碑揖相人偶至于階三讓讓先升公升二等賓升遠下人君大夫立于東夾南西面北上東夾南東西節也取節於夾明東於堂士立于門東北面西上統於門者非其正位辟賓在此小臣東堂下南面西上宰東夾北西面南上宰宰夫之屬也古文無南上內官之士在宰東北西面南上夫人之官內宰之屬也自卿大夫至此不先即位從君而入者明助君饗食賓自無事介門西北面西上西上自統於賓也然則承擯以下立於士西少進東上公當楣北鄉至再拜賓降也公再拜楣謂之梁至再拜者興禮俟賓嘉其來也公再拜賓降矣賓西階東北面荅拜西階東少就主君敬也擯者辭辭拜於下拜也公降一等辭曰寡君從子雖將拜興也賓降再拜公降擯者釋辭矣賓猶降終其再拜稽首興起也賓栗階升不拜自以已拜也栗寔栗也不拾級連步趨主國君之命不拾級而下曰辵命之成拜階上北面再拜稽首賓降拜主君辭之賓雖終拜於主君之意猶為不成士舉鼎去冪於外次入陳鼎于碑南南面西上右人抽扃坐奠于鼎西南順出自鼎西左人待載入由東出由西明為賓也今文奠為委古文待為持雍人以俎入陳于鼎南旅人南面加匕于鼎退旅人雍人之屬旅食者也雍人言入旅人言退文互相備也出入之由亦如舉鼎者匕俎每器一人諸侯官多也大夫長盥洗東南西北面上序進盥退者與進者交于前卒盥序進南面匕長以長幼也序猶更

北面洗南載者西面載者左人亦序自鼎東西面於其前大夫匕則載之魚腊飪飪孰也食禮宜孰饗食有腥者載體進
奏體謂牲與腊也奏謂皮膚之理也進其理本在前下大夫體七个魚七縮俎寢右右首也寢右進鬐也乾魚近腴多骨鯁腸胃七
同俎以其同類也不異其牛羊腴賤也此俎實凡二十八倫膚七倫理也謂精理滑脃者今文倫或作論腸胃膚皆橫諸
俎垂之順其在牲之性也腸胃垂及俎拒大夫既匕匕奠于鼎逆退復位事畢宜由便也士匕載者又待設俎
公降盥將設醬賓降公辭辭其從已卒盥公壹揖壹讓公升賓升揖讓皆壹殺於
初古文壹皆作一宰夫自東房授醯醬授授公也醯醬以醯和醬公設之以其爲饌本賓辭北面
坐遷而東遷所東遷所奠之東側其故處公立于序內西鄉不立阼階上示親饌賓立于階西
疑立不立階上以主君離阼也疑正立也自定之貌今文曰西階宰夫自東房薦豆六設于醬東西上
韭菹以東醓醢昌本昌本南麋臡以西菁菹鹿臡醓醢醢有醓昌本昌蒲本菹也
醢有骨謂之臡菁蓂菁菹也今文臡皆作麋士設俎于豆南西上牛羊豕魚在牛南腊腸
胃亞之亞次也不言縪錯俎尊膚以爲特直豕與腸胃東也特膚者出下牲賤旅人取匕甸人舉鼎順
出奠于其所以其空也其所謂當門宰夫設黍稷六簋于俎西二以並東北上黍
當牛俎其西稷錯以終南陳並併也今文曰併古文簋皆作軌大羹湆不和實于鐙
宰右執鐙左執蓋由門入升自阼階盡階不升堂授公以蓋降出

入反位 大羹湆煮肉汁也大古之羹不和無鹽菜瓦豆謂之鐙宰謂大宰宰夫之長也有蓋者饌自外入爲風塵今文湆爲汁又曰入門自阼階無升 公設
之于醬西賓辭坐遷之 亦東遷所 宰夫設鉶四于豆西東上牛以西羊
羊南豕豕以東牛 鉶菜和羹之器 飲酒實于觶加于豐 豐所以承觶者也如豆而卑 宰
夫右執觶左執豐進設于豆東 食有酒者優賓也設于豆東不舉也燕禮記曰凡奠者於左 宰夫東
面坐啓簋會各卻于其西 會簋蓋也亦一一合卻之各當其簋之西 贊者負東房南面告
具于公 負東房負房戶而立也南面者欲得鄉公與賓也 公再拜揖食 再拜拜賓饌具 賓降拜 拜荅公 公
辭賓升再拜稽首 不言成拜降未拜 賓升席坐取韭菹以辯擩于醢上豆
之閒祭 擩猶染也今文無于 贊者東面坐取黍實于左手辯又取稷辯反于
右手興以授賓賓祭之 取授以右手便也賓亦興受坐祭之於豆祭也獨云贊興優賓也少儀曰受立授立不坐 三牲之
肺不離贊者辯取之壹以授賓 肺不離者刌之也不言刌刌則祭肺也此舉肺不離而刌之便賓祭也祭離肺者絕
肺祭也壹猶稍古文壹作一 賓興受坐祭 於是云賓興受坐祭重牲也賓亦每肺興受祭於豆祭 捝手扱上鉶以
柶辯擩之上鉶之閒祭 扱以柶扱其菜鉶也捝拭也拭以巾 祭飲酒於上豆之閒魚腊
醬湆不祭 不祭者非食物之盛者 宰夫授公飯粱公設之于湆西賓北面辭
坐遷之 既告具矣而又設此殷勤之加也遷之遷而西之以其東上也 公與賓皆復初位 位序內階西 宰夫膳

稻于粱西膳猶進也進稻粱者以簠士羞庶羞皆有大蓋執豆如宰羞進也庶衆也進衆珍味可進者大以肥美者特爲臠所以祭也魚或謂之膴膴大也唯醢醬無大如宰如其進大羹湆右執豆左執蓋先者反之由門入升自西階庶羞多羞人不足則相授於階上復出取也先者一人升設于稻南簋西間容人簋西黍稷西也必言稻南者明庶羞加不與正豆併也間容人者賓當從間往來也旁四列西北上不統於正饌者雖加自是一禮是所謂羹胾中別膷以東臐膮牛炙膷臐膮今時臛也牛曰膷羊曰臐豕曰膮皆香美之名也古文膷作香臐作薰炙南醢以西牛胾醢牛鮨先設醢繹之以次也內則謂鮨爲膾然則膾用鮨今文鮨作鰭鮨南羊炙以東羊胾醢豕炙炙南醢以西豕胾芥醬魚膾芥醬芥實醬也內則曰膾春用葱秋用芥衆人騰羞者盡階不升堂授以蓋降出騰當作媵媵送也授授先者一人贊者負東房告備于公復告庶羞具者以其異饌贊升賓以公命命賓升席賓坐席末取粱即稻祭于醬湆間即就也祭稻粱不於豆祭祭加宜於加贊者北面坐辯取庶羞之大興一以授賓賓受兼壹祭之壹壹受之而兼一祭之庶羞輕也自祭之於膷臐之間以異饌也賓降拜拜庶羞公辭賓升再拜稽首公荅再拜賓北面自間坐左擁簠粱右執湆以降自間坐由兩饌之間也擁抱也必取粱者公所設也以之降者堂尊處欲食於階下然也公辭賓西面坐奠于階西東面對西面坐取之栗階升北面反奠于其所降辭公奠而後對成其意也降辭公敬也必辭公者爲其尊而親臨已

食侍食贊者之事、公許賓升、公揖退于箱箱東夾之前俟事之處擯者退負東塾而
立無事賓坐遂卷加席、公不辭贊者以告、公公聽之重來優賓賓三飯以湇醬每飯歠湇
以殽擩醬食正饌也三飯而止君子食不求飽不言其肴優賓宰夫執觶漿飲與其豐以進此進漱也非為卒食為將
有事緣賓意欲自絜清賓挩手興受受觶宰夫設其豐于稻西酒在東漿在西是所謂左酒右漿
庭實設乘皮賓坐祭遂飲奠於豐上飲漱、公受宰夫束帛以侑西鄉
立束帛十端帛也侑猶勸也主國君以為食賓殷勤之意未至復發幣以勸之欲用深安賓也西鄉立序內位也受束帛于序端賓降筵北面
以君將有命也北面於階上擯者進相幣為君釋幣辭於賓賓降辭幣升聽命降辭幣主
國君又命之升聽命釋許辭降拜當拜受幣、公辭賓升再拜稽首受幣當東楹北面
主國君南面授之當東楹者欲得君行一臣行二也退西楹西東面立俟主國君送幣也、退不負序以將降公壹拜
賓降也、公再拜賓不敢俟成拜介逆出以賓事畢賓北面揖執庭實以出揖執者示
親受、公降立俟賓反上介受賓幣從者訝受皮從者府史之屬訝迎也今文曰梧受賓入門
左沒霤北面再拜稽首便退則食禮未卒不退則嫌更入行拜若欲從此退、公辭止其拜使之卒食揖讓
如初如初入也升賓再拜稽首公荅再拜賓拜拜主國君之厚意賓揖介入復位賓降辭公
如初將復食賓升、公揖退于箱賓卒食會飯三飲卒已也已食會飯三漱漿也會飯謂黍稷

也此食黍稷則初時食稻粱不以醬湆不復用正饌也初時食加飯用正饌此食正飯用庶羞互相成也後言湆者湆或時後用捝手興
北面坐取粱與醬以降西面坐奠于階西不親徹也不以出者非所當得又以已得侑幣東
面再拜稽首卒食拜也不北面者異於辭公降再拜答之也不辭之使升堂明禮有終介逆出賓出
公送于大門內再拜賓不顧初來揖讓而退不顧退禮略也示難進易退之義擯者以賓不顧告公公乃還也
有司卷三牲之俎歸于賓館卷猶收也無遺之辭也三牲之俎正饌尤尊盡以歸賓尊之至歸俎者實于篚它時有所
釋故魚腊不與以三牲之俎無所釋故也禮之有餘為施惠不言腸胃膚者在魚腊下不與可知也古文與作豫明日賓朝服
拜賜于朝拜食與侑幣皆再拜稽首朝謂大門外訝聽之受其言入告出報也此下大夫
有士訝上大夫八豆八簋六鉶九俎魚腊皆二俎記公食上大夫異於下大夫之數豆加葵菹蝸醢四四為
列俎加鮮魚鮮腊三三為列無特魚腸胃倫膚若九若十有一下大夫則若七若九此以
命數為差也九謂再命者也十一謂三命者也七謂一命者也九或上或下者再命謂小國之卿次國之大夫也卿則曰上大夫則曰下大國之孤視子男庶
羞西東毋過四列謂上下大夫也古文毋為無上大夫庶羞二十加於下大夫以雉
兔鶉鴽鴽無毋若不親食謂主國君有疾病若它故使大夫各以其爵朝服以侑
幣致之執幣以將命豆實實于罋陳于楹外二以並北陳簋簠實實于
筐陳于楹內兩楹間二以並南陳陳罋筐於楹間者象授受於堂中也南北相當以食饌同列耳罋北陳者

變於食饔數如豆醢芥醬從焉筐米四今文並作併 庶羞陳于碑內 生魚也魚腊從焉上大夫加鮮魚鮮腊雉兔鶉鴽不陳于堂辟正
饌 庭實陳于碑外 執乘皮者也不參分庭一在南者以言歸宜近內 牛羊豕陳于門內西方東
上 爲其踐汙館庭使近外 賓朝服以受如受饔餼禮 朝服食禮輕也 無擯 以己本宜往 明日賓
朝服以拜賜于朝訝聽命 賜亦謂食侑幣 大夫相食親戒速 記異於君者也速召也先
就告之歸具既具復自召之 迎賓于門外拜至皆如饗拜 饗大夫相饗之禮也今亡古文饗或作鄉 降盥
受醬湆侑幣束錦也皆自阼階降堂受授者升一等 皆者謂受醬受湆受幣也
侑用束錦大夫文也降堂謂止階上今文無束 賓止也 主人三降賓不從 賓執粱與湆之西序端 不敢食於尊處
主人辭賓反之卷加席主人辭賓反之辭幣降一等主人從 從辭
賓降 受侑幣再拜稽首主人送幣亦然 敵也 辭於主人降一等主
人從 辭謂辭其臨己食 卒食徹于西序端 亦親徹 東面再拜降出 拜亦拜卒食 其
他皆如公食大夫之禮若不親食則公作大夫朝服以侑幣致
之 作使也大夫有故君必使其同爵者爲之致禮列國之賓來榮辱之事君臣同 賓受于堂無擯 與受君禮同 記不
宿戒 食禮輕也此所以不宿戒者謂前期三日之戒申戒爲宿謂前期一日 戒不速 食賓之朝夙興戒之賓則從戒者而來不復召 不
授几 異於醴也 無阼席 公不坐 亨于門外東方 必於門外者大夫之事也東方者主陽 司宮具几

與蒲筵常緇布純加萑席尋玄帛純皆卷自末司宮大宰之屬掌宮廟者也丈六尺日常半常日尋純緣也萑細葦也末經所終有以識之必長筵者以有左右饌也今文萑皆爲莞宰夫筵出自東房筵本在房宰夫敷之也天子諸侯左右房賓之乘車在大門外西方北面立賓車不入門廣敬也凡賓即朝中道而往將至下行而後車還立于西方賓及位而止北面卿大夫之位當車前凡朝位賓主之間各以命數爲遠近之節也鉶芼牛藿羊苦豕薇皆有滑藿豆葉也苦苦荼也滑菫荁之屬今文苦爲芐贊者盥從俎升俎其所有事簠有蓋冪稻粱將食乃設去會於房蓋以冪冪巾也今文或作幕凡炙無醬已有鹹和上大夫蒲筵加萑席其純皆如下大夫純謂三命大夫也孤爲賓則莞筵紛純加繅席畫純也卿擯由下不升堂也上贊下大夫也上謂堂上擯贊者事相近以佐上下爲名上大夫庶羞酒飲漿飲庶羞可也於食庶羞宰夫又設酒漿以之食庶羞可也以優賓拜食與侑幣皆再拜稽首嫌上大夫不稽首

儀禮卷第九

經一千七百六十

注二千七百八十三

儀禮卷第十

覲禮第十　　儀禮　　鄭氏注

覲禮至于郊王使人皮弁用璧勞侯氏亦皮弁迎于帷門之外再拜 郊謂近郊去王城五十里小行人職曰凡諸侯入王則逆勞于畿則郊勞者大行人也皮弁者天子之朝朝服也璧無束帛者天子之玉尊也不言諸侯言侯氏者明國殊舍異禮不凡之也郊舍狹寡爲帷宮以受勞掌舍職曰爲帷宮設旌門 使者不荅拜遂執玉三揖至于階使者不讓先升侯氏升聽命降再拜稽首遂升受玉 不荅拜者爲人使不當其禮也不讓先升奉王命尊也升者升壇使者東面致命侯氏東階上西面聽之 使者左還而立侯氏還璧使者受侯氏降再拜稽首使者乃出 左還還南面示將去也立者見侯氏將有事於已俟之也還玉重禮 侯氏乃止使者使者乃入侯氏與之讓升侯氏先升授几侯氏拜送几使者設几荅拜 侯氏先升賓禮統焉几者安賓所以崇優厚也上介出止使者則已布席也 侯氏用束帛乘馬儐使者使者再拜受侯氏再拜送幣 儐使者所以致尊敬也拜者各於其階 使者降以左驂出侯氏送于門外再拜侯氏遂從之 騑馬曰驂左驂設在西者其餘三馬侯氏之士遂以出授使者之從者于外從之者遂隨使者以至朝 天子賜舍 以其新至道路勞苦未受其禮且使即安也賜舍猶致館也所使者司空與小行人爲承儐今文賜皆作錫 曰伯父女順命于王所賜伯父舍 此使者致館辭 侯氏再拜稽首

受館 儐之束帛乘馬 王使人以命致館無禮猶儐之者尊王使也侯氏受館於外既則儐使者於內 天子使大夫戒曰某日伯父帥乃初事 大夫者卿爲訝者也掌訝職曰凡訝者賓客至而往詔相其事戒猶告也其爲告使順循其事也初猶故也古文帥作率 侯氏再拜稽首 受覲日也 諸侯前朝皆受舍于朝同姓西面北上異姓東面北上 言諸侯者明來朝者衆矣顧其入覲不得並耳受舍於朝受次于文王廟門之外聘禮曰宗人授次次以帷少退于君之次則是次也言舍者尊舍也天子使掌次爲之諸侯上介先朝受焉此覲也言朝者覲遇之禮雖簡其來之心猶若朝也分別同姓異姓受之將有先後也春秋傳曰寡人若朝於薛不敢與諸任齒則周禮先同姓 侯氏裨冕釋幣于禰 將覲質明時也裨冕者衣裨衣而冠冕也裨之爲言埤也天子六服大裘爲上其餘爲裨以事尊卑服之而諸侯亦服焉上公袞無升龍侯伯鷩子男毳孤絺卿大夫玄此差司服所掌也禰謂行主遷主矣而云禰親之也釋幣者告將覲也其釋幣如聘大夫將受命釋幣于禰之禮既則祝藏其幣歸乃埋之於祧西階之東今文冕皆作絻 乘墨車載龍旂弧韣乃朝以瑞玉有繅 墨車大夫制也乘之者入天子之國車服不可盡同也交龍爲旂諸侯之所建弧所以張縿之弓也弓衣曰韣瑞玉謂公桓圭侯信圭伯躬圭子穀璧男蒲璧繅所以藉玉以韋衣木廣袤各如其玉之大小以朱白蒼爲六色今文玉爲圭繅或爲璪 天子設斧依於戶牖之間左右几 依如今綈素屏風也有繡斧文所以示威也斧謂之黼几玉几也左右者優至尊也其席莞席紛純加繅席畫純加次席黼純 天子袞冕負斧依 袞衣者裨之上也繢之繡之爲九章其龍天子有升龍有降龍衣此衣而冠冕南鄉而立以俟諸侯見 嗇夫承命告于天子 嗇夫蓋司空之屬也爲末擯承命於侯氏下介傳而上上擯以告于天子天子見公擯者五人見侯伯擯者四人見子男擯者三人皆宗伯爲上擯春秋傳曰嗇夫馳 天子曰非他伯父實來予一人嘉之伯父其入

予一人將受之言非他者親之辭嘉之者美之辭也上擯又傳此而下至嗇夫侯氏之下介受之傳而上上介以告其君君乃許入今文實作寔嘉作賀侯氏入門右坐奠圭再拜稽首入門而右執臣道不敢由賓客位也卑者見尊奠摯而不授擯者謁謁猶告也上擯告以天子前辭欲親受之如賓客也其辭所易者曰伯父其升侯氏坐取圭升致命王受之玉侯氏降階東北面再拜稽首擯者延之曰升升成拜乃出擯者請之侯氏坐取圭則遂左降拜稽首送玉也從後詔禮曰延延進也四享皆束帛加璧庭實唯國所有四當為三古書作三四或皆積畫此篇又多四字字相似由此誤也大行人職曰諸侯廟中將幣皆三享其禮差又無取於四也初享或用馬或用虎豹之皮其次享三牲魚腊籩豆之實龜也金也丹漆絲纊竹箭也其餘無常貨此地物非一國所能有唯所有分為三享皆以璧帛致之奉束帛匹馬卓上九馬隨之中庭西上奠幣再拜稽首卓讀如卓王孫之卓卓猶的也以素的一馬以為上書其國名後當識其何產也馬必十匹者不敢斥王之乘用成數敬也擯者曰予一人將受之亦言王欲親受之侯氏升致命王撫玉侯氏降自西階東面授宰幣西階前再拜稽首以馬出授人九馬隨之王不受玉撫之而已輕財也以馬出隨侯氏出授王人於外也王不使人受馬者至于享王之尊益君侯氏之卑益臣事畢三享訖乃右肉袒于廟門之東乃入門右北面立告聽事右肉袒者刑宜施於右也凡以禮事者左袒入更從右者臣益純也告聽事者告王以國所用為罪之事也易曰折其右肱無咎擯者謁諸天子天子辭於侯氏曰伯父無事歸寧乃邦謁告寧安也乃猶女也侯氏再拜

稽首出自屏南適門西遂入門左北面立王勞之再拜稽首擯者延之曰升升成拜降出王辭之不即左者當出隱於屏而襲之也天子外屏勞之勞其道勞也天子賜侯氏以車服迎于外門外再拜賜車者同姓以金路異姓以象路服則衮也鷩也毳也古文曰迎于門外也路先設西上路下四亞之重賜無數在車南路謂車也凡君所乘車曰路路下四謂乘馬也亞之次車而東也詩云君子來朝何錫予之雖無予之路車乘馬又何予之玄衮及黼重猶善也所加賜善物多少由恩也春秋傳曰重錦三十兩諸公奉篋服加命書于其上升自西階東面大史是右言諸公者王同時分命之而使賜侯氏也右讀如周公右王之右是右者始隨入於升東面乃居其右古文是爲氏也侯氏升西面立大史述命讀王命書也侯氏降兩階之閒北面再拜稽首受命升成拜大史辭之降也春秋傳曰且有後命以伯舅耋老毋下拜此辭之類大史加書于服上侯氏受受篋服使者出侯氏送再拜儐使者諸公賜服者束帛四馬儐大史亦如之既云拜送乃言儐使者以勞有成禮略而遂言同姓大國則曰伯父其異姓則曰伯舅同姓小邦則曰叔父其異姓小邦則曰叔舅據此禮云伯父同姓大邦而言饗食禮乃歸禮謂食燕也王或不親以其禮幣致之略言饗禮互文也掌客職曰上公三饗三食三燕侯伯再饗再食再燕子男一饗一食一燕諸侯覲于天子爲宮方三百步四門壇十有二尋深四尺加方明于其上四時朝覲受之於廟此謂時會殷同也宮謂壝土爲埒以象牆壁也爲宮者於國外春會同則於東方夏

[illegible]於南方秋會同則於西方冬會同則於北方八尺曰尋十有二尋則方九十六尺也深謂高也從上曰深司儀職曰爲壇三成成猶重也三重者自下差之爲三等而上有堂焉堂上方二丈四尺上等中等下等每面十二尺方明者上下四方神明之象也上下四方之神者所謂神明也會同而盟明神監之則謂之天之司盟有象者猶宗廟之有主乎王巡守至于方嶽之下諸侯會之亦爲此宮以見之司儀職曰將會諸侯則命爲壇三成宮旁一門詔王儀南鄉見諸侯也

方明者木也方四尺設六色東方青南方赤西方白北方黑上玄下黃設六玉上圭下璧南方璋西方琥北方璜東方圭六色象其神六玉以禮之上宜以蒼璧下宜以黃琮而不以者則上下之神非天地之至貴者也設玉者刻其木而著之

上介皆奉其君之旂置于宮尚左公侯伯子男皆就其旂而立置於宮者建之豫爲其君見王之位也諸公中階之前北面東上諸侯東階之東西面北上諸伯西階之西東面北上諸子門東北面東上諸男門西北面東上尚左者建旂公東上侯先伯伯先子子先男而位皆上東方也諸侯入壝門或左或右各就其旂而立王降階南鄉見之三揖土揖庶姓時揖異姓天揖同姓見揖位乃定古文尚作上

四傳擯王既揖王者升壇設擯升諸侯以會同之禮其奠瑞玉及享幣公拜於上等侯伯於中等子男於下等擯者每延之升堂致命王受玉撫玉降拜於下等及請事勞皆如覲禮是以記之覲云四傳擯者每一位畢擯者以告乃更陳列而升其次公也侯也伯也各一位子男俠門而俱東上亦一位也至庭乃設擯則諸侯初入門王官之伯帥之耳古文傳作傅

天子乘龍載大旂象日月升龍降龍出拜日於東門之外反祀方明此謂會同以春者也馬八尺以上爲龍大旂大常也王建大常縿首畫日月其下及旒交畫升龍降龍朝事儀曰天子冕而執鎮圭尺有二寸繅藉尺有二寸搢大圭乘大路建大常十有二旒樊纓十有二就貳車十有二乘帥諸侯而朝日於東郊所以教尊尊也退而朝諸侯由此二者言之已祀方明乃以會同之禮見諸侯也凡會同者不協而盟司盟職曰凡邦國有疑會同則掌其盟約之

載書及其禮儀北面詔明神既盟則藏之言北面詔明神則明神有象也象者其方明乎及盟時又加於壇上乃以載辭告焉詛祝掌其祝號禮日於南門外禮月與四瀆於北門外禮山川丘陵於西門外此謂會同以夏冬秋者也變拜言禮者容祀也禮月於北郊者月大陰之精以爲地神也盟神必云日月山川焉者尚著明也詩曰謂予不信有如皦日春秋傳曰縱子忘之山川神祇其忘諸乎此皆用明神爲信也祭天燔柴祭山丘陵升祭川沈祭地瘞升沈必就祭者也就祭則是謂王巡守及諸侯之盟祭也其盟揭其著明者燔柴升沈瘞祭禮終矣備矣郊特牲曰郊之祭也迎長日之至也大報天而主日也宗伯職曰以實柴祀日月星辰則燔柴祭天謂祭日也柴爲祭日則祭地瘞者祭月也日月而云天地靈之也王制曰王巡守至于岱宗柴是王巡守之盟其神主日也春秋傳曰晉文公爲踐土之盟而傳云山川之神是諸侯之盟其神主山川也月者大陰之精上爲天使臣道莫貴焉是王官之伯會諸侯而盟其神主月與古文瘞作殪

記凡俟于東箱王即席乃設之也東箱東夾之前相翔待事之處偏駕不入王門在旁與己同曰偏同姓金輅異姓象輅四衛革輅蕃國木輅駕之與王同謂之偏駕不入王門乘墨車以朝是也偏駕之車舍之於館與奠圭于繅上謂釋於地也古文繅作璪

儀禮卷第十

經八百三十九
注二千六百八十一

儀禮卷第十一

喪服第十一　　子夏傳　　鄭氏注

喪服斬衰裳苴絰杖絞帶冠繩纓菅屨者者者明爲下出也凡服上曰衰下曰裳麻在首在要皆曰絰絰之言實也明孝子有忠實之心故爲制此服焉首絰象緇布冠之缺項要絰象大帶又有絞帶象革帶齊衰以下用布傳曰斬者何不緝也苴絰者麻之有蕡者也苴絰大搹左本在下去五分一以爲帶齊衰之絰斬衰之帶也去五分一以爲帶大功之絰齊衰之帶也去五分一以爲帶小功之絰大功之帶也去五分一以爲帶緦麻之絰小功之帶也去五分一以爲帶苴杖竹也削杖桐也杖各齊其心皆下本杖者何爵也無爵而杖者何擔主也非主而杖者何輔病也童子何以不杖不能病也婦人何以不杖亦不能病也絞帶者繩帶也冠繩纓條屬右縫冠六升外畢鍛而勿灰衰三升菅屨者菅菲也外納居倚廬寢苫枕塊哭晝夜無時歠粥朝一溢米夕一溢米寢不說絰帶既虞翦屏柱楣寢有席食疏食水飲朝一哭夕一哭而已既練舍外寢始食菜果飯素食哭無

時盈手曰搹搹扼也中人之扼圍九寸以五分一爲殺者象五服之數也爵謂天子諸侯卿大夫士也無爵謂庶人也擔猶假也無爵者假之以杖尊其爲主也非主
謂衆子也屬猶著也通屈一條繩爲武垂下爲纓著之冠也布八十縷爲升升字當爲登登成也今之禮皆以登爲升俗誤已行久矣雜記曰喪冠條屬以別吉凶三年
之練冠亦條屬右縫小功以下左縫外畢者冠前後屈而出縫於武也二十兩曰溢爲米一升二十四分升之一楣謂之梁柱楣所謂梁闇疏猶麤也舍外寢於中門之外
屋下壘墼爲之不塗塈所謂堊室也素猶故也謂復平生時食也斬衰不書受月者天子諸侯卿大夫士虞卒哭異數父傳曰爲父何以
斬衰也父至尊也諸侯爲天子傳曰天子至尊也君傳曰君至尊
也天子諸侯及卿大夫有地者皆曰君父爲長子不言適子通上下也亦言立適以長傳曰何以三年也正體於
上又乃將所傳重也庶子不得爲長子三年不繼祖也此言爲父後者然後爲長
子三年重其當先祖之正體又以其將代已爲宗廟主也庶子者爲父後者之弟也言庶者遠別之也小記曰不繼祖與禰此但言祖不言禰容祖禰共廟爲人
後者傳曰何以三年也受重者必以尊服服之何如而可爲之
後同宗則可爲之後何如而可以爲人後支子可也爲所後者
之祖父母妻妻之父母昆弟昆弟之子若子若子者爲所爲後之親如親子妻爲
夫傳曰夫至尊也妾爲君傳曰君至尊也妾謂夫爲君者不得體之加尊之也雖士亦然女
子子在室爲父女子子者子女也別於男子也言在室者謂已許嫁布總箭笄髽衰三年此妻妾女子子喪服
之異於男子者總束髮謂之總者既束其本又總其末箭笄篠竹也髽露紒也猶男子之括髮斬衰括髮以麻則髽亦用麻以麻者自項而前交於額上卻繞紒如著幓

頭焉小記曰男子冠而婦人笄男子免而婦人髽凡服上曰衰下曰裳此但言衰不言裳婦人不殊裳衰如男子衰下如深衣深衣則衰無帶下又無衽傳曰總
六升長六寸箭笄長尺吉笄尺二寸總六升者首飾象冠數長六寸謂出紒後所垂爲飾也子嫁反
在父之室爲父三年謂遭喪後而出者始服齊衰期出而虞則受以三年之喪受既虞而出則小祥亦如之既除喪而出則已凡女行於大夫
以上曰嫁行於士庶人曰適人公士大夫之衆臣爲其君布帶繩屨士卿士也公卿大夫厭於天子諸侯故降其衆
臣布帶繩屨貴臣得伸不奪其正傳曰公卿大夫室老士貴臣其餘皆衆臣也君謂
有地者也衆臣杖不以即位近臣君服斯服矣繩屨者繩菲也
室老家相也士邑宰也近臣閽寺之屬君嗣君也斯此也近臣從君喪服無所降也繩菲今時不借也疏衰裳齊牡麻絰冠布
纓削杖布帶疏屨三年者疏猶麤也傳曰齊者何緝也牡麻者枲麻也
牡麻絰右本在上冠者沽功也疏屨者藨蒯之菲也沽猶麤也冠尊加其麤麤功大
功也齊衰不書受月者亦天子諸侯卿大夫士虞卒哭異數父卒則爲母尊得伸也繼母如母傳曰繼母何
以如母繼母之配父與因母同故孝子不敢殊也因猶親也慈母如母傳
曰慈母者何也傳曰妾之無子者妾子之無母者父命妾曰女以
爲子命子曰女以爲母若是則生養之終其身如母死則喪之
三年如母貴父之命也此主謂大夫士之妾妾子之無母父命爲母子者其使養之不命爲母子則亦服庶母慈已之服可也大夫之

妾子父在爲母大功則士之妾子爲母期矣父卒則皆得伸也母爲長子傳曰何以三年也父之所不降母亦不敢降也（不敢降者不敢以己尊降祖禰之正體）跡衰裳齊牡麻絰冠布纓削杖布帶跡屨期者傳曰問者曰何冠也曰齊衰大功冠其受也緦麻小功冠其衰也帶緣各視其冠（問之者見斬衰有二其冠同今齊衰有四章不知其冠之異同爾緣如深衣之緣今文無冠布纓）父在爲母傳曰何以期也屈也至尊在不敢伸其私尊也父必三年然後娶達子之志也妻傳曰爲妻何以期也妻至親也（適子父在則爲妻不杖以父爲之主也服問曰君所主夫人妻太子適婦父在子爲妻以杖即位謂庶子）出妻之子爲母（出猶去也）傳曰出妻之子爲母期則爲外祖父母無服傳曰絶族無施服親者屬出妻之子爲父後者則爲出母無服傳曰與尊者爲一體不敢服其私親也（在旁而及曰施親者屬母子至親無絶道）父卒繼母嫁從爲之服報傳曰何以期也貴終也（嘗爲母子貴終其恩）不杖麻屨者（此亦齊衰言其異於上）祖父母傳曰何以期也至尊也世父母叔父母傳曰世父叔父何以期也與尊者一體也然則昆弟之子何以亦期也旁尊也不足以加尊焉故報之也父子一體也夫妻一體也昆弟一體也故父子首足也夫妻

牉合也昆弟四體也故昆弟之義無分然而有分者則辟子之私也子不私其父則不成爲子故有東宮有西宮有南宮有北宮異居而同財有餘則歸之宗不足則資之宗世母叔母何以亦期也以名服也 宗者世父爲小宗典宗事者資取也爲姑姊妹在室亦如之 大夫之適子爲妻傳曰何以期也父之所不降子亦不敢降也何以不杖也父在則爲妻不杖 大夫不以尊降適婦者重適也凡不降者謂如其親服服之降有四品君大夫以尊降公子大夫之子以厭降公之昆弟以旁尊降爲人後者女子子嫁者以出降 昆弟 昆兄也爲姊妹在室亦如之 爲衆子 衆子者長子之弟及妾子女子子在室亦如之士謂之衆子未能遠別也大夫則謂之庶子降之爲大功天子國君不服之內則曰冢子未食而見必執其右手適子庶子已食而見必循其首 昆弟之子傳曰何以期也報之也 檀弓曰喪服兄弟之子猶子也蓋引而進之 大夫之庶子爲適昆弟 兩言之者適子或爲兄或爲弟 傳曰何以期也父之所不降子亦不敢降也 大夫雖尊不敢降其適重之也適子爲庶昆弟庶昆弟相爲亦如大夫爲之 適孫傳曰何以期也不敢降其適也有適子者無適孫孫婦亦如之 周之道適子死則立適孫是適孫將上爲祖後者也長子在則皆爲庶孫耳孫婦亦如之適婦在亦爲庶孫之婦凡父於將爲後者非長子皆期也 爲人後者爲其父母報傳曰何以期也不貳斬也何以不貳斬也持重於大宗者降其小宗也爲人後者孰後後大宗

也曷爲後大宗大宗者尊之統也禽獸知母而不知父野人曰父母何算焉都邑之士則知尊禰矣大夫及學士則知尊祖矣諸侯及其大祖天子及其始祖之所自出尊者尊統上卑者尊統下大宗者尊之統也大宗者收族者也不可以絶故族人以支子後大宗也適子不得後大宗都邑之士則知尊禰近政化也大祖始封之君始祖者感神靈而生若稷契也自由也及始祖之所由出謂祭天也上猶遠也下猶近也收族者謂別親疏序昭穆大傳曰繼之以姓而弗別綴之以食而弗殊雖百世昏姻不通者周道然也

女子子適人者爲其父母昆弟之爲父後者傳曰爲父何以期也婦人不貳斬也婦人不貳斬者何也婦人有三從之義無專用之道故未嫁從父既嫁從夫夫死從子故父者子之天也夫者妻之天也婦人不貳斬者猶曰不貳天也婦人不能貳尊也爲昆弟之爲父後者何以亦期也婦人雖在外必有歸宗曰小宗故服期也從者從其敎令歸宗者父雖卒猶自歸宗其爲父後持重者不自絶於其族類也曰小宗者言是乃小宗也小宗明非一也小宗有四丈夫婦人之爲小宗各如其親之服辟大宗

繼父同居者傳曰何以期也傳曰夫死妻穉子幼子無大功之親與之適人而所適者亦無大功之親所適者以其貨財爲

之築宮廟歲時使之祀焉妻不敢與焉若是則繼父之道也同居則服齊衰期異居則服齊衰三月必嘗同居然後爲異居未嘗同居則不爲異居妻穉謂年未滿五十子幼謂年十五巳下子無大功之親謂同財者也爲之築宮廟於家門之外神不歆非族妻不敢與焉恩雖至親族已絕矣夫不可二此以恩服爾未嘗同居則不服之爲夫之君傳曰何以期也從服也姑姊妹女子子適人無主者姑姊妹報傳曰無主者謂其無祭主者也何以期也爲其無祭主故也無主後者人之所哀憐不忍降之爲君之父母妻長子祖父母傳曰何以期也從服也父母長子君服斬妻則小君也父卒然後爲祖後者服斬此爲君矣而有父若祖之喪者謂始封之君也若是繼體則其父若祖有廢疾不立父卒者父爲君之孫宜嗣位而早卒今君受國於曾祖妾爲女君傳曰何以期也妾之事女君與婦之事舅姑等女君君適妻也女君於妾無服報之則重降之則嫌婦爲舅姑傳曰何以期也從服也夫之昆弟之子男女皆是傳曰何以期也報之也公妾大夫之妾爲其子傳曰何以期也妾不得體君爲其子得遂也此言二妾不得從於女君尊降其子也女君與君一體唯爲長子三年其餘以尊降之與妾子同也女子子爲祖父母傳曰何以期也不敢降其祖也經似在室傳似已嫁明雖有出道猶不降大夫之子爲世父母叔父母子

昆弟昆弟之子姑姊妹女子子無主者爲大夫命婦者唯子不報傳曰大夫者其男子之爲大夫者也命婦者其婦人之爲大夫妻者也無主者命婦之無祭主者也何以言唯子不報也女子適人者爲其父母期故言不報也言其餘皆報也何以期也父之所不降子亦不敢降也大夫曷爲不降命婦也夫尊於朝妻貴於室矣命者加爵服之名自士至上公凡九等君命其夫則后夫人亦命其妻矣此所爲者凡六命夫六命婦無主者命婦之無祭主謂姑姊妹女子子也其有祭主者如衆人唯子不報男女同不報爾傳以爲主謂女子子似失之矣大夫曷爲不降命婦據大夫於姑姊妹女子子既以出降其適士者又以尊降在小功也夫尊於朝與己同妻貴於室從夫爵也

大夫爲祖父母適孫爲士者傳曰何以期也大夫不敢降其祖與適也不敢降其祖與適則可降其旁親也

公妾以及士妾爲其父母傳曰何以期也妾不得體君得爲其父母遂也然則女君有以尊降其父母者與春秋之義雖爲天王后猶曰吾季姜是言子尊不加於父母此傳似誤矣禮妾從女君而服其黨服是嫌不自服其父母故以明之

疏衰裳齊牡麻絰無受者無受者服是服而除不以輕服受之不著月數者天子諸侯葬異月也小記曰齊衰三月與大功同者繩屨

寄公爲所寓寓亦寄也爲所寄之國君服傳曰寄公者何也失地之君也何以爲所寓服齊衰三月也言與民同也諸侯五月而葬而服齊衰三月者三月而藏其服至葬又反服之既葬而除之

丈

夫婦人爲宗子宗子之母妻婦人女子子在室及嫁歸宗者也宗子繼別之後百世不遷所謂大宗也傳曰何
以服齊衰三月也尊祖也尊祖故敬宗敬宗者尊祖之義也宗
子之母在則不爲宗子之妻服也爲舊君君之母妻傳曰爲舊
君者孰謂也仕焉而已者也何以服齊衰三月也言與民同也
君之母妻則小君也仕焉而已者謂老君有廢疾而致仕者也爲小君服者恩深於民庶人爲國君不言民而
言庶人庶人或有在官者天子畿內之民服天子亦如之大夫在外其妻長子爲舊國君在外待放已去者
傳曰何以服齊衰三月也妻言與民同也長子言未去也妻雖從夫
而出古者大夫不外娶婦人歸宗往來猶民也春秋傳曰大夫越竟逆女非禮君臣有合離之義長子去可以無服繼父不同居者嘗同居今
不同曾祖父母傳曰何以齊衰三月也小功者兄弟之服也不敢以
兄弟之服服至尊也正言小功者服之數盡於五則高祖宜緦麻曾祖宜小功也據祖期則曾祖宜大功高祖宜小功也高祖曾祖皆有
小功之差則曾孫玄孫爲之服同也重其衰麻尊尊也減其日月恩殺也大夫爲宗子傳曰何以服齊衰三月
也大夫不敢降其宗也舊君大夫待放未去者傳曰大夫爲舊君何以服
齊衰三月也大夫去君埽其宗廟故服齊衰三月也言與民同
也何大夫之謂乎言其以道去君而猶未絕也以道去君爲三諫不從待放於郊未絕者言爵

禄尚有列於朝出入有詔於國妻子自若民也曾祖父母爲士者如衆人傳曰何以齊衰三月也大夫不敢降其祖也女子子嫁者未嫁者爲曾祖父母傳曰嫁者其嫁於大夫者也未嫁者其成人而未嫁者也何以服齊衰三月不敢降其祖也言嫁於大夫者明雖尊猶不降也成人謂年二十已笄醴者也止者不降明有所降大功布衰裳牡麻絰無受者大功布者其鍛治之功麤沽之子女子子之長殤中殤殤者男女未冠笄而死可殤者女子子許嫁不爲殤也傳曰何以大功也未成人也何以無受也喪成人者其文縟喪未成人者其文不縟故殤之絰不樛垂蓋未成人也年十九至十六爲長殤十五至十二爲中殤十一至八歲爲下殤不滿八歲以下皆爲無服之殤無服之殤以日易月以日易月之殤殤而無服故子生三月則父名之死則哭之未名則不哭也縟猶數也其文數者謂變除之節也不樛垂者不絞其帶之垂者雜記曰大功已上散帶以日易月謂生一月者哭之一日也殤而無服者哭之而已爲昆弟之子女子子亦如之凡言子者可以兼男女又云女子子者殊之以子關適庶也叔父之長殤中殤姑姊妹之長殤中殤昆弟之長殤中殤夫之昆弟之子女子子之長殤中殤適孫之長殤中殤大夫之庶子爲適昆弟之長殤中殤、公爲適子之長殤中殤大夫爲適子之長殤中殤公君也諸侯大夫不降適殤者重適也天子亦如之其長殤皆九月纓絰其中殤七月不纓絰絰有纓者爲其重也自大功已上絰有纓以一條繩爲之小功已下絰無纓也

大功布衰裳牡麻絰纓布帶三月受以小功衰即葛九月者受猶承也傳曰大功布九升小功布十一升此受之下也以發傳者明受盡於此也又受麻絰以葛絰間傳曰大功之葛與小功之麻同凡天子諸侯卿大夫既虞士卒哭而受服正言三月者天子諸侯無大功主於大夫士也此雖有君爲姑姊妹女子子嫁於國君者非内喪也古文依此禮也

姑姊妹女子子適人者傳曰何以大功也出也出必降之者蓋有受我而厚之者從父昆弟世父叔父之子也其姊妹在室亦如之爲人後者爲其昆弟傳曰何以大功也爲人後者降其昆弟也庶孫男女皆是下殤小功章曰爲姪庶孫丈夫婦人同適婦適婦適子之妻傳曰何以大功也不降其適也婦言適者從夫名女子子適人者爲衆昆弟父在則同父沒乃爲父後者服朞也姪丈夫婦人報爲姪男女服同傳曰姪者何也謂吾姑者吾謂之姪夫之祖父母世父母叔父母傳曰何以大功也從服也夫之昆弟何以無服也其夫屬乎父道者妻皆母道也其夫屬乎子道者妻皆婦道也謂弟之妻婦者是嫂亦可謂之母乎故名者人治之大者也可無慎乎道猶行也言婦人棄姓無常秩嫁於父行則爲母行嫁於子行則爲婦行謂弟之妻爲婦者卑遠之故謂之婦

嫂者尊嚴之稱是嫂亦可謂之母乎嫂猶叟也叟老人稱也是爲序男女之别爾若
己以母婦之服服兄弟之妻兄弟之妻以舅子之服服己則是亂昭穆之序也治猶
理也父母兄弟夫婦之理人倫之大者可不慎乎大傳曰
同姓從宗合族屬異姓主名治際會名著而男女有别大夫爲世父母叔父母
子昆弟昆弟之子爲士者子謂庶子傳曰何以大功也尊不同也尊同
則得服其親服尊同謂亦爲大夫者親服期公之庶昆弟大夫之庶子爲母妻昆
弟公之庶昆弟則父卒也大夫之庶子則父在也其或爲母謂妾子也傳曰何以大功也先君餘尊之所厭
不得過大功也大夫之庶子則從乎大夫而降也父之所不降子
亦不敢降也言從乎大夫而降則於父卒如國人也昆弟庶昆弟也舊讀昆弟在下其於厭降之義宜蒙此傳也是以上而同之父所不降謂適也
皆爲其從父昆弟之爲大夫者皆者言其互相爲服尊同則不相降其爲士者降在小功適子爲之亦如之
夫之昆弟之婦人子適人者婦人子者女子子也不言女子子者因出見恩疏大夫之妾爲君之庶
子下傳曰何以大功也妾爲君之黨服得與女君同指爲此也妾爲君之長子亦三年自爲其子期異於女君也士之妾爲君之衆子亦期女子子嫁
者未嫁者爲世父母叔父母姑姊妹舊讀合大夫之妾爲君之庶子女子子嫁者未嫁者言大夫之妾爲此三
人之服也傳曰嫁者其嫁於大夫者也未嫁者成人而未嫁者也何以
大功也妾爲君之黨服得與女君同下言爲世父母叔父母姑姊
妹者謂妾自服其私親也此不辭即實爲妾遂自服其私親當言其以明之齊衰三月章曰女子子嫁者未嫁者爲曾祖

父母經與此同足以明之矣傳所云何以大功也妾爲君之黨服得與女君同文爛在下爾女子子成人者有出道降旁親及將出者明當及時也大夫大夫之妻大夫之子公之昆弟爲姑姊妹女子子嫁於大夫者君爲姑姊妹女子子嫁於國君者傳曰何以大功也尊同也尊同則得服其親服諸侯之子稱公子公子不得禰先君公子之子稱公孫公孫不得祖諸侯此自卑別於尊者也若公子之子孫有封爲國君者則世世祖是人也不祖公子此自尊別於卑者也是故始封之君不臣諸父昆弟封君之子不臣諸父而臣昆弟封君之孫盡臣諸父昆弟故君之所爲服子亦不敢不服也君之所不服子亦不敢服也不得禰不得祖者不得立其廟而祭之也卿大夫以下祭其祖禰則世世祖是人不得祖公子者後世爲君者祖此受封之君不得祀別子也公子若在高祖以下則如其親服後世遷之乃毀其廟爾因國君以尊降其親故終說此義云繐衰裳牡麻絰既葬除之者傳曰繐衰者何以小功之繐也治其縷如小功而成布尊四升半細其縷者以恩輕也升數少者以服至尊也凡布細而疏者謂之繐今南陽有鄧繐諸侯之大夫爲天子傳曰何以繐衰也諸侯之大夫以時接見乎天子接猶會也諸侯之大夫以時會見於天子而服之則其士庶民不服可知小功布衰裳澡麻帶絰五月者澡者治去莩垢不絕其本也小記曰下殤小功帶澡麻不絕其本屈而反以報之叔父

之下殤適孫之下殤昆弟之下殤大夫庶子爲適昆弟之下殤爲姑姊妹女子子之下殤爲人後者爲其昆弟從父昆弟之長殤傳曰問者曰中殤何以不見也大功之殤中從上小功之殤中從下問者據從父昆弟之下殤在緦麻也大功小功皆謂服其成人也大功之殤中從上則齊衰之殤亦中從上也此主謂大夫之爲殤者服也凡不見者以此求之也爲夫之叔父之長殤不見中殤者中從下也昆弟之子女子子夫之昆弟之子女子子之下殤爲姪庶孫丈夫婦人之長殤大夫公之昆弟大夫之子爲其昆弟庶子姑姊妹女子子之長殤大夫爲昆弟之長殤小功謂爲士者若不仕者也以此知爲大夫無殤服也公之昆弟不言庶者此無服無所見也大夫之子不言庶者關適子亦服此殤也云公之昆弟爲庶子之長殤則知公之昆弟猶大夫大夫之妾爲庶子之長殤君之庶子小功布衰裳牡麻絰即葛五月者即就也小功輕三月變麻因故衰以就葛絰帶而五月也閒傳曰小功之葛與緦之麻同舊說小功以下吉屨無絇也從祖祖父母從祖父母報祖父之昆弟之親從祖昆弟父之從父昆弟之子從父姊妹父之昆弟之女孫適人者孫者子之子女孫在室亦大功也爲人後者爲其姊妹適人者不言姑者舉其親者而恩輕者降可知爲外祖父母傳曰何以小功也以尊加也從母丈夫婦人報從母母之姊妹傳曰何以小功也以名加也外親之服皆緦也外親異姓正服不過緦丈夫婦人姊妹之子男女同夫之

姑姊妹娣姒婦報夫之姑姊妹不殊在室及嫁者因恩輕略從降傳曰娣姒婦者弟長也何以小功也以爲相與居室中則生小功之親焉娣姒婦者兄弟之妻相名也長婦謂穉婦爲娣婦娣婦謂長婦爲姒婦大夫大夫之子公之昆弟爲從父昆弟庶孫姑姊妹女子子適士者從父昆弟及庶孫亦謂爲士者大夫之妾爲庶子適人者君之庶子女子子也庶女子子在室大功其嫁於大夫亦大功庶婦夫將不受重者君母之父母從母君母父之適妻也從母君母之姊妹傳曰何以小功也君母在則不敢不從服君母不在則不服不敢不服者恩實輕也凡庶子爲君母如適子君子子爲庶母慈己者君子子者大夫及公子之適妻子傳曰君子子者貴人之子也爲庶母何以小功也以慈己加也云君子子者則父在也父沒則不服之矣以慈己加則君子子亦以士禮爲庶母緦也內則曰異爲孺子室於宮中擇於諸母與可者必求其寬裕慈惠溫良恭敬慎而寡言者使爲子師其次爲慈母其次爲保母皆居子室他人無事不往又曰大夫之子有食母庶母慈己者此之謂也其可者賤於諸母謂傅姆之屬也其不慈己則緦可矣不言師保慈母居中服之可知也國君世子生卜士之妻大夫之妾使食子三年而出見於公宮則劬非慈母也士之妻自養其子緦麻三月者緦麻布衰裳而麻經帶也不言衰經略輕服省文傳曰緦者十五升抽其半有事其縷無事其布曰緦謂之緦者治其縷細如絲也或曰有絲朝服用布何衰用絲乎抽猶去也雜記曰緦冠繰纓族曾祖父母族祖父母族父母族昆弟族曾祖父者曾祖昆弟之親也族祖父者亦高祖之孫則高祖有服明矣庶孫之婦庶孫之中殤庶孫者成人大功其殤中從上

此當爲下殤言中殤者字之誤爾又諸言中者皆連上下也從祖姑姊妹適人者報從祖父從祖昆
弟之長殤不見中殤者中從下外孫女子子之子從父昆弟姪之下殤夫之叔父之中
殤下殤言中殤者明中從下從母之長殤報庶子爲父後者爲其母傳曰何
以緦也傳曰與尊者爲一體不敢服其私親也然則何以服緦
也有死於宮中者則爲之三月不舉祭因是以服緦也君卒庶子爲母大功大夫
卒庶子爲母三年也士雖在庶子爲母皆如衆人士爲庶母傳曰何以緦也以名服也大夫以上
爲庶母無服貴臣貴妾傳曰何以緦也以其貴也此謂公士大夫之君也殊其臣妾貴
賤而爲之服貴臣室老士也貴妾姪娣也天子諸侯降其臣妾無服士卑無臣則士妾又賤不足殊有子則爲之緦無子則已乳母謂養子者有他故賤者代
之慈已傳曰何以緦也以名服也從祖昆弟之子族父母爲之服曾孫孫之子父
之姑歸孫爲祖父之姊妹從母昆弟傳曰何以緦也以名服也甥姊妹之子傳曰
甥者何也謂吾舅者吾謂之甥何以緦也報之也壻女子子之夫也傳曰
何以緦報之也妻之父母傳曰何以緦從服也從於妻而服之姑之子外兄
弟也傳曰何以緦報之也舅母之昆弟傳曰何以緦從服也從於母而服之舅之子內兄
弟也傳曰何以緦從服也夫之姑姊妹之長殤夫之諸祖父母報

諸祖父者夫之所爲小功從祖祖父母外祖父母或曰曾祖父母曾祖於曾孫之婦無服而云報乎曾祖父母正服小功妻從服緦君母之昆弟傳曰何以緦從服也從於君母而舅服之也君母在則不敢不從服君母卒則不服也從父昆弟之子之長殤昆弟之孫之長殤爲夫之從父昆弟之妻傳曰何以緦也以爲相與同室則生緦之親焉長殤中殤降一等下殤降二等齊衰之殤中從上大功之殤中從下同室者不如居室之親也齊衰大功皆服其成人也大功之殤中從下則小功之殤亦中從下也此主謂妻爲夫之親服也凡不見者以此求之記公子爲其母練冠麻麻衣縓緣爲其妻縓冠葛絰帶麻衣縓緣皆既葬除之公子君之庶子也其或爲母謂妾子也麻者緦麻之絰帶也此麻衣者如小功布深衣爲不制衰裳變也詩云麻衣如雪縓淺絳也一染謂之縓練冠而麻衣縓緣三年練之受飾也檀弓曰練練衣黃裏縓緣諸侯之妾子厭於父爲母不得伸權爲制此服不奪其恩也爲妻縓冠葛絰帶妻輕傳曰何以不在五服之中也君之所不服子亦不敢服也君之所爲服子亦不敢不服也君之所不服謂妾與庶婦也君之所爲服謂夫人與適婦也諸侯之妾貴者視卿賤者視大夫皆三月而葬大夫公之昆弟大夫之子於兄弟降一等兄弟猶言族親也凡不見者以此求之爲人後者於兄弟降一等報於所爲後之兄弟之子若子言報者嫌其爲宗子不降兄弟皆在他邦加一等不及知父母與兄弟居加一等皆在他邦謂行仕出遊若辟仇不及知父母父母早卒傳曰何如則可謂之兄弟傳

曰小功以下爲兄弟於此發兄弟傳者嫌大功已上又加也大功已上若皆在他國則親自親矣若不及知父母則固同財矣朋友皆在他邦袒免歸則已謂服無親者當爲之主每至袒時則袒袒則去冠代之以免舊說云以爲免象冠廣一寸已猶止也歸有主則止也主若幼少則未止小記曰大功者主人之喪有三年者則必爲之再祭朋友虞祔而已朋友麻朋友雖無親有同道之恩相爲服緦之經帶檀弓曰羣居則絰出則否其服弔服也周禮曰凡弔當事則弁絰服弁絰者如爵弁而素加環絰也其服有三錫衰也緦衰也疑衰也王爲三公六卿錫衰爲諸侯緦衰爲大夫士疑衰諸侯及卿大夫亦以錫衰爲弔服當事乃弁絰否則皮弁辟天子也士以緦衰爲喪服其弔服則疑衰也舊說以爲士弔服布上素下或曰素委貌冠加朝服論語曰緇衣羔裘又曰羔裘玄冠不以弔何朝服之有乎然則二者皆有似也此實疑衰也其弁絰皮弁之時則如卿大夫然又改其裳以素辟諸侯也朋友之相爲服即士弔服疑衰素裳庶人不爵弁則其弔服素冠委貌君之所爲兄弟服室老降一等公士大夫之君夫之所爲兄弟服妻降一等庶子爲後者爲其外祖父母從母舅無服不爲後如邦人宗子孤爲殤大功衰小功衰皆三月親則月筭如邦人言孤有不孤者不孤則族人不爲殤服服之也不孤謂父有廢疾若年七十而老子代主宗事者也孤爲殤長殤中殤大功衰下殤小功衰皆如殤服而三月謂與宗子絕屬者也親謂在五屬之內筭數也月數如邦人者與宗子有期之親者成人服之齊衰期長殤大功衰九月中殤大功衰七月下殤小功衰五月有大功之親者成人服之齊衰三月卒哭受以大功衰九月其長殤中殤大功衰五月下殤小功衰三月有小功之親者成人服之齊衰三月卒哭受以小功衰五月其殤與絕屬者同有緦麻之親者成人及殤皆與絕屬者同改葬緦謂墳墓以他故崩壞將亡失尸柩也言改葬者明棺物毀敗改設之如葬時也其奠如大斂從廟之廟從墓之墓禮宜同也服緦者臣爲君也子爲父也妻爲夫也必服緦者親見尸柩不可以無服緦三月而除之童子唯當室

緦童子未冠之稱也當室者爲父後承家事者爲家主與族人爲禮於有親者雖恩不至不可以無服也　傳曰不當室則無緦服也

凡妾爲私兄弟如邦人嫌厭降之也私兄弟自其族親也然則女君有以尊降其兄弟者謂士之女爲大夫妻大夫之女爲諸侯夫人諸侯之女爲天王后也父卒昆弟之爲父後者宗子亦不敢降也

大夫弔於命婦錫衰命婦弔於大夫亦錫衰弔於命婦命婦死也弔於大夫大夫死也小記曰諸侯弔必皮弁錫衰服問曰公爲卿大夫錫衰以居出亦如之當事則弁絰大夫相爲亦然爲其妻往則服之出則否　傳曰錫者何也麻之有錫者也錫者十五升抽其半無事其縷有事其布曰錫謂之錫者治其布使之滑易也不錫者不治其縷哀在內也緦者不治其布哀在外君及卿大夫弔士雖當事皮弁錫衰而已士之相弔則如朋友服矣疑衰素裳凡婦人相弔吉笄無首素緫

女子子適人者爲其父母婦爲舅姑惡笄有首以髽卒哭子折笄首以笄布緫言以髽則髽有著笄者明矣　傳曰笄有首者惡笄之有首也惡笄者櫛笄也折笄首者折吉笄之首也吉笄者象笄也何以言子折笄首而不言婦終之也櫛笄者以櫛之木爲笄或曰榛笄有首者若今時刻鏤摘頭矣卒哭而喪之大事畢女子子可以歸於夫家而著吉笄吉笄尊變其尊者婦人之義也折其首者爲其大飾也據在夫家宜言婦終之者終子道於父母之恩

妾爲女君君之長子惡笄有首布緫

凡衰外削幅裳內削幅幅三袧削猶殺也大古冠布衣布先知爲上外殺其幅以便體也後知爲下內殺其幅稍有飾也後世聖人易之以此爲喪服袧者謂辟兩側空中央也祭服朝服辟積無數凡裳前三幅後四幅也　若齊裳內衰外齊緝也凡五服之衰一斬四緝

縓裳者內展之緝衰者外展之負廣出於適寸負在背上者也適辟領也負出於辟領外旁一寸適博四寸出於衰博廣也辟領廣四寸則與闊中八寸也兩之爲尺六寸也出於衰者旁出衰外不著寸數者可知也衰長六寸博四寸廣袤當心也前有衰後有負板左右有辟領孝子哀戚無所不在衣帶下尺衣帶下尺者要也廣尺足以掩裳上際也衽二尺有五寸衽所以掩裳際也二尺五寸與有司紳齊也上正一尺燕尾二尺五寸凡用布三尺五寸袂屬幅屬猶連也連幅謂不削衣二尺有二寸此謂袂中也言衣者明與身參齊二尺二寸其袖足以容中人之肱也衣自領至要二尺二寸倍之四尺四寸加辟領八寸而又倍之凡衣用布一丈四寸袪尺二寸袪袖口也尺二寸足以容中人之併兩手也吉時拱尚左手喪時拱尚右手衰三升三升有半其冠六升以其冠爲受受冠七升衰斬衰也或曰三升半者義服也其冠六升齊衰之下也斬衰正服變而受之此服也三升三升半其受冠皆同以服至尊宜少差也齊衰四升其冠七升以其冠爲受受冠八升言受以大功之上也此謂爲母服也齊衰正服五升其冠八升義服六升其冠九升亦以其冠爲受凡不著之者服之首主於父母繐衰四升有半其冠八升此謂諸侯之大夫爲天子繐衰也服在小功之上者欲著其縷之精麤也升數在齊衰之中者不敢以兄弟之服服至尊也大功八升若九升小功十升若十一升此以小功受大功之差也不言七升者主於受服欲其文相值言服降而在大功者衰七升正服衰八升其冠皆十升義服九升其冠十一升亦皆以其冠爲受也斬衰受之以下大功受之以正者重者輕之輕者從禮聖人之意然也其降而在小功者衰十升正服衰十一升義服衰十二升皆以即葛及緦麻無受也此大功不言受者其章既著之

儀禮卷第十一

經四千四百二十八
注五千九百七十八

儀禮卷第十二

士喪禮第十二　　鄭氏注

士喪禮死于適室幠用斂衾（適室正寢之室也疾者齊故于正寢焉疾時處北墉下死而遷之當牖下有牀衽幠覆也斂衾大斂所并用之衾衾被也小斂之衾當陳喪大記曰始死遷尸于牀幠用斂衾去死衣）復者一人以爵弁服簪裳于衣左何之扱領于帶（復者有司招魂復魄也天子則夏采祭僕之屬諸侯則小臣為之爵弁服純衣纁裳也禮以冠名服簪連也）升自前東榮中屋北面招以衣曰皋某復三降衣于前（北面招求諸幽之義也皋長聲也某死者之名也復反也降衣下之也喪大記曰凡復男子稱名婦人稱字）受用篋升自阼階以衣尸（受者受之於庭也復者其一人招則受衣亦一人也人君則司服受之衣尸者覆之若得魂反之）復者降自後西榮（不由前降不以虛反也降因徹西北扉若云此室凶不可居然也自是行死事）楔齒用角柶（為將含恐其口閉急也）綴足用燕几（綴猶拘也為將屨恐其辟戾也今文綴為對）奠脯醢醴酒升自阼階奠于尸東（鬼神無象設奠以憑依之）帷堂（事小訖也）乃赴于君（赴告也臣君之股肱耳目死當有恩）主人西階東南面命赴者拜送有賓則拜之（賓僚友羣士也其位猶朝夕哭矣）入坐于牀東衆主人在其後西面婦人俠牀東面（衆主人庶昆弟也婦人謂妻妾子姓也亦適妻在前）親者在室（謂大功以上父兄姑姊妹子姓在此者）衆婦人戶外北面衆兄弟堂下北面（衆婦人衆兄弟小功以下）君使人弔徹帷主人迎于寢門外見

賓不哭先入門右北面使人士也禮使人必以其爵使者至使人入將命乃出迎之寢門內門也徹帷扆之事畢則下之弔者入升自西階東面主人進中庭弔者致命主人不升賤也致命曰君聞子之喪使某如何不淑主人哭拜稽顙成踊稽顙頭觸地成踊三者三賓出主人拜送于外門外君使人襚徹帷主人如初襚者左執領右執要入升致命襚之言遺也衣被曰襚致命曰君使某襚主人拜如初襚者入衣尸出主人拜送如初唯君命出升降自西階遂拜賓有大夫則特拜之即位于西階下東面不踊大夫雖不辭入也唯君命出以明大夫以下時來弔襚不出也始喪之日哀戚甚在室故不出拜賓也大夫則特拜別于士旅拜也即位西階下未忍在主人位也不踊但哭拜而已不辭而主人升入明本不爲賓出不成禮也親者襚不將命以即陳大功以上有同財之義也不將命不使人將之致於主人也即陳陳在房中庶兄弟襚使人以將命于室主人拜于位委衣于尸東牀上庶兄弟即衆兄弟也變衆言庶容同姓耳將命曰某使某襚拜于位室中位也朋友襚親以進主人拜委衣如初退哭不踊親以進親之恩也退下堂反賓位也主人徒哭不踊別於君襚也徹衣者執衣如襚以適房凡於襚者出有司徹衣爲銘各以其物亡則以緇長半幅經末長終幅廣三寸書銘于末曰某氏某之柩銘明旌也雜帛爲物大夫之所建也以死者爲不可別故其旗識識之愛之斯録之矣亡無也無旌不命之士也半幅一尺終幅二尺在棺爲柩今文銘皆爲名末爲旆也竹杠長三尺置于宇西階上

杠銘橦也宇梠也

甸人掘坎于階間少西為坄于西牆下東鄉甸人有司主田野者坄塊竈西牆中庭之西今文鄉為面

新盆槃瓶廢敦重鬲皆濯造于西階下新此瓦器五種者重死事盆以盛水槃承渜濯瓶以汲水也廢敦敦無足者所以盛米也重鬲鬲將縣重者也濯滌溉也造至也猶饌也以造言之喪事遽

陳襲事于房中西領南上不綪襲事謂衣服也綪讀為䋫䋫屈也襲事少上陳而下不屈江沔之間謂縈收繩索為䋫古文綪皆為精

明衣裳用布所以親身為圭絜也

鬠笄用桑長四寸纋中桑之為言喪也用為笄取其名也長四寸不冠故也纋笄之中央以安髮

布巾環幅不鑿環幅廣袤等也不鑿者士之子親含反其巾而已大夫以上賓為之含當口鑿之嫌有惡古文環作還

掩練帛廣終幅長五尺析其末掩裹首也析其末為將結於頤下又還結於項中

瑱用白纊瑱充耳纊新緜

幎目用緇方尺二寸赬裏著組繫幎目覆面者也幎讀若詩云葛藟縈之縈赬赤也著充之以絮也組繫為可結也古文幎為涓

握手用玄纁裏長尺二寸廣五寸牢中旁寸著組繫牢讀為樓樓謂削約握之中央以安手也今文樓為纋旁為方

決用正王棘若檡棘組繫纊極二決猶闓也挾弓以橫執弦詩云決拾既次正善也王棘與檡棘善理堅刃者皆可以為決極猶放弦也以沓指放弦令不挈手也生者以朱韋為之而三死用纊又二明不用也古文王為玉今文檡為也世俗謂王棘矺鼠

冒緇質長與手齊赬殺掩足冒韜尸者制如直囊上曰質下曰殺質正也其用之先以殺韜足而上後以質韜首而下齊手上玄下纁象天地也喪大記曰君錦冒黼殺綴旁七大夫玄冒黼殺綴旁五士緇冒赬殺綴旁三凡冒質長與手齊殺三尺

爵弁服純衣謂生時爵弁之服也純衣者纁裳古者以冠名服死者不冠

皮弁服皮弁所衣之服也其服白布衣素裳也

褖

衣黑衣裳赤緣謂之褖褖之言緣也所以表袍者也喪大記曰衣必有裳袍必有表不禪謂之一稱古文褖爲緣緇帶黑繒之帶韎韐一命
縕韍竹笏笏所以書思對命者玉藻曰笏天子以球玉諸侯以象大夫以魚須文竹士以竹本象可也又曰笏度二尺有六寸其中博三寸其殺六分而去一
又曰天子搢珽方正於天下也諸侯荼前詘後直讓於天子也大夫前詘後詘無所不讓今文笏作忽夏葛屨冬白屨皆繶
緇絇純組綦繫于踵冬皮屨變言白者明夏時用葛亦白也此皮弁之屨士冠禮曰素積白屨以魁柎之緇絇繶純純博寸綦屨
係也所以拘止屨也綦讀如馬絆綦之綦庶襚繼陳不用庶衆也不用不用襲也多陳之爲榮少納之爲貴貝三實于笄
貝水物古者以爲貨江水出焉笄竹器名稻米一豆實於筐豆四升沐巾一浴巾二皆用綌於笄
巾所以拭污垢浴巾二者上體下體異也綌麤葛櫛於簞簞葦笥浴衣於篋浴衣已浴所衣之衣以布爲之其制如今通裁
皆饌于西序下南上皆者皆具以下東西牆謂之序中以南謂之堂管人汲不說繘屈之管人有司主館
舍者不說繘將以就祝濯米屈縈也祝淅米于堂南面用盆祝夏祝也淅汏也管人盡階不升堂
受潘煮于垼用重鬲盡階三等之上喪大記曰管人受沐乃煮之甸人取所徹廟之西北厞薪用爨之祝盛米
于敦奠于貝北復於筐處士有冰用夷槃可也謂夏月而君加賜冰也夷槃承尸之槃喪大記曰君設大
槃造冰焉大夫設夷槃造冰焉士併瓦槃無冰設牀襢第有枕外御受沐入外御小臣侍從者沐管人所煮潘也主人皆出戶
外北面象平生沐浴倮程子孫不在旁主人出而襢第乃沐櫛挋用巾挋晞也清也古文挋皆作振浴用巾挋
用浴衣用巾用拭之也喪大記曰御者二人浴浴水用盆沃水用枓渜濯棄于坎沐浴餘潘水巾櫛浴衣亦并棄之古文渜作緣

一九〇

齒間詁 蚤揃如他日蚤讀爲爪斷爪揃鬚也人君則小臣爲之他日平生時鬠用組乃笄設明衣
裳用組組束髮也古文鬠皆爲括主人入即位已設明衣可以入也商祝襲祭服祿衣次商祝祝習商禮
者商人教之以敬於接神宜襲布衣牀上祭服爵弁服皮弁服皆從君助祭之服大蜡有皮弁素服而祭送終之禮襲衣於牀牀次含牀之東衽如初也喪大記曰
含一牀襲一牀遷尸於堂又一牀主人出南面左袒扱諸面之右盥于盆上洗貝執
以入宰洗柶建于米執以從俱入戶西鄉也今文宰不言執商祝執巾從入當牖
北面徹枕設巾徹楔受貝奠于尸西當牖北面值尸南也設巾覆面爲飯之遺落米也如商祝之事位則
尸南首明矣主人由足西牀上坐東面不敢從首前也祝受貝米奠之口實不由足也祝又受米奠于
貝北宰從立于牀西在右米在貝北便扱者也宰立牀西在主人之右當佐飯事主人左扱米實
于右三實一貝左中亦如之又實米唯盈于右尸口之右唯盈取滿而已主人襲反
位襲復衣也位在尸東商祝掩瑱設幎目乃屨綦結于跗連絇掩者先結頤下既瑱幎目乃還結項
也跗足上也絇屨飾如刀衣鼻在屨頭上以餘組連之止足坼也乃襲三稱遷尸於襲上而衣之凡衣死者左衽不紐襲不言設牀又不言遷尸於
襲上以其俱當牖無大異明衣不在筭筭數也不在數明衣禪衣不成稱也設韐帶搢笏韐帶韎韐緇帶不言韎緇者省
文亦欲見韐自有帶韐帶用革搢插也插於帶之右旁古文韐爲合也設決麗于掔自飯持之設握乃連掔
麗施也掔手後節中也飯大擘指本也決以韋爲之藉有彄彄內端爲紐外端有横帶設之以紐擐大擘本也因沓其彄以横帶貫紐結於掔之表也設握者以綦繫

繫鉤中指由手表與決帶之餘連結之此謂右手也古文麗亦爲連擘作捥設冒櫜之幠用衾櫜韜盛物者取事名焉衾者始死時斂衾今文櫜櫜爲櫜巾柶鬠蚤埋于坎坎至此築之也將襲辟奠既則反之重木刊鑿之甸人置重于中庭參分庭一在南木也縣物焉曰重刊斲治鑿之爲縣簪孔也士重木長三尺夏祝鬻餘飯用二鬲于西牆下夏祝祝習夏禮者也夏人教以忠其於養宜鬻餘飯以飯尸餘米爲鬻也重主道也士二鬲則大夫四諸侯六天子八與簋同差冪用疏布久之繫用靲縣于重冪用葦席北面左衽帶用靲賀之結于後久讀爲灸謂以蓋塞鬲口也靲竹䇲也以席覆重辟屈而反兩端交於後左衽西端在上賀加也今文冪皆作密祝取銘置于重祝習周禮者也厥明陳衣于房南領西上綪絞橫三縮一廣終幅析其末綪屈也絞所以收束衣服爲堅急者也以布爲之縮從也橫者三幅從者一幅析其末者令可結也喪大記曰絞一幅爲三緇衾赬裏無紞紞被也斂衣或倒被無別於前後可也凡衾制同皆五幅也祭服次爵弁服皮弁服散衣次褖衣以下袍繭之屬凡十有九稱祭服與散衣陳衣繼之庶襚不必盡用取稱而已不務多饌于東堂下脯醢醴酒冪奠用功布實于簞在饌東功布鍛濯灰治之布也凡在東西堂下者南齊坫古文奠爲尊設盆盥于饌東有巾爲奠設盥也喪事略故無洗也苴絰大鬲下本在左要絰小焉散帶垂長三尺牡麻絰右本在上亦散帶垂皆饌于東方苴絰斬衰之絰也苴麻者其貌苴以爲絰服重者尚麤惡絰之言實也鬲搤也中人之手搤圍九寸絰帶之差自此出焉下本在左重服統於內而本陽也要絰小焉五分去一牡麻絰者齊衰以下之絰也牡麻

一九二

絰若其貌易服輕者宜差好也在本在上輕服本於陰而統於外散帶之垂者男子之道文多變也饌于東方東坫之南苴絰爲上婦人之帶牡麻
結本在房婦人亦有苴絰但言帶者記其異此齊衰婦人斬衰婦人亦苴絰也牀第夷衾饌于西坫南第簀
也夷衾覆尸之衾喪大記曰自小斂以往用夷衾夷衾質殺之裁猶冒也西方盥如東方爲舉者設盥也如東方者亦用盆布巾饌於西堂下陳
一鼎于寢門外當東塾少南西面其實特豚四鬄去蹄兩胉脊
肺設扃鼏鼏西末素俎在鼎西西順覆匕東柄鬄解也四解之殊肩髀而已喪事略去蹄
去其甲爲不絜清也胉脅也素俎喪尚質既饌將小斂則辟襲奠今文鬄爲剔胉爲迫古文鼏爲密士盥二人以並東面立于西
階下立俟舉尸也今文並爲併布席于戶內下莞上簟有司布斂席也商祝布絞衾散衣
祭服祭服不倒美者在中斂者趨方或顛倒衣裳祭服尊不倒之也美善也善衣後布於斂則在中也既後布祭服而又言善
者在中明每服非一稱也士舉遷尸反位遷尸於服上設牀第于兩楹之間衽如初有枕
衽寢臥之席也亦下莞上簟卒斂徹帷尸已飾主人西面馮尸踊無筭主婦東面馮亦
如之馮服膺之主人髺髮袒衆主人免于房始死將斬衰者雞斯將齊衰者素冠今至小斂變又將初喪服也髺髮
者去笄纚而紒衆主人免者齊衰將袒以免代冠冠服之尤尊不以袒也免之制未聞舊說以爲如冠狀廣一寸喪服小記曰斬衰髺髮以麻免而以布此用麻布爲之
狀如今之著幓頭矣自項中而前交於額上卻繞紒也于房于室釋髺髮宜於隱者今文免皆作絻古文髺作括婦人髽于室始死婦人將斬衰者
去笄而纚將齊衰者骨笄而纚今言髽者亦去笄纚而紒也齊衰以上至笄猶髽髽之異於髺髮者既去纚而以髮爲大紒如今婦人露紒其象也檀弓曰南宮縚之

妻之姑之喪夫子誨之髽曰爾毋縱縱爾爾毋扈扈爾其用麻布亦如著幓頭然士舉男女奉尸侇于堂幠用夷衾男女如室位踊無筭侇之言尸也夷衾覆尸柩之衾也堂謂楹間牀笫上也今文侇作夷主人出于足降自西階衆主人東即位婦人阼階上西面主人拜賓大夫特拜士旅之即位踊襲絰于序東復位拜賓鄉賓位拜之也即位踊東方位襲絰于序東東夾前乃奠祝與執事爲之舉者盥右執匕卻之左執俎橫攝之入阼階前西面錯錯俎北面舉者盥出門舉鼎者右人以右手執匕左人以左手執俎因其便也攝持也西面錯錯鼎鼎於此宜西面錯俎北面俎宜西順之右人左執匕抽扃予左手兼執之取鼏委于鼎北加扃不坐抽扃取鼏加扃於鼏上皆右手今文扃爲鉉古文予爲與鼏爲密乃朼載載兩髀于兩端兩肩亞兩胉亞脊肺在於中皆覆進柢執而俟乃朼以朼次出牲體右人也載受而載於俎左人也亞次也凡七體皆覆爲塵柢本也進本者未異於生也骨有本末古文朼爲匕髀爲脾今文胉胉爲迫柢皆爲胝夏祝及執事盥執醴先酒脯醢俎從升自阼階丈夫踊甸人徹鼎巾待于阼階下執事者諸執奠事者巾功布也執者不升已不設祝既錯醴將受之奠于尸東執醴酒北面西上執醴酒者先升尊也立而俟後錯要成也豆錯俎錯于豆東立于俎北西上醴酒錯于豆南祝受巾巾之由足降自西階婦人踊奠者由重南東丈夫踊巾之爲塵也東反其位賓出主人拜送于門外廟門外也乃代哭不

以官代更也孝子始有親喪悲哀憔悴禮防其以死傷生使之更哭不絕聲而已人君以官尊卑士賤以親疏爲之三日之後哭無時周禮挈壺氏凡喪縣壺以代哭有襚者則將命擯者出請入告主人待于位喪禮略於威儀既小斂擯者乃用辭出請之辭曰孤某使某請事擯者出告須以賓入須亦待也出告之辭曰孤某須矣賓入中庭北面致命主人拜稽顙賓升自西階出于足西面委衣如於室禮降出主人出拜送朋友親襚如初儀西階東北面哭踊三降主人不踊朋友既委衣又還哭於西階上不背主人襚者以褶則必有裳執衣如初徹衣者亦如之升降自西階以東帛爲褶無絮雖複與禪同有裳乃成稱不用表也以東藏以待事也古文褶爲襲宵爲燎于中庭宵夜也燎火燋厥明滅燎陳衣于房南領西上綪絞紟衾二君襚祭服散衣庶襚凡三十稱紟不在筭不必盡用紟單被也衾二者始死斂衾今又復制也小斂衣數自天子達大斂則異矣喪大記曰大斂布絞縮者三橫者三東方之饌兩瓦甒其實醴酒角觶木柶毼豆兩其實葵菹芋蠃醢兩籩無縢布巾其實栗不擇脯四脡此饌但言東方則亦在東堂下也毼白也齊人或名全菹爲芋縢緣也詩云竹柲緄縢布巾籩巾也籩豆具而有巾盛之也特牲饋食禮有籩巾今文蠃爲蝸古文縢爲甸奠席在饌北斂席在其東大斂奠而有席彌神之掘肂見衽肂埋棺之坎者也掘之於西階上衽小要也喪大記曰君殯用輴欑至于上畢塗屋大夫殯以幬欑置于西序塗不暨于棺士殯見衽塗上帷之又曰君蓋用漆三衽三束大夫蓋用漆二衽二束士蓋不用漆二衽二束棺

入主人不哭升棺用軸蓋在下（軸輁軸也輁狀如牀軸其輪輓而行）熬黍稷各二筐有魚腊饌于西坫南（熬所以惑蚍蜉令不至棺旁也爲舉者設盆盥於西）陳三鼎于門外北上豚合升魚鱄鮒九腊左胖髀不升其他皆如初（合升合左右體升於鼎其他皆如初謂豚體及上俎之陳如小斂時合升四鬄亦相互耳）燭俟于饌東（燭燋也饌東方之饌有燭者堂雖明室猶闇火在地曰燎執之曰燭）祝徹盥于門外入升自阼階丈夫踊（祝徹祝與有司當徹小斂之奠者小斂設盥于饌東有巾大斂設盥于門外彌有威儀）祝徹巾授執事者以待（授執巾者於尸東使先待於阼階下爲大斂奠又將巾之祝還徹醴也）徹饌先取醴酒北面（北面立相待俱降）其餘取先設者出于足降自西階婦人踊設于序西南當西榮如設于堂（爲求神於庭孝子不忍使其親須臾無所馮依也堂謂尸東也凡奠設于序西南者畢事而去之）醴酒位如初執事豆北南面東上（如初者如其醴酒北面西上也執醴尊不爲便事變位）乃適饌（東方之新饌）帷堂（徹事畢）婦人尸西東面主人及親者升自西階出于足西面袒（袒大斂變也不言髽免髺髮小斂以來自若矣）士盥位如初（亦既盥並立西階下）布席如初（亦下莞上簟鋪於阼階上於楹閒爲少南）商祝布絞紟衾衣美者在外君襚不倒（至此乃用君襚主人先自盡）有大夫則告（後來者則告以方斂非斂時則當降拜之）士舉遷尸復位主人踊無筭卒斂徹帷主人馮如初主婦亦如之主人奉尸斂于棺踊如初乃蓋（棺在肂中斂尸焉所謂殯也檀弓曰殯於

客位主人降拜大夫之後至者北面視肂北面於西階東衆主人復位婦人
東復位阼階上下之位設熬旁一筐乃塗踊無筭以木覆棺上而塗之為火備卒塗祝取
銘置于肂主人復位踊襲為銘設柎樹之肂東乃奠燭升自阼階祝執巾席
從設于奧東面執燭者先升堂照室自是不復奠於尸祝執巾與執席者從入為安神位室中西南隅謂之奧執燭南面巾委於席右
祝反降及執事執饌東方之饌士盥舉鼎入西面北上如初載魚左首進
鬐三列腊進柢如初如小斂舉鼎執匕俎扃鼏朼載之儀魚左首設而在南鬐脊也左首進鬐亦未異於生也凡未異於生者不致死也古
文首為手鬐為耆祝執醴如初酒豆籩俎從升自阼階丈夫踊甸人徹鼎
如初祝先升奠由楹內入于室醴酒北面亦如初設豆右菹菹南栗栗東脯
豚當豆魚次腊特于俎北醴酒在籩南巾如初右菹菹在醴南也此左右異於魚者載者
統於執設者統於席醴當栗南酒當脯南既錯者出立于戶西西上祝後闔戶先由楹西降
自西階婦人踊奠者由重南東丈夫踊為神馮依之也賓出婦人踊主人
拜送于門外入及兄弟北面哭殯兄弟出主人拜送于門外小功以下
至此可以歸異門大功亦存焉衆主人出門哭止皆西面于東方闔門主人揖就
次次謂斬衰倚廬齊衰堊室也大功有帷帳小功緦麻有牀笫可也君若有賜焉則視斂既布衣君至

賜恩惠也斂大斂君視大斂皮弁服襲裘主人成服之後往則錫衰主人出迎于外門外見馬首不哭還入
門右北面及衆主人袒不哭厭於君不敢伸其私恩巫止于廟門外祝代之小臣二人
執戈先二人後巫掌招彌以除疾病周禮小臣掌正君之法儀者周禮男巫王弔則與祝前檀弓曰君臨臣喪以巫祝桃茢執戈以惡之所以異於生也皆天子之禮諸侯臨臣之喪則使祝代巫執茢居前下天子也小臣君行則在前後君升則俠阼階北面凡宮有鬼神曰廟君釋采入門主
人辟釋采者祝爲君禮門神也必禮門神者明君無故不來也禮運曰諸侯非問疾弔喪而入諸臣之家是謂君臣爲謔君升自阼階
西鄉祝負墉南面主人中庭祝南面房中東鄉君牆謂之墉主人中庭進益北君哭主人哭拜
稽顙成踊出出不敢必君之卒斂事君命反行事主人復位大斂事君升主人主
人西楹東北面命主人使之升升公卿大夫繼主人東上乃斂公大國之孤四命也春秋傳曰
鄭伯有耆酒爲窟室而夜飲酒擊鍾焉朝至未已朝者曰公焉在其人曰吾公在壑谷伯有者公子子良之孫良霄卒公卿大夫逆降
復位主人降出逆降者後升者先降位如朝夕哭弔之位君反主人主人中庭君坐撫當
心主人拜稽顙成踊出撫手案之凡馮尸興必踊今文無成君反之復初位衆主人辟于
東壁南面以君將降也南面則當坫之東君降西鄉命主人馮尸主人升自西階由
足西面馮尸不當君所踊主婦東面馮亦如之君必降者欲孝子盡其情奉尸
斂于棺乃蓋主人降出君反之入門左視塗肂在西階上入門左由便趨疾不敢久留君君

升即位衆主人復位卒塗主人出君命之反奠入門右亦復中庭位乃奠升自西階以君在阼君要節而踊主人從踊節謂執奠始升階及既奠由重南東時也卒奠主人出哭者止以君將出不敢讙囂聒尊者也君出門廟中哭主人不哭辟君式之辟逡遁辟位也古者立乘式謂小俛以禮主人也曲禮曰立視五巂式視馬尾貳車畢乘主人哭拜送貳車副車也其數各視其命之等君出使異姓之士乘之在後君弔蓋乘象路曲禮曰乘君之乘車不敢曠左左必式襲入即位衆主人襲拜大夫之後至者成踊後至布衣而後來者賓出主人拜送自賓出以下如君不在之儀三日成服杖拜君命及衆賓不拜棺中之賜既殯之明日全三日始歠粥矣禮尊者加惠明日必往拜謝之棺中之賜不施已也曲禮曰生與來日朝夕哭不辟子卯既殯之後朝夕及哀至乃哭不代哭也子卯桀紂亡日凶事不辟吉事闕焉婦人即位于堂南上哭丈夫即位于門外西面北上外兄弟在其南南上賓繼之北上門東北面西上門西北面東上西方東面北上主人即位辟門外兄弟異姓有服者也辟開也凡廟門有事則開無事則閉婦人拊心不哭方有事止讙囂主人拜賓旁三右還入門哭婦人踊先西面拜乃南面拜東面拜也主人堂下直東序西面兄弟皆即位如外位卿大夫在主人之南諸公門東少進他國之異爵者門西少進敵則先拜他國之賓凡異爵者拜諸其位

賓皆即此位乃哭盡哀止主人乃右還拜之如外位矣兄弟齊衰大功者主人哭則哭小功緦麻亦即位乃哭上言賓此言卿大夫明其亦賓爾少進前於列異爵卿大夫也他國卿大夫亦前於列尊之拜諸其位就其位特拜徹者盥于門外燭先入升自阼階丈夫踊徹者徹大斂之宿奠祝取醴北面取酒立于其東取豆籩俎南面西上祝先出酒豆籩俎序從降自西階婦人踊序次也設于序西南直西榮醴酒北面西上豆西面錯立于豆北南面籩俎既錯立于執豆之西東上酒錯復位醴錯于西遂先由主人之北適饌遂先者明祝不復位也適饌適新饌將復奠乃奠醴酒脯醢升丈夫踊入如初設不巾入入於室也如初設者豆先次籩次酒次醴也不巾無菹無栗也菹栗具則有俎有俎乃巾之錯者出立于戶西西上滅燭出祝闔戶先降自西階婦人踊奠者由重南東丈夫踊賓出婦人踊主人拜送哭止乃奠奠具則禮畢矣今文無拜衆主人出婦人踊出門哭止皆復位闔門主人卒拜送賓揖衆主人乃就次朔月奠用特豚魚腊陳三鼎如初東方之饌亦如之朔月月朔日也自大夫以上月半又奠如初者謂大斂時無籩有黍稷用瓦敦有蓋當籩位黍稷併於甒北也於是始有黍稷死者之於朔月月半猶平常之朝夕大祥之後則四時祭焉主人拜賓如朝夕哭卒徹徹宿奠也舉鼎入升皆如初奠之儀卒朼釋匕于鼎俎行朼者逆出甸

人徹鼎其序醴酒菹醢黍稷俎俎行者俎後執執俎者行鼎可以出其序升入之次其設于室
豆錯俎錯腊特黍稷當籩位敦啓會卻諸其南醴酒位如初常籩
位俎南黍黍東稷會蓋也今文無敦祝與執豆者巾乃出共爲之也主人要節而踊皆如朝
夕哭之儀月半不殷奠殷盛也士月半不復如朔盛奠下尊者有薦新如朔奠薦五穀若時果
物新出者徹朔奠先取醴酒其餘取先設者敦啓會面足序出如入
啓會徹時不復蓋也面足執之令足閒鄉前也敦有足則敦之形如今酒敦其設于外如於室外序西南筮宅冢人
營之宅葬居也冢人有司掌墓地兆域者營猶度也詩云經之營之掘四隅外其壤掘中南其壤爲葬將北
首故也既朝哭主人皆往兆南北面免絰兆域也所營之處免絰者求吉不敢純凶命筮者在
主人之右命尊者宜由右出也少儀曰贊幣自左詔辭自右筮者東面抽上韇兼執之南面受
命韇藏筴之器也兼與筴執之今文無兼命曰哀子某爲其父某甫筮宅度茲幽宅兆
基無有後艱某甫且字也若言山甫孔甫矣宅居也度謀也茲此也基始也言爲其父筮葬居今謀此以爲幽冥居兆域之始得無後將有艱難
乎艱難謂有非常若崩壞也孝經曰卜其宅兆而安厝之古文無兆基作期筮人許諾不述命右還北面指中封
而筮卦者在左述循也既受命而申言之曰述不述者士禮略凡筮因會命筮爲述命中封中央壤也卦者識爻卦畫地者古文述皆作術
卒筮執卦以示命筮者命筮者受視反之東面旅占卒進告于

命筮者與主人占之曰從卒筮卦者寫卦示主人乃受而執之旅衆也反與其屬共占之謂掌連山歸藏周易者從猶吉也主人經哭不踊若不從筮擇如初儀更擇地而筮之歸殯前北面哭不踊易位而哭明非常既井槨主人西面拜工左還槨反位哭不踊婦人哭于堂既已也匠人爲槨刊治其材以井構於殯門外也反位拜位也既哭之則往施之窆窀中矣主人還槨亦以既朝哭矣獻材于殯門外西面北上綪主人徧視之如哭槨獻素獻成亦如之材明器之材視之亦拜工左還形法定爲素飾治畢爲成卜日既朝哭皆復外位卜人先奠龜于西塾上南首有席楚焞置于燋在龜東楚荆也荆焞所以鑽灼龜者燋炬也所以燃火者也周禮菙氏掌共燋契以待卜事凡卜以明火爇燋遂灼其焌契以授卜師遂以役之族長涖卜及宗人吉服立于門西東面南上占者三人在其南北上卜人及執燋席者在塾西族長有司掌族人親疏者也涖臨也吉服服玄端也占者三人掌玉兆瓦兆原兆者也在塾西者南面東上闔東扉主婦立于其內扉門扉也席于闑西閾外爲卜者也古文闑作槷閾作蹙宗人告事具主人北面免絰左擁之涖卜即位于門東西面涖卜族長也更西面當代主人命卜卜人抱龜燋先奠龜西首燋在北既奠燋又執龜以待之宗人受卜人龜示高以龜腹甲高起所當灼處示涖卜也涖卜受視反之宗人還少退受命受涖卜命授龜宜近受命宜卻也命曰哀子某來日某卜葬其父某甫考降無

有近悔考登也降下也言卜此日葬魂神上下得無近於咎悔者乎許諾不述命還即席西面坐命龜興授卜人龜負東扉宗人不述命亦士禮略凡卜述命命龜異龜重威儀多也負東扉俟龜之兆也卜人坐作龜興作猶灼也周禮卜人凡卜事示高揚火以作龜致其墨興起也宗人受龜示涖卜涖卜受視反之宗人退東面乃旅占卒不釋龜告于涖卜與主人占曰某日從不釋龜復執之也古文曰爲日授卜人龜告于主婦主婦哭不執龜者下主人也告于異爵者使人告于衆賓衆賓僚友不來者也卜人徹龜宗人告事畢主人經入哭如筮宅賓出拜送若不從卜宅如初儀

儀禮卷第十二

經三千三百九十六
注五千四百五十九

儀禮卷第十三

既夕禮第十三　儀禮　鄭氏注

既夕哭 既已也謂出門哭止復外位時 請啓期告于賓 將葬當遷柩于祖有司於是乃請啓肂之期於主人以告賓賓宜知其時也今文啓爲開 夙興設盥于祖廟門外 祖王父也下士祖禰共廟 陳鼎皆如殯東方之饌亦如之 皆皆三鼎也如殯如大斂既殯之奠 夷牀饌于階間 夷之言尸也朝正柩用此牀 二燭俟于殯門外 早闇以爲明也燭用烝 丈夫髽散帶垂即位如初 爲將啓變也此互文以相見耳髽婦人之變喪服小記曰男子免而婦人髽男子冠而婦人笄如初朝夕哭門外位 婦人不哭主人拜賓入即位袒 此不象如初者以男子入門不哭也不哭者將有事止讙囂 商祝免袒執功布入升自西階盡階不升堂聲三啓三命哭 功布灰治之布也執之以接神爲有所拂扐也聲三三有聲存神也啓三三言啓告神也舊說以爲聲噫興也今文免作絻 燭入 炤徹與啓肂者 祝降與夏祝交于階下取銘置于重 祝降者祝徹宿奠降也與夏祝交事相接也夏祝取銘置于重爲啓肂遷之吉事交相左凶事交相右今文銘皆作名 踊無筭 主人也 商祝拂柩用功布幠用夷衾 拂去塵也幠覆之爲其形露 遷于祖用軸 遷徙也徙於祖朝祖廟也檀弓曰殷朝而殯於祖周朝而遂葬蓋象平生將出必辭尊者軸輁軸也軸狀如轉轔刻兩頭爲軹輁狀如長牀穿程前後著金而關軹焉大夫諸侯以上有四周謂之輴天子畫之以龍 重先奠從燭從柩從燭從主人從 行之序也主人從者丈夫由右婦人由左以服之親疏爲先後各從其昭穆男賓在前女賓在後 升自西

階柩也猶用子道不由阼也奠俟于下東面北上俟正柩也主人從升婦人升東面衆
主人東即位東方之位正柩于兩楹間用夷牀兩楹間象鄉戶牖也是時柩北首主人柩東
西面置重如初如殯宮時也席升設于柩西奠設如初巾之升降自西
階席設于柩之西直柩之西當西階也從奠設如初東面也不統於柩神不西面也不設柩東東非神位也巾之者為禦當風塵主人踊無筭
降拜賓即位踊襲主婦及親者由足西面設奠時婦人皆室戶西南面奠畢乃得東面親者西面堂上迫疏者可以居房中
薦車直東榮北輈薦進也進車者象生時將行陳駕也今時謂之魂車輈轅也車當東榮東陳西上於中庭質
明滅燭質正也徹者升自阼階降自西階徹者辟新奠不設序西南已再設為褻乃奠如初
升降自西階為遷祖奠也奠升不由阼階柩北首辟其足主人要節而踊節升降薦馬纓三就
入門北面交轡圉人夾牽之駕車之馬每車二疋纓今馬鞅也就成也諸侯之臣飾纓以三色而三成此三色者蓋條絲也其著之如罽然天子之臣如其命數王之革路條纓圉人養馬者在左右曰夾既奠乃薦馬者為其踐汙廟中也凡入門參分庭一在南御者執策立
于馬後哭成踊右還出主人於是乃哭踊者薦車之禮成於薦馬賓出主人送于門外有司
請祖期亦因在外位請之當以告賓每事畢輒出將行而飲酒曰祖祖始也曰日側側昳也謂將過中之時主人入袒乃
載踊無筭卒束襲袒為載變也乃舉柩卻下而載之束束棺於柩車賓出遂匠納車于階間謂此車降奠當前
束下遷祖之奠也當前束猶當尸腢也亦在柩車西束有前後也商祝飾柩一池紐前經後緇齊三采

無貝飾柩爲設牆柳也巾奠乃牆謂此也牆有布帷柳有布荒池者象宮室之承霤以竹爲之狀如小車笭衣以青布一池縣於柳前士不揄絞紐所以聯帷荒前赤後黑因以爲飾左右面各有前後齊居柳之中央若今小車蓋上蕤矣以三采繒爲之上朱中白下蒼著以絮元士以上有貝設披披輅柳棺上貫結於戴人居旁牽之以備傾虧喪大記曰士戴前纁後緇二披用纁今文披皆爲藩屬引屬猶著也引所以引柩車在軸輴曰紼古者人引柩春秋傳曰坐引而哭之三陳明器於乘車之西明器藏器也檀弓曰其曰明器神明之也言神明者異於生器竹不成用瓦不成味木不成斲琴瑟張而不平竽笙備而不和有鍾磬而無筍虡陳器於乘車之西則重北也折橫覆之折猶庪也方鑿連木爲之蓋如牀而縮者三橫者五無簀窆事畢加之壙上以承抗席橫陳之者爲苞筲以下綪於其北便也覆之見善面也抗木橫三縮二抗禦也所以禦止土者其橫與縮各足掩壙加抗席三席所以禦塵加茵用疏布緇翦有幅亦縮二橫三茵所以藉棺者翦淺也幅緣之亦者亦抗木也及其用之木三在上茵二在下象天三合地二人藏其中焉今文翦作淺器西南上綪器目言之也陳明器以西行南端爲上綪屈也不容則屈而反之茵茵在抗木上陳器次而北也苞二所以裹奠羊豕之肉筲三黍稷麥筲畚種類也其容蓋與簋同一觳也甕三醯醢屑冪用疏布甕瓦器其容亦蓋一觳屑薑桂之屑也內則曰屑桂與薑冪覆也今文冪皆作密甒二醴酒冪用功布甒亦瓦器也古文甒皆作廡皆木桁久之桁所以庪苞筲甕甒也久當爲灸灸謂以蓋案塞其口每器異桁用器弓矢耒耜兩敦兩杅槃匜匜實于槃中南流此皆常用之器也杅盛湯漿槃匜盥器也流匜口也今文杅爲桙無祭器士禮略也大夫以上兼用鬼器人器也有燕樂器可也與賓客燕飲用樂之器也役器甲胄干笮此皆師役之器甲鎧胄兜鍪干楯笮矢箙燕器杖笠翣燕居安體之器也笠竹箬蓋也翣扇徹

奠巾席俟于西方主人要節而踊巾席俟於西方祖奠將用焉要節者來象外丈夫踊去象降婦人踊徹者由明器北西面既徹由重南東不設於序西南者非宿奠也宿奠必設者爲神馮依之久也祖爲將祖變商祝御柩亦執功布居前爲還柩車爲節乃祖還柩鄉外爲行始踊襲少南當前束主人也柩還則當前束南婦人降即位于階間爲柩將去有時也位東上祖還車不還器祖有行漸車亦宜鄉外也器之陳自己南上祝取銘置于茵重不藏故於此移銘加於茵上二人還重左還重與車馬還相反由便也布席乃奠如初主人要節而踊車已祖可以爲之奠也是之謂祖奠薦馬如初柩動車還宜新之也賓出主人送有司請葬期亦因在外位時入復位主人也自死至於殯自啓至於葬主人及兄弟恒在內位公賵玄纁束馬兩公國君也賵所以助主人送葬也兩馬士制也春秋傳曰宋景曹卒魯季康子使冉求賵之以馬曰其可以稱旌繁乎擯者出請入告主人釋杖迎于廟門外不哭先入門右北面及衆主人祖尊君命也衆主人自若西面馬入設設於庭在重南賓奉幣由馬西當前輅北面致命賓使者幣玄纁也輅轅縛所以屬引由馬西則亦當前輅之西於是北面致命得鄉柩與奠柩車在階間少前參分庭之北輅有前後主人哭拜稽顙成踊賓奠幣于棧左服出棧謂柩車也凡士車制無漆飾左服象授人授其右也服車箱今文棧作輚宰由主人之北舉幣以東據東主人位以東藏之士受馬以出此士謂胥徒之長也有勇力者受馬聘禮曰皮馬相間可也主人送于外門外拜襲入復位杖賓賵者將命賓卿大夫士也擯者出請入告出

告須 不迎告曰孤某須 馬入設賓奉幣擯者先入賓從致命如初 初公使者 主人拜于位不踊 柩車東位也既啓之後與在室同 賓奠幣如初舉幣受馬如初擯者出請 賓出在外請之爲其復有事 若奠 賓致可以奠也 入告出以賓入將命如初士受羊如受馬又請 士亦謂胥徒之長又復也 若賵 賵之言補也助也貨財曰賵 入告主人出門左西面賓東面將命 主人出者賵主施於主人 主人拜賓坐委之宰由主人之北東面舉之反位 坐委之明主人哀戚志不在受人物反位反主人之後位 若無器則捂受之 謂對相授不委地 又請賓告事畢拜送入贈者將命 贈送 擯者出請納賓如初 如其入告出告須 賓奠幣如初 亦於棧左服 若就器則坐奠于陳 就猶善也贈無常唯玩好所有陳明器之陳 凡將禮必請而后拜送 雖知事畢猶請君子不必人意 兄弟賵奠可也 兄弟有服親者可且賵且奠許其厚也賵奠於死生兩施 所知則賵而不奠 所知通問相知也降於兄弟奠施於死者爲多故不奠 知死者贈知生者賻 各主於所知 書賵於方若九若七若五 方板也書賵奠賻贈之人名與其物於板毎板若九行若七行若五行 書遣於策 策簡也遣猶送也謂所當藏物茵以下 乃代哭如初 棺柩有時將去不忍絶聲也初謂既小斂時 宵爲燎于門内之右 爲哭者爲明 厥明陳鼎五于門外如初 鼎五羊豕魚腊鮮獸各一鼎也士禮特牲三鼎盛葬奠加一等用少牢也如初如大斂奠時 其實羊左胖 反吉祭也言左胖者體不殊骨也 髀不升

周貴肩賤臂古文臂作脾腸五胃五亦盛之也離肺離捲豕亦如之豚解無腸胃如之如羊左胖
髀不升離肺也豚解解之如解豚亦前肩後肫脊脅而已無腸胃者君子不食溷腴魚腊鮮獸皆如初鮮新殺者士腊用兔加鮮獸而
無膚者豕既豚解略之東方之饌四豆脾析蜱醢葵菹蠃醢脾讀爲雞脾肶之脾脾析百葉也蜱蜯也
今文蠃爲蝸四籩棗糗栗脯糗以豆糗粉餌醴酒此東方之饌與祖奠同在主人之南當前輅北上巾之陳器
明器也夜斂藏之滅燎執燭俠輅北面炤徹與葬奠也賓入者拜之明自啓至此主人無出禮徹者
入丈夫踊設于西北婦人踊猶阼階升時也亦既盥乃入入由重東而主人踊猶其升也自重北西面而徹設於柩車西北
亦由序西南徹者東由柩車北東適葬奠之饌鼎入舉入陳之也陳之蓋於重東北西面北上如初乃奠豆南上綪
籩蠃醢南北上綪籩蠃醢南辟醴酒也俎二以成南上不綪特鮮獸成猶併也不綪
者魚在羊東腊在豕東古文特爲俎醴酒在籩西北上統於豆也奠者出主人要節而踊亦以
往來爲節奠由重北西既奠由重南東甸人抗重出自道道左倚之還重不言甸人抗重言之者重既虞將埋之言
其官使守視之抗舉也出自道出從門中央也不由闑東西者重不反變於恒出入道左主人位今時有死者鑿木置食其中樹於道側由此薦馬馬
出自道車各從其馬駕于門外西面而俟南上南上便其行也行者乗車在前道稾序從
徹者入踊如初徹巾苞牲取下體苞者象既饗而歸賓俎者也取下體者脛骨象行又俎實之終始也士苞三
个前脛折取臂臑後脛折取骼亦得俎釋三个雜記曰父母而賓客之所以爲哀不以魚腊非正牲也行器目葬行明器在道之次茵

苞器序從如其陳之先後車從器次徹者出踊如初於是廟中當行者唯柩車主人之史請
讀賵執筭從柩東當前束西面不命毋哭哭者相止也唯主人主
婦哭燭在右南面史北面請既而與執筭西面於主人之前讀書釋筭燭在右南面炤書便也古文筭皆爲筴讀書釋
筭則坐必釋筭者榮其多卒命哭滅燭書與筭執之以逆出卒已公史自
西方東面命毋哭主人主婦皆不哭讀遣卒命哭滅燭出公史君之
典禮書者遣者入壙之物君使史來讀之成其得禮之正以終也燭俠輅商祝執功布以御柩執披居柩車之前若道有
低仰傾虧則以布爲抑揚左右之節使引者執披者知之士執披八人今文無以主人袒乃行踊無筭袒爲行變也乃行謂
柩車行也凡從柩者先後左右如遷于祖之序出宮踊襲襲哀次至于邦門公使宰夫贈玄纁束
邦門城門也贈送也主人去杖不哭由左聽命賓由右致命柩車前輅之左右也當時止柩車主
人哭拜稽顙賓升實幣于蓋降主人拜送復位杖乃行升柩車之前實其幣
於棺蓋之柳中若親受之然復位反柩車後至于壙陳器于道東西北上統於壙茵先入當藉柩也
元士則葬用輁軸加茵焉屬引於是說載除飾更屬引於緘耳古文屬爲燭主人袒衆主人西面北上婦
人東面皆不哭俠羨道爲位乃窆主人哭踊無筭窆下棺也今文窆爲封襲贈用制
幣玄纁束拜稽顙踊如初丈八尺曰制二制合之束十制五合卒袒拜賓主婦亦拜

賓即位拾踊三襲 主婦拜賓拜女賓也即位反位 賓出則拜送 相問之賓也凡弔賓有五去皆拜之此舉中焉 藏器於旁加見 器用器役器也見棺飾也更謂之見者加此則棺柩不復見矣先言藏器乃云加見者器在見內也內之者明君子之於事終不自逸也檀弓曰有虞氏之瓦棺夏后氏堲周殷人棺槨周人牆置翣 藏苞筲於旁 於旁者在見外也不言甕甒饌相次可知四者兩兩而居喪大記曰棺槨之間君容柷大夫容壺士容甒 加折卻之加抗席覆之加抗木 宜次也 實土三主人拜鄉人 謝其勤勞 即位踊襲如初 哀親之在斯 乃反哭入升自西階東面眾主人堂下東面北上 西階東面反諸其所作也反哭者於其祖廟不於阼階西面西方神位 婦人入大夫踊升自阼階 辟主人也 主婦入于室踊出即位及丈夫拾踊三 入于室反諸其所養也出即位堂上西面也拾更也 賓弔者升自西階曰如之何主人拜稽顙 賓弔者衆賓之長也反而亡焉失之矣於是爲甚故弔之弔者北面主人拜於位不北面拜賓東者以其亦主人位也今文無曰 賓降出主人送于門外拜稽顙遂適殯宮皆如啓位拾踊三 啓位婦人入升堂丈夫即中庭之位 兄弟出主人拜送 兄弟小功以下也異門大功亦可以歸 衆主人出門哭止闔門主人揖衆主人乃就次 次倚廬也 猶朝夕哭不奠 是日也以虞易奠 三虞 虞喪祭名虞安也骨肉歸於土精氣無所不之孝子爲其彷徨三祭以安之朝葬日中而虞不忍一日離 卒哭 卒哭三虞之後祭名始朝夕之間哀至則哭至此祭止也朝夕哭而已 明日以其班祔 班次也祔卒哭之明日祭名祔猶屬也祭昭穆之次而屬之今文班爲胖

記士處適寢寢東首于北墉下（將有疾乃寢於適室今文處爲居于爲於）有疾疾者齊（正情性也適寢者不齊不居其室）養者皆齊（憂也）徹琴瑟（去樂）疾病外內皆埽（爲有賓客來問也疾甚曰病）徹褻衣加新衣（故衣垢汙爲來人穢惡之）御者四人皆坐持體（爲不能自轉側御者今時侍從之人）屬纊以俟絕氣（有其氣微難節也纊新絮）男子不絕於婦人之手婦人不絕於男子之手（備褻）乃行禱于五祀（盡孝子之情五祀博言之士二祀曰門曰行）乃卒（卒終也）主人啼兄弟哭（哀有甚有否於是始去笄纚服深衣檀弓曰始死羔裘玄冠者易之）設牀第當牖衽下莞上簟設枕（病卒之間廢牀至是設之事相變衽卧席古文第爲茨）遷尸（徙於牖下也於是幠用斂衾）復者朝服左執領右執要招而左（衣朝服服未可以變）楔貌如軛上兩末（事便也今文軛作厄）綴足用燕几校在南御者坐持之（校脛也尸南首几脛在南以拘足則不得辟戾矣古文校爲枝）即牀而奠當腢用吉器若醴若酒無巾柶（四腢肩頭也用吉器器未變也或卒無醴用新酒）赴曰君之臣某死赴母妻長子則曰君之臣某之某死（赴走告也今文赴作訃）室中唯主人主婦坐兄弟有命夫命婦在焉亦坐（別尊卑也）尸在室有君命衆主人不出（不二主）襚者委衣于牀不坐（牀高由便）其襚于室尸西北面致命（始死時也）夏祝淅米差盛之（差擇之）御者四人抗衾而浴襢第（抗衾爲其倮程蔽之也襢袒也袒簀去席盝水便）其母之

喪則內御者浴鬠無笄（內御女御也無笄猶丈夫之不冠也）設明衣婦人則設中帶（中帶若今之禪衫）卒洗貝反于笄實貝柱右顛左顛（象齒堅）夏祝徹餘飯（徹去鬻）瑱塞耳（塞充窒）掘坎南順廣尺輪二尺深三尺南其壤（南順統於堂輪從也今文掘爲坅也）堊用塊（塊堛也古文堊爲役）明衣裳用幕布袂屬幅長下膝（幕布帷幕之布升數未聞也屬幅不削幅也長下膝又有裳於蔽下體深也）有前後裳不辟長及轂（不辟質也轂足跗也凡他服短無見膚長無被土）縓綼緆（一染謂之縓今紅也飾裳在幅曰綼在下曰緆）緇純（七入爲緇緇黑也飾衣曰純謂領與袂衣以緇裳以縓象天地也）設握裏親膚繫鉤中指結于掔（掔掌後節中也手無決者以握繫一端繞掔還從上自貫反與其一端結之）甸人築坅坎（築實土其中堅之穿坎之名一曰坅）隸人涅廁（隸人罪人也今之徒役作者也涅塞也爲人復往褻之又亦鬼神不用）既襲宵爲燎于中庭（宵夜）厥明滅燎陳衣（記節）凡絞紟用布倫如朝服（凡凡小斂大斂也倫比也今文無紟古文倫爲輪）設棜于東堂下南順齊于坫饌于其上兩甒醴酒酒在南篚在東南順實角觶四木柶二素勺二豆在甒北二以並籩亦如之（棜今之轝也角觶四木柶二素勺爲少進醴酒兼饌之也勺二醴酒各一也豆籩二以併則是大斂饌也記於此者明其他與小斂同陳古文角觶爲角柶）凡籩豆實具設皆巾之（籩豆偶而爲具具則於饌巾之巾之加飾也明小斂一豆一籩不巾）觶俟時而酌柶覆加之面枋及錯建之（時朝夕也檀弓曰朝奠日出夕奠逮日）小斂辟奠不出室

未忍神遠之也辟襲奠以辟斂既斂則不出於室設於序西南畢事而去之無踊節其哀未可節也既馮尸主人袒髺髮

絞帶衆主人布帶衆主人齊衰以下大斂于阼未忍便離主人位也主人奉尸斂于棺則西階上賓之大夫

升自西階階東北面東上視斂既馮尸大夫逆降復位中庭西面位巾奠

執燭者滅燭出降自阼階由主人之北東巾奠而室事已既殯主人說髦既殯

置銘于肂復位時也今文說皆作稅兒生三月鬌髮爲鬌男角女羈否則男左女右長大猶爲飾存之謂之髦所以順父母幼小之心至此尸柩不見喪無飾可以去

之髦之形象未聞三日絞垂成服日絞要絰之散垂者冠六升外縪纓條屬厭縪謂縫著於武也外之者外其

餘也纓條屬者通屈一條繩爲武垂下爲纓屬之冠厭伏也衰三升衣與裳也屨外納納收餘也杖下本竹桐一

也順其性也居倚廬倚木爲廬在中門外東方北戶寢苫枕塊苫編藁塊堛也不說絰帶哀戚不在於安

哭晝夜無時哀至則哭非必朝夕非喪事不言不忘所以爲親歠粥朝一溢米夕一溢米

不食菜果不在於飽與滋味粥糜也二十兩曰溢爲米一升二十四分升之一實在木曰果在地曰蓏主人乘惡車拜君命拜衆賓及有

故行所乘也雜記曰端衰喪車皆無等然則此惡車王喪之木車也古文惡作堊白狗幦未成豪狗幦覆笭也以狗皮爲之取其臑也白於喪飾宜古文幦爲冪

蒲蔽蔽藩御以蒲菆不在於驅馳蒲菆牡蒲莖古文菆作騶犬服笭閒兵服以犬皮爲之取堅也亦白今文犬爲大木

錧取少聲今文錧爲鎋約綏約轡約繩綏所以引升車木鑣亦取少聲古文鑣爲苞馬不齊髦齊翦也今

文髦爲毛主人之惡車如王之木車則齊衰以下其乘素車繅車駹車漆車與主婦之車亦如之疏布裧裧者車裳

幃於蓋弓垂之貳車白狗攝服貳副也攝猶緣也狗皮緣服差飾其他皆如乘車如所乘惡車朔
月童子執帚卻之左手奉之童子隸子弟若內豎寺人之屬執用左手卻之示未用從徹者而入
童子不專禮事比奠舉席埽室聚諸突布席如初卒奠埽者執帚垂末
內鬣從執燭者而東比猶先也室東南隅謂之突燕養饋羞湯沐之饌如他日燕養
平常所用供養也饋朝夕食也羞四時之珍異湯沐所以洗去汙垢內則曰三日具沐五日具浴孝子不忍一日廢其事親之禮於下室日設之如生存也進徹之時如其頃
朔月若薦新則不饋于下室以其殷奠有黍稷也下室如今之內堂正寢聽朝事筮宅冢人物土
物猶相也相其地可葬者乃營之卜曰吉告從于主婦主婦哭婦人皆哭主婦升堂哭
者皆止事畢啟之昕外內不哭將有事為其讙譁既啟命哭古文啟為開夷牀輁軸饌于西
階東明階間者位近西也夷牀饌於祖廟輁軸饌於殯宮其二廟者於禰亦饌輁軸焉古文輁或作拱其二廟則饌于禰
廟如小斂奠乃啟祖尊禰卑也士事祖禰上士異廟下士共廟朝于禰廟重止于門外之西
東面柩入升自西階正柩于兩楹間奠止于西階之下東面北上主
人升柩東西面眾主人東即位婦人從升東面奠升設于柩西升
降自西階主人要節而踊重不入者主於朝祖而行若過之矣門西東面待之便也燭先入者升堂
東楹之南西面後入者西階東北面在下炤正柩者先先柩者後後柩者適祖時燭亦然互記

於此主人降即位徹乃奠升降自西階主人踊如初如其降拜賓至於要節而踊不
薦車不從此行祝及執事舉奠巾席從而降柩從序從如初適祖此謂朝禰
明日舉奠適祖之序也此祝執醴先酒脯醢俎從之巾席爲後既正柩席升設設奠如初祝受巾巾之凡喪自卒至殯自啓至葬主人之禮其變同則此日數亦同
矣序從主人以下今文無從薦乘車鹿淺幦干笮革靾載旜載皮弁服纓轡
貝勒縣于衡士乘棧車鹿淺鹿夏毛也幦覆笭玉藻曰士齊車鹿幦豹犆干盾也笮矢箙也靾韁也旜旌旗之屬通帛爲旜孤卿之所
建亦攝焉皮弁服者視朔之服貝勒貝飾勒有干無兵有箙無弓矢明不用古文靾爲殺旜爲膳道車載朝服道車朝夕及燕出入之車
朝服日視朝服之也玄衣素裳稾車載蓑笠稾猶散也散車以田以鄙之車蓑笠備兩服今文稾爲潦凡道車稾車之纓轡及勒亦縣于衡
也將載祝及執事舉奠戶西南面東上卒束前而降奠席于柩西
將於柩西當前束設之巾奠乃牆牆飾柩也抗木刊剝削之古文刊爲竿茵著用荼實綏澤焉
荼茅秀也綏廉薑也澤澤蘭也皆取其香且御濕葦苞長三尺一編用便易也菅筲三其實皆瀹米麥
皆湛之湯未知神之所享不用食道所以爲敬祖還車不易位爲鄉外耳未行執披者旁四人前後左右各二人凡
贈幣無常賓之贈也玩好曰贈在所有凡糗不煎以膏煎之則褻非敬唯君命止柩于堩其
餘則否不敢留神也堩道也曾子問曰葬既引至於堩車至道左北面立東上道左墓道東先至者在東柩
至于壙斂服載之柩車至壙祝說載除飾乃斂乘車道車稾車之服載之不空之以歸送形而往迎精而反亦禮之宜卒窆

而歸不驅孝子往如慕反如疑為親之在彼君視斂若不待奠加蓋而出不視斂則加
蓋而至卒事為有他故及辟忌也既正柩賓出遂匠納車于階間遂匠遂人匠人也遂人主
引徒役匠人主載柩窆之職相左右也車載柩車周禮謂之蜃車雜記謂之團或作輇或作摶聲讀皆相附耳未聞孰正其車之轝狀如牀中央有轅前後出設前
後輅轝上有四周下則前後有軸以輇為輪許叔重說有輻曰輪無輻曰輇祝饌祖奠于主人之南當前輅北
上巾之言饌於主人之南當前輅則既祖祝乃饌弓矢之新沽功設之宜新沽示不用今文沽作古有弭飾焉弓無
緣者謂之弭弭以骨角為飾亦張可也亦使可張有柲柲弓檠弛則縛之於弓裏備損傷以竹為之詩云竹柲緄縢今文柲作柴設
依撻焉依纏絃也撻弣側矢道也皆以韋為之今文撻為銛有韣韣弓衣也以緇布為之猴矢一乘骨鏃短衛
猴猶候也候物而射之矢也四矢曰乘骨鏃短衛亦示不用也生時猴矢金鏃凡為矢五分笴長而羽其一志矢一乘軒輖中亦短衛
志猶擬也習射之矢書云若射之有志輖摯也無鏃短衛亦示不用生時志矢骨鏃凡為矢前重後輕也

儀禮卷第十三

經二千五百一十六
注五千四百十七

儀禮卷第十四

士虞禮第十四

鄭氏注

士虞禮特豕饋食饋猶歸也側亨于廟門外之右東面側亨亨一胖也亨於爨用鑊不於門東未可以吉也是日也以虞易奠祔而以吉祭易喪祭鬼神所在則曰廟尊言之魚腊爨亞之北上爨竈饎爨在東壁西面炊黍稷曰饎饎北上上齊於屋宇於虞有亨饎之爨彌吉設洗于西階西南水在洗西篚在東反吉也亦當西榮南北以堂深尊于室中北墉下當戶兩甒醴酒酒在東無禁冪用絺布加勺南枋酒在東上醴也絺布葛屬素几葦席在西序下有几始鬼神也苴刌茅長五寸束之實于篚饌于西坫上苴猶藉也饌兩豆菹醢于西楹之東醢在西一鉶亞之醢在西南面取之得左取菹右取醢便其設之從獻豆兩亞之四籩亞之北上豆從主人獻祝籩從主婦獻尸祝北上菹與棗不東陳別於正饌黍稷二敦于階間西上藉用葦席藉猶薦也古文藉爲席匜水錯于槃中南流在西階之南簞巾在其東流匜吐水口也陳三鼎于門外之右北面北上設扃鼏門外之右門西也今文扃爲鉉匕俎在西塾之西不饌於塾上統於鼎也塾有西者是室南鄉羞燔俎在內西塾上南順南順於南面取縮執之便也肝俎在燔東主人及兄弟如葬服賓執事者如弔服皆即位于門外如朝夕

臨位婦人及內兄弟服即位于堂亦如之葬服者既夕曰丈夫髽散帶垂也賓執事者賓客來執事也祝免澡葛絰帶布席于室中東面右几降出及宗人即位于門西東面南上祝亦執事免者祭祀之禮祝所親也澡治也治葛以為首絰及帶接神宜變也然則士之屬官為其長弔服加麻矣至於既卒哭主人變服則除右几於席近南也宗人告有司具遂請拜賓如臨入門哭婦人哭臨朝夕哭主人即位于堂眾主人及兄弟賓即位于西方如反哭位既夕曰乃反哭入門升自西階東面眾主人堂下東面北上此則異於朝夕祝入門左北面不與執事同位接神尊也宗人西階前北面當詔主人及賓之事祝盥升取苴降洗之升入設于几東席上東縮縮從也古文縮為蹙降洗觶升止哭主人倚杖入祝從在左西面主人北旋倚杖西序乃入喪服小記曰虞杖不入於室祔杖不升於堂然則練杖不入於門明矣贊薦菹醢醢在北主婦不薦衰斬之服不執事也曾子問曰士祭不足則取於兄弟大功以下者佐食及執事盥出舉長在左舉舉鼎也長在左西方位也凡事宗人詔之鼎入設于西階前東面北上匕俎從設左人抽扃鼏匕佐食及右人載載載於俎佐食載則亦在右矣今文扃為鉉古文鼏為密卒朼者逆退復位復賓位也俎入設于豆東魚亞之腊特亞次也今文無之贊設二敦于俎南黍其東稷簋實尊黍也設一鉶于豆南鉶菜羹也佐食出立于戶西饌已也今文無于戶西贊者徹鼎反于門外祝

酳醴命佐食啓會佐食許諾啓會郤于敦南復位會合也謂敦蓋也復位出立于戶西今文啓爲開祝奠觶于鉶南復位主人再拜稽首復位復主人之左祝饗命佐食祭饗告神饗此祭祭于苴也饗神辭記所謂哀子某哀顯相夙興夜處不寧下至適爾皇祖某甫尚饗是也佐食許諾鉤袒取黍稷祭于苴三取膚祭祭如初祝取奠觶祭亦如之不盡益反奠之主人再拜稽首鉤袒如今擐衣也苴所以藉祭也孝子始將納尸以事其親爲神疑於其位設苴以定之耳或曰苴主道也則特牲少牢當有主象而無何乎祝祝卒主人拜如初哭出復位祝祝者釋孝子祭辭祝迎尸一人衰絰奉篚哭從尸尸主也孝子之祭不見親之形象心無所繫立尸而主意焉一人主人兄弟檀弓曰既封主人贈而祝宿虞尸尸入門丈夫踊婦人踊踊不同文者有先後也尸入主人不降者喪事主哀不主敬淳尸盥宗人授巾淳沃也沃尸盥者賓執事者也尸及階祝延尸延進也告之以升尸升宗人詔踊如初言詔踊如初則凡踊宗人詔之尸入戶踊如初哭止哭止尊尸婦人入于房辟執事者主人及祝拜妥尸尸拜遂坐妥安坐也從者錯篚于尸左席上立于其北北席北也尸取奠左執之取菹擩于醢祭于豆閒祝命佐食墮祭下祭曰墮墮之猶言墮下也周禮曰既祭則藏其墮謂此也今文墮爲綏特牲少牢或爲羞失古正矣齊魯之閒謂祭爲墮佐食取黍稷肺祭授尸尸祭之祭奠祝祝主人拜如初尸嘗醴奠之如初亦祝祝卒乃再拜稽首佐食舉肺脊授

尸尸受振祭嚌之左手執之右手將有事也尸食之時亦奠肺脊于豆祝命佐食邇敦佐食舉黍錯于席上邇近也尸祭鉶嘗鉶右手也少牢曰以柶祭羊鉶遂以祭豕鉶嘗羊鉶泰羹湆自門入設于鉶南胾四豆設于左博異味也湆肉汁也胾切肉也尸飯播餘于篚不反餘也古者飯用手吉時播餘于會古文播爲半三飯佐食舉幹尸受振祭嚌之實于篚飯門啗肉安食氣又三飯舉胳祭如初佐食舉魚腊實于篚尸不受魚腊以喪不備味又三飯舉肩祭如初後舉肩者貴要成也舉魚腊俎俎釋三个釋猶遺也遺之者君子不盡人之歡不竭人之忠个猶枚也今俗或名枚曰個音相近此腊亦七體如其牲也尸卒食佐食受肺脊實于篚反黍如初設九飯而已士禮也篚猶吉祭之有肵俎主人洗廢爵酌酒酳尸尸拜受爵主人北面荅拜尸祭酒嘗之爵無足曰廢爵酳安食也主人北面以酳酢變吉也凡異者皆變吉古文酳作酌賔長以肝從實于俎縮右鹽縮從也從實肝炙於俎也喪祭進柢右鹽於俎近北便尸取之也縮執俎言右鹽則肝鹽併也尸左執爵右取肝擩鹽振祭嚌之加于俎賔降反俎于西塾復位取肝右手也加于俎從其牲體也以喪不志于味尸卒爵祝受不相爵主人拜尸荅拜不相爵喪祭於禮略相爵者特牲曰送爵皇尸卒爵祝酌授尸尸以醋主人主人拜受爵尸荅拜醋報主人坐祭卒爵拜尸荅拜筵祝南面祝接神尊也筵用萑席主人獻祝祝拜坐受爵主人荅拜

獻祝因反西面位薦菹醢設俎祝左執爵祭薦奠爵興取肺坐祭嚌之興加于俎祭酒嘗之肝從祝取肝擩鹽振祭嚌之加于俎卒爵拜主人荅拜今文無擩鹽祝坐授主人主人酌獻佐食佐食北面拜坐受爵主人荅拜佐食祭酒卒爵拜主人荅拜受爵出實于篚升堂復位篚在庭不復入事已也亦因取杖乃東面立主婦洗足爵于房中酌亞獻尸如主人儀爵有足輕者飾也昏禮曰內洗在北堂直室東隅自反兩籩棗栗設于會南棗在西尚棗棗美尸祭籩祭酒如初賓以燔從如初尸祭燔卒爵如初酌獻祝籩燔從獻佐食皆如初以虛爵入于房初主人儀賓長洗繶爵三獻燔從如初儀繶爵口足之間有篆又彌飾婦人復位復堂上西面位事已尸將出當哭踊祝出戶西面告利成主人哭西面告告主人也利猶養也成畢也言養禮畢也不言養禮畢於尸間嫌皆哭文夫婦人於主人哭斯哭矣祝入尸謖謖起也祝入而無事尸則知起矣不告尸者無遣尊者之道也古文謖或為休從者奉篚哭如初初哭從尸祝前尸出戶踊如初降堂踊如初出門亦如之前道也如初者出如入降如升三者之節悲哀同祝反入徹設于西北隅如其設也几在南厞用席改設饌者不知鬼神之節改設之庶幾歆饗所以為厭飫也几在南變古文明東面不南面漸也厞隱也于厞隱之處從其幽闇祝薦席徹入于房祝自執其

俎出（徹薦席者執事者，祝薦席則初自房來。）贊闔牖戶（鬼神尚居幽闇，或者遠人乎。贊，佐食者。）主人降，賓出。主人出門，哭止，皆復位。（門外未入位。）宗人告事畢，賓出，主人送，拜稽顙。（送拜者，明于大門外也。賓，執事者。皆去即徹室中之饌者，兄弟也。）

記。虞，沐浴不櫛。（沐浴者，將祭自絜清。不櫛，未在於飾也。唯三年之喪不櫛，期以下櫛可也。今文曰沐浴。）陳牲于廟門外，北首西上，寢右。（言牲，腊在其中。西上，變吉。寢右者，當升左胖也。腊用棜。檀弓曰：既反哭，主人與有司視虞牲。）日中而行事。（朝葬，日中而虞，君子舉事必用辰正也。再虞、三虞皆質明。）殺于廟門西，主人不視豚解。（主人視牲不視殺，凡爲喪事略也。豚解，解前後脛脊脅而已，孰乃體解，升於鼎也。今文無廟。）羹飪，升左肩、臂、臑、肫、骼、脊、脅，離肺。膚祭三，取諸左膉上。肺祭一，實于上鼎。（肉謂之羹。飪，孰也。脊，正脊也。脅，正脅也。喪祭略，七體耳。離肺，舉肺也。少牢饋食禮曰：舉肺一，長終；肺祭三，皆刌。膉，脰肉也。古文曰左股上。此字從肉殳，殳矛之殳聲。）升魚鱄鮒九，實于中鼎。（差減之。）升腊左胖，髀不升，實于下鼎。（腊亦七體，牲之類。）皆設扃鼏，陳之。（嫌既陳乃設扃鼏也。今文扃作鉉，古文鼏作密。）載猶進柢，魚進鬐。（猶，猶士喪既夕，言未可以吉也。柢，本也。鬐，脊也。今文柢爲胝，古文鬐爲耆。）祝俎，髀、脰、脊、脅，離肺，陳于階間，敦東。（不升於鼎，賤也。統於敦，明神惠也。祭以離肺，下尸。）淳尸盥，執槃，西面；執匜，東面；執巾在其北，東面；宗人授巾，南面。（槃以盛棄水，爲淺污人也。執巾不授巾，卑也。）主人在室，則宗人升，戶外北面。（當詔主人室事。）佐食無事，則出戶，負依南面。（室中尊，不空立。戶牖之間謂之依。）鉶芼用苦若薇有滑夏用葵冬用荁有柶苦苦荼也荁堇類也乾則滑夏秋用生葵冬春用乾荁古文苦爲枯今文或作芐豆實葵菹菹以西𧖴醢籩棗烝栗擇棗烝栗擇則菹刌也棗烝栗擇則豆不揭籩有縢也尸入祝從尸祝在主人前也嫌如初時主人倚杖入祝從之初時主人之心尚若親存宜自親之今既接神祝當詔侑尸也尸坐不說屨侍神不敢燕惰也今文說爲稅尸謖祝前鄉尸前道也祝道尸必先鄉之爲之節還出戶又鄉尸還過主人又鄉尸還降階又鄉尸過主人則西階上不言及階明主人見尸有踧踖之敬降階還及門如出戶及至也言還至門明其間無節也降階如升時將出門如出戶時皆還鄉尸也每將還必有辟退之容凡前尸之禮儀在此尸出祝反入門左北面復位然後宗人詔降尸服卒者之上服上服者如特牲士玄端也不以爵弁服爲上者祭於君之服非所以自配鬼神士之妻則宵衣耳男男尸女女尸必使異姓不使賤者異姓婦也賤者謂庶孫之妾也尸配尊者必使適也無尸則禮及薦饌皆如初無尸謂無孫列可使者也殤亦是也禮謂衣服即位升降旣饗祭于苴祝祝卒記異者之節不綏祭無泰羹湆胾從獻不綏言獻記終始也事尸之禮始於綏祭終於從獻綏當爲墮主人哭出復位於祝祝卒祝闔牖戶降復位于門西門西北面位也男女拾踊三拾更也三更踊如食間隱之如尸一食九飯之頃也祝升止哭聲三啓戶聲者噫歆也將啓戶警覺神也今文啓爲開主人入親之祝從啓牖鄉如初牖先闔後啓扇在內也鄉牖一名也如初者主人入祝從在左主人哭出復位堂上位也卒徹祝佐食降復

位祝復門西北面位佐食復西方位不復設西北隅者重閉牖戶褻也宗人詔降如初初贊闔牖戶宗人詔主人降之始虞
用柔日葬之日日中虞欲安之柔日陰陰取其靜曰哀子某哀顯相夙興夜處不寧曰辭也祝祝之
辭也喪祭稱哀顯相助祭者也顯明也相助也詩云於穆清廟肅雝顯相不寧悲思不安敢用絜牲剛鬣敢昧冒之辭豕曰剛鬣香
合黍也大夫士於黍稷之號合言普淖而已此言香合蓋記者誤耳辭次黍又不得在薦上嘉薦普淖嘉薦菹醢也普淖黍稷也普大也淖和也
德能大和乃有黍稷故以爲號云明齊溲酒明齊新水也言以新水溲釀此酒也郊特牲曰明水涗齊貴新也或曰當爲明視謂兔腊也今文曰
明粢粢稷也皆非其次今文溲爲醙哀薦祫事始虞謂之祫事者主欲其祫先祖也以與先祖合爲安今文曰古事適爾皇祖某
甫爾女也女死者告之以適皇祖所以安之也皇君也某甫皇祖字也若言尼甫饗勸強之也再虞皆如初曰哀薦虞
事丁日葬則己日再虞其祝辭異者一言耳三虞卒哭他用剛日亦如初曰哀薦成事當祔
於祖廟爲神安於此後虞改用剛日剛日陽也陽取其動也士則庚日三虞壬日卒哭其祝辭異者亦一言耳他謂不及時而葬者喪服小記曰報葬者報虞三月
而後卒哭然則虞卒哭之間有祭事者亦用剛日其祭無名謂之他者假設言之文不在卒哭上者以其非常也令正者自相亞也檀弓曰葬日中而虞弗忍一日離也
是日也以虞易奠卒哭曰成事是日也以吉祭易喪祭明日祔於祖父如是虞爲喪祭卒哭爲吉祭今文他爲它獻畢未徹乃餞卒哭
之祭既三獻也餞送行者之酒詩云出宿于濟飲餞于禰尸且將始祔於皇祖是以餞送之古文餞爲踐尊兩甒于廟門外之右
少南水尊在酒西勺北枋少南將有事於北有玄酒即吉也此在西尚凶也言水者喪質無鼏不久陳古文甒爲廡也洗
在尊東南水在洗東篚在西在門之左又少南饌籩豆脯四脡酒宜脯也古文脡爲挺

有乾肉折俎二尹縮祭半尹在西塾乾肉牲體之脯也如今涼州烏翅矣折以爲俎實優尸也尹正也雖
其折之必使正縮從也古文縮爲蹙尸出執几從席從祝入亦告利成入前尸尸乃出几席素几葦席也以几席從執事也尸出
門右南面俟設席也席設于尊西北東面几在南賓出復位將入臨之位士喪禮
賓繼兄弟北上門東北面西上門西北面東上西方東面北上主人出即位于門東少南婦人出即位
于主人之北皆西面哭不止婦人出者重餞尸尸即席坐唯主人不哭洗
廢爵酌獻尸尸拜受主人拜送哭復位薦脯醢設俎于薦東朐
在南朐脯及乾肉之屈也屈者在南變於吉尸左執爵取脯擩醢祭之佐食授嚌授乾肉之
祭尸受振祭嚌反之祭酒卒爵奠于南方反之反於佐食佐食反之於俎尸奠爵禮有終主
人及兄弟踊婦人亦如之主婦洗足爵亞獻如主人儀無從踊
如初賓長洗繶爵三獻如亞獻踊如初佐食取俎實于篚尸謖
從者奉篚哭從之祝前哭者皆從及大門內踊如初男女從尸男由左女由右及至
也從尸不出大門者由廟門外無事尸之禮也古文謖作休尸出門哭者止以餞於外大門猶廟門賓出主人送
拜稽顙送賓拜於大門外主婦亦拜賓女賓也不言出不言送拜之於闈門之內闈門如今東西掖門丈夫說
經帶于廟門外既卒哭當變麻受之以葛也夕日則服葛者爲祔期今文說爲稅入徹主人不與入徹者兄弟大

功以下言主人不與則知丈夫婦人在其中古文與爲豫婦人說首絰不說帶不脫帶齊斬婦人帶不變也婦人少變而重帶帶下
體之上也大功小功者葛帶時亦不說者未可以輕文變於主婦之質至祔葛帶以即位檀弓曰婦人不葛帶無尸則不餞猶出几
席設如初拾踊三以餞尸者本爲送神也丈夫婦人亦從几席而出古文席爲筵哭止告事畢賓出死
三日而殯三月而葬遂卒哭謂士也雜記曰大夫三月而葬五月而卒哭諸侯五月而葬七月而卒哭此記更從死起異人
之間其義或殊將旦而祔則薦薦謂卒哭之祭卒辭曰哀子某來日某隮祔爾于
爾皇祖某甫尚饗卒辭卒哭之祝辭隮升也尚庶幾也不稱饌明主爲告祔也今文隮爲齊女子曰皇祖妣
某氏女孫祔於祖母婦曰孫婦于皇祖姑某氏不言爾曰孫婦婦差疏也今文無某氏其他辭一也
來日某隮祔尚饗饗辭曰哀子某圭爲而哀薦之饗饗辭勸強尸之辭也圭絜也詩曰吉圭爲饎凡吉祭饗尸
曰孝子明日以其班祔卒哭之明日也班次也喪服小記曰祔必以其昭穆亡則中一以上凡祔已復于寢如既祫主反其廟練而後遷廟古文
班或爲辨辨氏姓或然今文爲胖沐浴櫛搔翦彌自飾也搔當爲爪今文曰沐浴搔翦或爲蚤揃揃或爲鬋用專膚爲折
俎取諸脰膉專猶厚也折俎謂主婦以下俎也體盡人多折骨以爲之今以脰膉貶於純吉今文字爲折俎而說以爲肵俎亦甚誣矣古文脰膉爲頭嗌也
其他如饋食如特牲饋食之事或云以左胖虞右胖祔今此如饋食則尸俎肵俎皆有肩臂豈復用虞臂乎其不然明矣用嗣尸
虞祔尚質未暇筮尸曰孝子某孝顯相夙興夜處小心畏忌不惰其身不寧
稱孝者吉祭用尹祭尹祭脯也大夫士祭無云脯者今不言牲號而云尹祭亦記者誤矣嘉薦普淖普薦溲酒普薦

鉶羹不稱牲記其異者今文溲爲醙適爾皇祖某甫以隮祔爾孫某甫尚饗欲其祔合兩告之曾子問曰天子崩國君薨則祝取羣廟之主而藏諸祖廟禮也卒哭成事而後主各反其廟然則士之皇祖於卒哭亦反其廟無主則反廟之禮未聞以其幣帛告之乎

朞而小祥小祥祭名祥吉也檀弓曰歸祥肉古文朞皆作基曰薦此常事祝辭之異者言常者朞而祭禮也古文常爲祥又朞而大祥曰薦此祥事又復也中月而禫中猶間也禫祭名也與大祥間一月自喪至此凡二十七月禫之言澹澹然平安意也古文禫或爲導是月也吉祭猶未配是月是禫月也當四時之祭月則祭猶未以某妃配某氏哀未忘也少牢饋食禮祝祝曰孝孫某敢用柔毛剛鬣嘉薦普淖用薦歲事于皇祖伯某以某妃配某氏尚饗

儀禮卷第十四

經二千七十九
注三千四伯四十三

儀禮卷第十五

特牲饋食禮第十五　鄭氏注

特牲饋食之禮不諏日（祭祀自孰始曰饋食饋食者食道也諏謀也士賤職褻時至事暇可以祭則筮其日矣不如少牢大夫先與有司於廟門諏丁巳之日今文諏皆爲詛）及筮日主人冠端玄即位于門外西面（冠端玄玄冠玄端下言玄者玄冠有不玄端者）子姓兄弟如主人之服立于主人之南西面北上（所祭者之子孫言子姓者子之所生小宗祭而兄弟皆來與焉宗子祭則族人皆侍）有司羣執事如兄弟服東面北上（士之屬吏也）

席于門中闑西閾外（爲筮人設之也古文闑作槷閾作蹙）筮人取筮于西塾執之東面受命于主人（筮人官名也筮問也取其所用問神明者謂蓍也）宰自主人之左贊命命曰孝孫某筮來日某諏此某事適其皇祖某子尚饗（宰羣吏之長自由也贊佐也達也贊命由左者爲神求變也士祭曰歲事此言某事又不言妃者容大祥之後禫月之吉祭皇君也言君祖者尊之也某子者祖字也伯子仲子也尚庶幾也）筮者許諾還即席西面坐卦者在左卒筮寫卦筮者執以示主人（士之筮者坐蓍短由便卦者主畫地識爻爻備以方寫之）主人受視反之（反還）筮者還東面長占卒告于主人占曰吉（長占以其屬之長幼旅占之）若不吉則筮遠日如初儀（遠日旬之外日）宗人告事畢

前期三日之朝筮尸如求日之儀命筮曰孝孫某諏此某事

適其皇祖某子筮某之某爲尸尚饗（三日者容宿賓視濯也某之某者字尸父而名尸連言其親庶幾其馮依之也大夫士以孫之倫爲尸）乃宿尸（宿讀爲肅肅進也進之者使知祭日當來古文宿皆作羞凡宿或作速記作肅周禮亦作宿）主人立于尸外門外子姓兄弟立于主人之後北面東上（不東面者來不爲賓客子姓立于主人之後上當其後）尸如主人服出門左西面（不敢南面當尊）主人辟皆東面北上（順尸）主人再拜尸荅拜（主人先拜尊尸）宗人擯辭如初卒曰筮子爲某尸占曰吉敢宿（宗人擯者釋主人之辭如初者如宰贊命筮尸之辭卒曰者著其辭所易也今文無敢）祝許諾致命（受宗人辭許之傳命於尸始宗人祝北面至於傳命皆西面受命東面釋之）尸許諾主人再拜稽首（其許亦宗人受於祝而告主人）尸入主人退（相揖而去尸不拜送尸尊）宿賓賓如主人服出門左西面再拜主人東面荅再拜宗人擯曰某薦歲事吾子將涖之敢宿（薦進也涖臨也言吾子將臨之知賓在有司中今特肅之尊賓耳）賓曰某敢不敬從主人再拜賓荅拜主人退賓拜送

厥明夕陳鼎于門外北面北上有鼏（厥其也宿賓之明日夕門外北面當門也古文鼏爲密）棜在其南南順實獸于其上東首（順猶從也棜之制如今大木轝矣上有四周下無足獸腊也）牲在其西北首東足（其西棜西也東足者尚右也牲不用棜以其生）設洗于阼階東南壺禁在東序豆籩鉶在東房南上几席兩敦在西堂（東房房中之東當夾北西堂西夾室之前近南耳）主人及子姓

兄弟即位于門東如初初筮位也賓及衆賓即位于門西東面北上不象如初者以宰在而宗人祝不在宗人祝立于賓西北東面南上事彌至位彌異宗人祝於祭宜近廟主人再拜賓答再拜三拜衆賓衆賓答再拜衆賓再拜者士賤旅之得備禮也主人揖入兄弟從賓及衆賓從即位于堂下如外位爲視濯也宗人升自西階視壺濯及豆籩反降東北面告濯具濯溉也不言敦鉶者省文也東北面告緣賓意欲聞也言濯具不言絜以有几席賓出主人出皆復外位爲視牲也今文復爲反宗人視牲告充雍正作豕充猶肥也雍正官名也北面以策動作豕視聲氣宗人舉獸尾告備舉鼎冪告絜備具請期曰羹飪肉謂之羹飪孰也謂明日質明時而曰肉孰重豫勞賓宗人既得期西北面告賓有司告事畢賓出主人拜送夙興主人服如初立于門外東方南面視側殺夙早也興起也主人服如初則其餘有不玄端者側殺殺一牲也主婦視饎爨于西堂下炊黍稷曰饎宗婦爲之爨竈也西堂下者堂之西下也近西壁南齊于坫古文饎作糦周禮作𩟄亨于門外東方西面北上亨煑也煑豕魚腊以鑊各一爨詩云誰能亨魚溉之釜鬵羹飪實鼎陳于門外如初初視濯也尊于戶東玄酒在西戶東室戶東玄酒在西尚之凡尊酌者在左實豆籩鉶陳于房中如初如初者取而實之既而反之執事之俎陳于階間二列北上執事謂有司及兄弟二列者因其位在東西祝主人主婦之俎亦存焉不升鼎者異於神盛兩敦陳于西堂藉用萑几席陳于

西堂如初（盛黍稷者宗婦也萑細葦古文用爲于）尸盥匜水實于槃中簞巾在門内之
右（設盥水及巾尸尊不就洗又不揮門内之右象洗在東統于門東西上凡鄉内以入爲左右鄉外以出爲左右）祝筵几于室中東面
（爲神敷席也至此使祝接神）主婦纚笄宵衣立于房中南面（主婦主人之妻雖姑存猶使之主祭祀纚笄首服宵
綺屬也此衣染之以黑其繒本名曰宵詩有素衣朱宵記有玄宵衣凡婦人助祭者同服也内則曰舅沒則姑老冢婦所祭祀賓客每事必請於姑）主人及賓
兄弟羣執事即位于門外如初宗人告有司具（具猶辦也）主人拜賓如
初揖入即位如初（初視濯也）佐食北面立于中庭（佐食賓佐尸食者立于宗人之西）主人及
祝升祝先入主人從西面于戶内（祝先入接神宜在前也少牢饋食禮曰祝盥于洗升自西階主人盥升自阼階祝先
入南面）主婦盥于房中薦兩豆葵菹蝸醢醢在北（主婦盥盥於内洗昏禮婦洗在北堂直室東隅）
宗人遣佐食及執事盥出（命之盥出當助主人及賓舉鼎）主人降及賓盥出主人在
右及佐食舉牲鼎賓長在右及執事舉魚腊鼎除鼏（及與也主人在右統於東）
（主人與佐食者賓尊不載少牢饋食禮魚用鮒腊用麋士腊用兔）宗人執畢先入當阼階南面（畢狀如叉蓋爲其似畢星
取名焉主人親舉宗人則執畢導之既錯又以畢臨匕載備失脫也雜記曰枇用桑長三尺畢用桑三尺刊其本與末枇畢同材明矣今此枇用棘心則畢亦用棘心舊
說云畢以御他神物神物惡桑叉則少牢饋食及虞無叉何哉此無叉者乃主人不親舉耳少牢大夫祭不親舉虞喪祭也主人未執事祔練祥執事用桑叉自此純
吉用棘心叉）鼎西面錯右人抽扃委于鼎北（右人謂主人及二賓既錯皆西面俟也）贊者錯俎加

匕（贊者執俎及匕從鼎入者其錯俎東縮加匕東柄既則退而左人北面也）乃朼（右人也尊者於事指使可也左人載之）佐食升肵俎鼏之設于阼階西（肵謂心舌之俎也郊特牲曰肵之爲言敬也言主人之所以敬尸之俎古文鼏皆作密）卒載加匕于鼎（卒巳也巳載畢亦加焉）主人升入復位俎入設于豆東魚次腊特于俎北（入設俎載者腊特饌要方也凡饌必方者明食味人之性所以正）主婦設兩敦黍稷于俎南西上及兩鉶芼設于豆南南陳（宗婦不贊敦鉶者以其少可親之芼菜也）祝洗酌奠奠于鉶南遂命佐食啟會佐食啟會卻于敦南出立于戶西南面（酌奠奠其爵觶也少牢饋食禮啟會乃奠之）主人再拜稽首祝在左（稽首服之甚者祝在左當爲主人釋辭於神也祝祝曰孝孫某敢用剛鬣嘉薦普淖用薦某事於皇祖某子尚饗）卒祝主人再拜稽首祝迎尸于門外（尸自外來代主人接之就其次而請不拜不敢與尊者爲禮周禮掌次凡祭祀張尸次）主人降立于阼階東（主人不迎尸成尸尊尸所祭者之孫也祖之尸則主人乃宗子禰之尸則主人乃父道事神之禮廟中而巳出迎則爲厭）尸入門左北面盥宗人授巾（侍盥者執其器就之執簞者不授巾賤也宗人授巾庭長尊少牢饋食禮曰祝先入門右尸入門左）尸至于階祝延尸尸升入祝先主人從（延進在後詔侑曰延禮器所謂詔宥武方者也少牢饋食禮曰尸升自西階入祝從主人升自阼階祝先入主人從）尸即席坐主人拜妥尸（妥安坐也）尸荅拜執奠祝饗主人拜如初（饗勸強之也其辭取于士虞記則宜云孝孫某圭爲孝薦之饗舊說云明薦之）祝命挼祭尸左執觶右取菹擩于醢祭于豆間（命詔尸也挼祭祭神食也士虞禮古文曰祝命佐食墮祭周禮曰既祭則藏其墮墮與挼讀同耳今文改挼皆爲

綏古文此皆爲挼祭也挼醢者染於醢佐食取黍稷肺祭授尸尸祭之祭酒啐酒告旨
主人拜尸奠觶荅拜肺祭刌肺也旨美也祭酒穀味之芬芳者齊敬共之唯恐不美告之美達其心明神享之祭鉶嘗
之告旨主人拜尸荅拜鉶肉味之有菜和者曲禮曰客絮羹主人辭不能亨祝命爾敦佐食爾黍
稷于席上爾近也近之便尸之食也設大羹湆于醢北大羹湆煑肉汁也不和貴其質設之所以敬尸也不祭不嚌大羹不爲
神非盛者也士虞禮曰大羹湆自門入今文湆皆爲汁舉肺脊以授尸尸受振祭嚌之左執之肺氣之主
也脊正體之貴者先食啗之所以導食通氣乃食食舉舉言食者明凡解體皆連肉主人羞肵俎于腊北肵俎
主於尸主人親羞敬也神俎不親設者貴得賓客以神事其先尸三飯告飽祝侑主人拜三飯告飽禮一成也侑勸也或曰又勸之使又
食少牢饋食禮侑辭曰皇尸未實侑也佐食舉幹尸受振祭嚌之佐食受加于肵俎舉
獸幹魚一亦如之幹長脅也獸腊其體數與牲同尸實舉于菹豆爲將食庶羞舉謂肺脊佐食羞
庶羞四豆設于左南上有醢庶衆也衆羞以豕肉所以爲異味四豆者膮炙胾醢南上者以膮炙爲上以有醢不得綪也
尸又三飯告飽祝侑之如初禮再成也舉骼及獸魚如初尸又三飯告
飽祝侑之如初禮三成獸魚如初者獸骼魚一也舉肩及獸魚如初不復飯者三三者士之禮大成也舉先正
脊後脅自上而卻下綪而前終始之次也佐食盛肵俎俎釋三个佐食取牲魚腊之餘盛於肵俎將以歸尸俎釋三个爲改饌於西北
隅遺之所釋者牲腊則正脊一骨長脅一骨及臑也魚則三頭而已个猶枚也今俗言物數有云若干個者此讀然舉肺脊加于肵俎反

黍稷于其所尸授佐食佐食受而加之反之也肺脊初在俎豆主人洗角升酌酳尸酳猶衍也是獻尸也謂之酳者尸既卒食又欲頤衍養樂之不用爵者下大夫也因父子之道質而用角角加人事略者今文酳皆爲酌尸拜受主人拜送尸祭酒啐酒賓長以肝從肝肝炙也今文曰啐之古文無長尸左執角右取肝擩于鹽振祭嚌之加于菹豆卒角祝受尸角曰送爵皇尸卒爵主人拜尸荅拜曰送爵者節主人拜祝酌授尸尸以醋主人醋報也祝酌不洗尸不親酌尊尸也尸親醋相報之義古文醋作酢主人拜受角尸拜送主人退佐食授挼祭退者進受爵反位授亦當爲挼將挼主人佐食授之挼祭亦使祭尸食也其授祭亦取黍稷肺祭今文或皆改授作挼主人坐左執角受祭祭之祭酒啐酒進聽嘏聽猶待也受福曰嘏嘏長也大也待尸授之以長大之福佐食摶黍授祝祝授尸尸受以菹豆執以親嘏主人獨用黍者食之主其辭則少牢饋食禮有焉主人左執角再拜稽首受復位詩懷之實于左袂挂于季指卒角拜尸荅拜詩猶承也謂奉納之懷中季小也實于左袂挂袪以小指者便卒角也少牢饋食禮曰興受黍坐振祭嚌之古文挂作卦主人出寫嗇于房祝以籩受變黍言嗇因事託戒欲其重稼嗇嗇者農力之成功筵祝南面主人自房還時主人酌獻祝祝拜受角主人拜送設菹醢俎行神惠也先獻祝以接神尊之菹醢皆主婦設之佐食設俎祝左執角祭豆興取肺坐祭嚌之興加于俎坐祭酒啐酒以肝從祝左執角右取肝擩于鹽振祭嚌之

加于俎卒角拜主人荅拜受角酌獻佐食佐食北面拜受角主人拜送佐食坐祭卒角拜主人荅拜受角降反于篚升入復位

主婦洗爵于房酌亞獻尸亞次也次猶貳主婦貳獻不夾拜者士妻儀簡耳尸拜受主婦北面拜送北面拜者辟內子也大夫之妻拜於主人北西面宗婦執兩籩戶外坐主婦受設于敦南兩籩棗栗棗在西祝贊籩祭尸受祭之祭酒啐酒籩祭棗栗之祭也其祭之亦於豆祭兄弟長以燔從尸受振祭嚌之反之燔炙肉也羞燔者受加于肵出出者俟後事也尸卒爵祝受爵命送如初送者送卒爵酢如主人儀尸酢主婦如主人儀者自祝酌至尸拜送如酢主人也不易爵辟內子主婦適房南面佐食挼祭主婦左執爵右撫祭祭酒啐酒入卒爵如主人儀撫挼祭示親祭佐食不挼而祭於地亦儀簡也入室卒爵於尊者前成禮明受惠也獻祝籩燔從如初儀及佐食如初卒以爵入于房及佐食如初如其獻佐食則拜主人之北西面也

賓三獻如初燔從如初爵止初亞獻也尸止爵者三獻禮成欲神惠之均於室中是以奠而待之席于戶內爲主人鋪之西面席自房來主婦洗爵酌致爵于主人主人拜受爵主婦拜送爵主婦拜拜於北面也今文曰主婦洗酌爵宗婦贊豆如初主婦受設兩豆兩籩初贊亞獻也主婦薦兩豆籩東面也俎入設佐食設之主人左執爵祭薦宗人贊祭奠爵興取肺坐絕祭嚌之興加

于俎坐挩手祭酒啐酒絶肺祭之者以離肺長也少儀曰牛羊之肺離而不提心亦然挩拭也挩手者為絶肺染汙也刌肺不挩手古文挩皆作說肝從左執爵取肝擩于鹽坐振祭嚌之宗人受加于俎燔亦如之興席末坐卒爵拜於席末坐卒爵敬也一酳而備再從而次之示均主婦荅拜受爵酳醋左執爵拜主人荅拜坐祭立飲卒爵拜主人荅拜主婦出反于房主人降洗酌致爵于主婦席于房中南面主婦拜受爵主人西面荅拜宗婦薦豆俎從獻皆如主人主人更爵酌醋卒爵降實爵于篚入復位主人更爵自酢男子不承婦人爵也祭統曰夫婦相授受不相襲處酢必易爵明夫婦之別古文更為受三獻作止爵賓也謂三獻者以事命之作起也舊說云賓入戶北面曰皇尸請舉爵尸卒爵酢酌獻洗及佐食洗爵酌致于主人主婦燔從皆如初更爵酢于主人卒復位洗乃致爵為異事新之燔從皆如初者如亞獻及主人主婦致爵也凡獻佐食皆無從其薦俎獻兄弟以齒設之賓更爵自酢亦不承婦人爵今文曰洗致古文更為受主人降阼階西面拜賓如初洗拜賓而洗爵為將獻之如初如視濯時主人再拜賓荅拜三拜衆賓衆賓荅再拜者賓辭洗卒洗揖讓升酌西階上獻賓賓北面拜受爵主人在右荅拜就賓拜者此禮不主於尊也賓卑則不專階主人在右統於其位今文無洗薦脯醢設折俎凡節解者皆曰折俎不言其體略云折俎非貴體也上賓骼衆賓儀公有司設之賓左執爵祭豆奠爵興取肺坐絶祭嚌之興加于俎坐挩手祭酒

卒爵拜主人荅拜受爵酌酢奠爵拜賓荅拜主人酌自酢者賓不敢敵主人主人達其意
主人坐祭卒爵拜賓荅拜揖執祭以降西面奠于其位位如初
薦俎從設位如初復其位東面少牢饋食禮宰夫執薦以從設于祭東司士執俎以從設于薦東是則皆公有司爲之與衆賓升拜受
爵坐祭立飲薦俎設于其位辯主人備荅拜焉降實爵于篚衆賓立飲
賤不備禮鄉飲酒記曰立卒爵者不拜既爵備盡盡人之荅拜尊兩壺于阼階東加勺南枋西方亦如
之爲酬賓及兄弟行神惠不酌上尊卑異之就其位尊之兩壺皆酒優之先尊東方示惠由近禮運曰澄酒在下主人洗觶酌于西方
之尊西階前北面酬賓賓在左先酌西方者尊賓之義主人奠觶拜賓荅拜
主人坐祭卒觶拜賓荅拜主人洗觶賓辭主人對卒洗酌西面
賓北面拜西面者鄉賓位立於西階之前賓所荅拜之東北主人奠觶于薦北奠酬於薦左非爲其不舉行神惠不可同
於飲酒賓坐取觶還東面拜主人荅拜賓奠觶于薦南揖復位還東
面就其位薦西奠觶薦南明將舉主人洗爵獻長兄弟于阼階上如賓儀酬賓乃獻長兄弟者獻之
禮成於酬先成賓禮此主人之義亦有薦脀設于位私人爲之與洗獻衆兄弟如衆賓儀獻卑而必爲之洗者顯神惠此言如
衆賓儀則如獻衆賓洗明矣洗獻内兄弟于房中如獻衆兄弟之儀内兄弟内賓宗婦也如衆
兄弟如其拜受坐祭立飲設薦俎於其位而立内賓其位在房中之尊北不殊其長略婦人者也有司徹曰主人洗獻内賓於房中南面拜受爵主人西面

荅拜更爵酢卒爵降實爵于篚入復位爵辯乃自酢以初不殊其長也內賓之長亦南面荅拜
長兄弟洗觚爲加爵如初儀不及佐食洗致如初無從大夫士三獻而禮成多之
爲加也不及佐食無從殺也致致於主人主婦衆賓長爲加爵如初爵止尸爵止者欲神惠之均於在庭嗣舉奠
盥入北面再拜稽首嗣主人將爲後者舉猶飲也使嗣子飲奠者將傳重累之者大夫之嗣子不舉奠辟諸侯尸執奠進
受復位祭酒啐酒尸舉肝舉奠左執觶再拜稽首進受肝復位
坐食肝卒觶拜尸備荅拜焉食肝受尊者賜不敢餘也備猶盡也每拜荅之以尊者與卑者爲禮略其文耳古文備爲復
舉奠洗酌入尸拜受舉奠荅拜尸祭酒啐酒奠之舉奠出復位
啐之者荅其欲酢己也奠之者復神之奠觶嗣齒於子姓凡非主人升降自西階兄弟弟子洗酌于東方之尊阼
階前北面舉觶于長兄弟如主人酬賓儀弟子後生也宗人告祭脀脀俎
也所告者衆賓衆兄弟內賓也獻時設薦俎于其位至此禮又殺告之祭使成禮也其祭皆離肺不言祭豆可知乃羞羞庶羞也下尸胾醢豆而已此
所羞者自祝主人至於內賓無內羞賓坐取觶阼階前北面酬長兄弟長兄弟在右薦南
奠觶賓奠觶拜長兄弟荅拜賓立卒觶酌于其尊東面立長兄弟
拜受觶賓北面荅拜揖復位其尊長兄弟尊也此受酬者拜亦北面長兄弟西階前北
面衆賓長自左受旅如初旅行也受行酬也初賓酬長兄弟長兄弟卒觶酌于其尊

西面立受旅者拜受長兄弟北面荅拜揖復位衆賓及衆兄弟交錯以辯皆如初儀交錯猶言東西爲加爵者作止爵如長兄弟之儀於旅酬之閒言作止爵明禮殺並作長兄弟酬賓如賓酬兄弟之儀以辯卒受者實觶于篚長兄弟酬賓亦坐取其奠觶此不言交錯以辯賓之酬不言卒受者實觶于篚明其相報禮終於此其文省賓弟子及兄弟弟子洗各酌于其尊中庭北面西上舉觶於其長奠觶拜長皆荅拜舉觶者祭卒觶拜長皆荅拜舉觶者洗各酌于其尊復初位長皆拜舉觶者皆奠觶于薦右奠觶進奠之于薦右非神惠也今文曰奠于薦右長皆執以興舉觶者皆復位荅拜長皆奠觶于其所皆揖其弟子弟子皆復其位復其位者東西面位弟子舉觶於其長所以序長幼教孝弟凡堂下拜亦皆北面爵皆無筭筭數也賓取觶酬兄弟之黨長兄弟取觶酬賓之黨唯已所欲亦交錯以辯無次弟之數因今接會使之交恩定好優勸之利洗散獻于尸酢及祝如初儀降實散于篚利佐食也言利以今進酒也更言獻者以利待尸禮將終宜一進酒嫌於加酒亦當三也不致爵禮又殺也

主人出立于戶外西南事尸禮畢祝東面告利成利猶養也供養之禮成不言禮畢於尸閒之嫌尸謖祝前主人降謖起也前猶導也少牢饋食禮曰祝入尸謖主人降立于阼階東西面祝先尸從遂出于廟門前尸之儀士虞禮備矣祝反及主人入復位命佐食徹尸俎俎出于廟門俎所以載肵俎少牢饋食禮曰有司受歸之

徹庶羞設于西序下爲將餕去之庶羞主爲尸非神饌也尚書傳曰宗室有事族人皆侍終日大宗已侍於賓奠然後燕私燕私者何也已而與族人飲也此徹庶羞置西序下者爲將以燕飲與然則自尸祝至於兄弟之庶羞宗子以與族人燕飲於堂內賓宗婦之庶羞主婦以燕飲于房筵對席佐食分簋鉶爲將餕分之也分簋者分敦黍於會爲有對也敦有虞氏之器也周制士用之變敦言簋容同姓之士得從周制耳祭統曰餕者祭之末也不可不知也是故古之人有言曰善終者如始餕其是已是故古之君子曰尸亦餕鬼神之餘惠術也可以觀政矣宗人遣舉奠及長兄弟盥立于西階下東面北上祝命嘗食養者舉奠許諾升入東面長兄弟對之皆坐佐食授舉各一膚命告也士使嗣子及兄弟養其惠不過族親也古文養皆作餕主人西面再拜祝曰養有以也兩養奠舉于俎許諾皆答拜以讀如何其久也必有以也之以祝告養釋辭以戒之言女養于此當有所以也以先祖有德而享于此祭其坐養其餘亦當以之也少牢饋食禮不戒者非親昵也舊說曰主人拜下養席南若是者三丁寧戒之皆取舉祭食祭舉乃食祭鉶食舉食乃祭鉶禮殺卒食主人降洗爵宰贊一爵主人升酌酳上養上養拜受爵主人荅拜酳下養亦如之少牢饋食禮曰贊者洗三爵酌主人受于戶內以授次養舊說云主人北面授于養爵主人拜祝曰酳有與也如初儀主人復拜爲戒也與讀如諸侯以禮相與之與言女酳此當有所與也與者與兄弟也既知似先祖之德亦當與女兄弟謂教化之兩養執爵拜荅主人也祭酒卒爵拜主人荅拜兩養皆降實爵于篚上養洗爵升酌酢主人主人拜受爵下養復兄弟位不復升也上養即

位坐荅拜既授爵戶內乃就坐主人坐祭卒爵拜上養荅拜受爵降實于
篚主人出立于戶外西面事餕者禮畢祝命徹阼俎豆籩設于東序下命命
佐食阼俎主人之俎宗婦不徹豆籩徹禮略各有爲而已設于東序下亦將燕也祝執其俎以出東面于戶西侯告利成少牢下篇
曰祝告利成乃執俎以出宗婦徹祝豆籩入于房徹主婦薦俎宗婦既並徹徹其卑者士虞禮曰祝薦席徹入
于房佐食徹尸薦俎敦設于西北隅几在南厞用筵納一尊佐食闔牖
戶降厞隱也不知神之所在或諸遠人乎尸謖而改饌爲幽闇庶其饗之所以爲厭飫少牢饋食禮曰南面而饋之設此所謂當室之白陽厭也則尸未入之前爲陰厭矣曾子
問曰殤不備祭何謂陰厭陽厭也祝告利成降出主人降即位宗人告事畢賓出主人
送于門外再拜拜送賓也凡去者不荅拜佐食徹阼俎堂下俎畢出記俎出節兄弟及衆賓自
徹而出唯賓俎有司徹歸之尊賓者記特牲饋食其服皆朝服玄冠緇帶緇韠於祭服此也皆
者謂賓及兄弟筮曰筮尸視濯亦玄端至祭而朝服朝服者諸侯之臣與其君日視朝之服大夫以祭今賓兄弟緣孝子欲得嘉賓尊客以事其祖禰故服之緇韠者下
大夫之臣夙興主人服如初則固玄端唯尸祝佐食玄端玄裳黃裳雜裳可也皆爵韠與主
人同服周禮士之齊服有玄端素端然則玄裳上士也黃裳中士雜裳下士設洗南北以堂深東西當東榮榮屋
翼也水在洗東祖天地之左海篚在洗西南順實二爵二觚四觶一角一散
順從也言南從統於堂也二爵者爲賓獻爵止主婦當致也二觚長兄弟酬衆賓長爲加爵二人班同宜接並也四觶一酌奠其三長兄弟酬賓卒受者與賓弟子兄弟

弟子舉觶於其長禮殺事相接禮器曰貴者獻以爵賤者獻以散尊者舉觶卑者舉角舊說云爵一升觚二升觶三升角四升散五升壺棜禁饌于東序南順覆兩壺焉蓋在南明日卒奠冪用綌即位而徹之加勺覆壺者盝瀝水且爲其不宜塵冪用綌以其堅絜禁言棜者祭尚厭飫得與大夫同器不爲神戒也籩巾以綌也纁裏棗烝栗擇籩有巾者果實之物多皮核優尊者可烝裹之也烝擇互文舊說云纁裏者皆玄被鉶芼用苦若薇皆有滑夏葵冬荁苦苦荼也荁堇屬乾之冬滑於葵詩云周原膴膴堇荼如飴今文苦爲芐芐乃地黃非也棘心匕刻刻若今龍頭牲爨在廟門外東南魚腊爨在其南皆西面饎爨在西壁饎炊也西壁堂之西牆下舊說云南北直屋梠稷在南肵俎心舌皆去本末午割之實于牲鼎載心立舌縮俎午割從橫割之亦勿沒立縮順其牲心舌知食味者欲尸之饗此祭是以進之賓與長兄弟之薦自東房其餘在東堂東堂東夾之前近南沃尸盥者一人奉槃者東面執匜者西面淳沃執巾者在匜北匜北執匜之北亦西面每事各一人淳沃稍注之今文淳作激宗人東面取巾振之三南面授尸卒執巾者受宗人代授巾庭長尊尸入主人及賓皆辟位出亦如之辟位逡遁嗣舉奠佐食設豆鹽肵宜鹽也佐食當事則戶外南面無事則中庭北面當事將有事而未至凡祝呼佐食許諾呼猶命也宗人獻與旅齒於衆賓尊庭長齒從其長幼之次佐食於旅齒於兄弟尊兩壺于房中西墉下南

上爲婦人旅也其尊之節亞西方內賓立于其北東面西上宗婦北堂東面北上二者所謂內兄弟內賓姑姊妹也宗婦族人之婦其夫屬于所祭爲子孫或南上或北上宗婦宜統於主婦主婦南面北堂中房而北主婦及內賓宗婦亦旅西面西面者異於獻也男子獻於堂上旅於堂下婦人獻於南面旅於西面內賓象衆賓宗婦象兄弟其節與其儀依男子也主婦酬內賓之長酌奠于薦左內賓之長坐取奠于右宗婦之娣婦亦如之內賓之長坐取奠觶酬宗婦之姒交錯以辯宗婦之姒亦取奠觶酬內賓之長交錯以辯內賓之少者宗婦之娣婦各舉奠於其長並行交錯無筭其拜及飲者皆西面主婦之東南宗婦贊薦者執以坐于戶外授主婦尸卒食而祭饎爨雍爨雍孰肉以尸享祭竈有功也舊說云宗婦祭饎爨亨者祭雍爨用黍肉而已無籩豆俎禮器曰燔燎於爨夫爨者老婦之祭盛於盆尊於瓶賓從尸俎出廟門乃反位賓從尸送尸也士之助祭終其事也俎尸俎也賓既送尸復入反位者宜與主人爲禮乃去之尸俎右肩臂臑肫胳正脊二骨橫脊長脅二骨短脅尸俎神俎也士之正祭禮九體貶於大夫有併骨二亦得十一之名合少牢之體數此所謂放而不致者凡俎實之數奇脊無中脅無前貶於尊者不貶正脊不奪正也正脊二骨長脅二骨者將舉於尸尸食未飽不欲空神俎膚三爲餕用二厭飫一也離肺一離猶挳也小而長午割之亦不提心謂之舉肺刌肺三爲尸主人主婦祭今文刌爲切魚十有五魚水物以頭枚數陰中之物取數於月十有五日而盈少牢饋食禮亦云十有五而俎尊卑同此所謂經而等也腊如牲骨不但言體以有一骨二骨者祝俎髀脡脊二骨脅二骨凡接於神及尸者俎不過牲三體以特牲約加其可併者二亦得奇名少牢饋食禮羊豕各三體膚一離肺一阼俎臂正脊二骨橫脊長脅二骨短脅主人尊欲其體得祝之加數五體又加其可併者二亦得

奇名髀左體髀膚一離肺一主婦俎觳折觳後足折分後右足以爲佐食俎不分左臑折辟大夫妻古文觳皆作穀其
餘如阼俎餘謂脊脅膚肺佐食俎觳折脊脅三體卑者從正膚一離肺一賓骼長
兄弟及宗人折其餘如佐食俎骼左骼也賓俎全體尊賓不用尊體爲其已甚卑而全之其宜可也長兄弟及宗人折不
言所分略之衆賓及衆兄弟內賓宗婦若有公有司私臣皆殽脀又略此所折骨
直破折餘體可殽者升之俎一而已不備三者賤祭禮接神者貴凡骨有肉曰殽祭統曰凡爲俎者以骨爲主貴者取貴骨賤者取賤骨貴者不重賤者不虛示均也
俎者所以明惠之必均也善爲政者如此故曰見政事之均焉公有司亦士之屬命於君者也私臣自己所辟除者膚一離肺一公有司門
西北面東上獻次衆賓私臣門東北面西上獻次兄弟升受降
飲獻在後者賤也祭祀有上事者貴之亦皆與旅

儀禮卷第十五

經三千四百単五
注五千五百一十七

儀禮卷第十六

少牢饋食禮第十六　儀禮　鄭氏注

少牢饋食之禮（禮將祭祀必先擇牲繫于牢而芻之羊豕曰少牢諸侯之卿大夫祭宗廟之牲）日用丁巳（内事用柔日必丁巳者取其令名自丁寧自變改皆為謹敬必先諏此日明日乃筮）筮旬有一日（旬十日也以先月下旬之巳筮來月上旬之巳）筮於廟門之外主人朝服西面于門東史朝服左執筮右抽上韇兼與筮執之東面受命于主人（史家臣主筮事者）主人曰孝孫某來日丁亥用薦歲事于皇祖伯某以某妃配某氏尚饗（丁未必亥也直擧一日以言之耳禘于大廟禮曰日用丁亥不得丁亥則已亥辛亥亦用之無則苟有亥焉可也薦進也進歲時之祭事也皇君也伯某且字也大夫或因字為謚春秋傳曰魯無駭卒請謚與族公命之以字為展氏是也某仲叔季亦曰仲某叔某季某某妃某妻也合食曰配某氏若言姜氏子氏也尚庶幾饗歆也）史曰諾西面于門西抽下韇左執筮右兼執韇以擊筮（將問吉凶焉故擊之以動其神易曰蓍之德圓而神）遂述命曰假爾大筮有常孝孫某來日丁亥用薦歲事于皇祖伯某以某妃配某氏尚饗（述循也重以主人辭告筮也假借也言因蓍之靈以問之常吉凶之占繇）乃釋韇立筮（卿大夫之蓍長五尺立筮由便）卦者在左坐卦以木卒筮乃書卦于木示主人乃退占（卦者史之屬也卦以木者每一爻畫地以識之六爻備書於板史受以示主人退占東面旅占之）吉則史韇筮史兼執筮與卦以告于主人占

曰從（從者求吉得吉之言）乃官戒宗人命滌宰命爲酒乃退（官戒戒諸官也當共祭祀事者使之具其物且齊也滌溉濯祭器埽除宗廟）若不吉則及遠日又筮日如初（及至也遠日後丁若後己）宿（宿讀爲肅肅進也大夫尊儀益多筮日既戒諸官以齊戒矣至前祭一日又戒以進之使知祭日當來古文宿皆作羞）前宿一日宿戒尸（皆肅諸官之日又先肅尸者重所用爲尸者又爲將筮）明日朝筮尸如筮日之禮命曰孝孫某來日丁亥用薦歲事于皇祖伯某以某妃配某氏以某之某爲尸尚饗筮卦占如初（某之某者字尸父而名尸也字尸父尊鬼神也不前期三日筮尸者大夫下人君祭之朝乃視濯與士異）吉則乃遂宿尸祝擯（筮吉又遂肅尸重尸也既肅尸乃肅諸官及執事者祝爲擯者尸神象）主人再拜稽首祝告曰孝孫某來日丁亥用薦歲事于皇祖伯某以某妃配某氏敢宿（告尸以主人爲此事來肅）尸拜許諾主人又再拜稽首主人退尸送揖不拜（尸不拜者尸尊）若不吉則遂改筮尸（即改筮之不及遠日）既宿尸反爲期于廟門之外（爲期肅諸官而皆至定祭早晏之期爲期亦夕時也言既肅尸反爲期明大夫尊肅尸而已其爲賓及執事者使人肅之）主人門東南面宗人朝服北面曰請祭期主人曰比於子（比次早晏在於子也主人不西面者大夫尊於諸官有君道也爲期亦唯尸不來也）宗人曰旦明行事主人曰諾乃退（旦明旦日質明）明日主人朝服即位于廟門之外東方南面宰宗人西面北上牲北首東上司馬刲

羊司士擊豕宗人告備乃退刲擊皆謂殺之此實既省告備乃殺之文互者省也尚書傳曰羊屬火豕屬水雍人
摡鼎匕俎于雍爨雍爨在門東南北上雍人掌割亨之事者爨竈也在門東南統於主人北上羊豕
魚腊皆有竈竈西有鑊凡摡者皆陳之而後告絜廩人摡甑甗匕與敦于廩爨廩爨在雍
爨之北廩人掌米入之藏者甗如甑一孔匕所以匕黍稷者也古文甑為烝司宮摡豆籩勺爵觚觶凡洗
篚于東堂下勺爵觚觶實于篚卒摡饌豆籩與篚于房中放于
西方設洗于阼階東南當東榮放猶依也大夫攝官司宮兼掌祭器也羹定雍人陳鼎
五三鼎在羊鑊之西二鼎在豕鑊之西魚腊從羊膚從豕統於牲司馬升羊右
胖髀不升肩臂臑膊胳正脊一脡脊一橫脊一短脅一正脅一代
脅一皆二骨以並腸三胃三舉肺一祭肺三實于一鼎升猶上也上右胖周所貴
也髀不升近竅賤也肩臂臑肱骨也膊胳股骨脊從前為正脅旁中為正脊先前脅先後屈而反猶器之綍也並併也脊脅骨多六體各取二骨併之以多為貴舉肺一
尸食所先舉也祭肺三為尸主人主婦古文胖皆作辯髀皆作脾今文並皆為併司士升豕右胖髀不升肩臂臑
膊胳正脊一脡脊一橫脊一短脅一正脅一代脅一皆二骨以並舉
肺一祭肺三實于一鼎豕無腸胃君子不食溷腴雍人倫膚九實于一鼎倫擇也膚脅革肉擇
之取美者司士又升魚腊魚十有五而鼎腊一純而鼎腊用麋司士又升副倅者合升左

右胖曰純純猶全也卒脀皆設扃冪乃舉陳鼎于廟門之外東方北面北上北面北上鄉內相隨古文冪鼎皆爲密司宮尊兩甒于房戶之間同棜皆有冪甒有玄酒房戶之間房西室戶東也棜無足禁者酒戒也大夫去足改名優尊者若不爲之戒然古文甒皆作廡今文冪作幂司宮設罍水于洗東有枓設篚于洗西南肆枓㪺水器也凡設水用罍沃盥用枓禮在此也改饌豆籩于房中南面如饋之設實豆籩之實改更也爲賓之更之威儀多也如饋之設如其陳之左右也饋設東面小祝設槃匜與簞巾于西階東爲尸將盥主人朝服即位于阼階東西面爲將祭也司宮筵于奧祝設几于筵上右之布陳神坐也室中西南隅謂之奧席東面近南爲右主人出迎鼎除冪鼎士盥舉鼎主人先入道之也主人不盥不舉司宮取二勺于篚洗之兼執以升乃啓二尊之蓋冪奠于棜上加二勺于尊覆之南柄二尊兩甒也今文啓爲開古文柄皆爲枋鼎序入雍正執一匕以從雍府執四匕以從司士合執二俎以從司士贊者二人皆合執二俎以相從入相助陳鼎于東方當序南于洗西皆西面北上膚爲下匕皆加于鼎東枋膚爲下以其加也南于洗西陳於洗西南俎皆設于鼎西西肆肵俎在羊俎之北亦西肆肵俎在北將先載也異其設文不當鼎宗人遣賓就主人皆盥于洗長枇長枇者長賓先次賓後也主人不枇言就主人者明

親臨之古文朼作匕佐食上利升牢心舌載于肵俎心皆安下切上午割勿没其載于肵俎末在上舌皆切本末亦午割勿没其載于肵橫之皆如初為之于爨也牢羊豕也安平也平割其下於載便也凡割本末食必正也午割使可絕也勿沒為其分散也肵之為言敬也所以敬尸也周禮祭尚肺事尸尚心舌心舌知滋味今文切皆為刌佐食遷肵俎于阼階西西縮乃反佐食二人上利升羊載右胖髀不升肩臂臑膞骼正脊一脡脊一橫脊一短脅一正脅一代脅一皆二骨以並腸三胃三長皆及俎拒舉肺一長終肺祭肺三皆切肩臂臑膞骼在兩端脊脅肺肩在上升之以尊卑載之以體次各有宜也拒讀為介距之距俎距脛中當橫節也凡牲體之數及載備於此下利升豕其載如羊無腸胃體其載于俎皆進下進下變於食生也所以交於神明不敢以食道敬之至也鄉飲酒禮進腠羊次其體豕言進下互相見司士三人升魚腊膚魚用鮒十有五而俎縮載右首進腴右首進腴亦變於食生也有司載魚橫之少儀曰羞濡魚者進尾腊一純而俎亦進下肩在上如羊豕凡腊之體載禮在北膚九而俎亦橫載革順列載於俎令其皮相順亦者亦其骨體卒脀祝盥于洗升自西階主人盥升自阼階祝先入南面主人從戶內西面將納祭也主婦被錫衣移袂薦自東房韭菹醓醢坐奠于筵前主婦贊者一

人亦被錫衣移袂執葵菹蠃醢以授主婦主婦不興遂受陪設于東韭菹在南葵菹在北主婦興入于房被錫讀爲髲鬄古者或剔賤者刑者之髮以被婦人之紒爲飾因名髲鬄焉此周禮所謂次也不纚笄者大夫妻尊亦衣綃衣而侈其袂耳侈者蓋半士妻之袂以益之衣三尺三寸袪尺八寸韭菹醓醢朝士之豆也而饋食用之豐大夫禮葵菹在繂今文鬄爲錫蠃爲蝸佐食上利執羊俎下利執豕俎司士三人執魚腊膚胥俎序升自西階相從入設俎羊在自東豕亞其北魚在羊東腊在豕東特膚胥當俎北端相助也主婦自東房執一金敦黍有蓋坐設于羊俎之南婦贊者執敦稷以授主婦主婦興受坐設于魚俎南又興受贊者敦黍坐設于稷南又興受贊者敦稷坐設于黍南敦皆南首主婦興入于房敦有首者尊者器飾也飾蓋象龜周之禮飾器各以其類龜有上下泗今文曰主婦入于房祝酌奠遂命佐食啓會佐食啓會蓋二以重設于敦南酌奠酌酒爲神奠之後酌者酒尊要成也特牲饋食禮曰祝洗酌奠奠于鉶南重累之主人西面祝在左主人再拜稽首祝祝曰孝孫某敢用柔毛剛鬣嘉薦普淖用薦歲事于皇祖伯某以某妃配某氏尚饗主人又再拜稽首羊曰柔毛豕曰剛鬣嘉薦菹醢也普淖黍稷也普大也淖和也德能大和乃有黍稷春秋傳曰奉粢以告曰絜粢豐盛謂其三時不害而民和年豐也祝出迎尸于廟門之

外主人降立于阼階東西面祝先入門右尸入門左主人不出迎尸伸尊也特牲饋食禮曰尸入主人及賓皆辟位出亦如之祝入門右者辟尸盥也既則後尸宗人奉槃東面于庭南一宗人奉匜水西面于槃東一宗人奉簞巾南面于槃北乃沃尸盥于槃上卒盥坐奠簞取巾興振之三以授尸坐取簞興以受尸巾庭南没霤祝延尸尸升自西階入祝從由後詔相之曰延延進也周禮曰大祝相尸禮祝從從尸升自西階主人升自阼階祝先入主人從祝接神先入宜也尸升筵祝主人西面立于戶內祝在左主人由祝後而居右尊也祝從尸尸即席乃卻居主人左祝主人皆拜妥尸尸不言尸荅拜遂坐拜妥尸拜之使安坐也尸自此荅拜遂坐而卒食其閒有不啐奠不嘗鉶不告旨大夫之禮尸彌尊也不告旨者爲初亦不饗所謂曲而殺祝反南面未有事也墮祭爾敦官各肅其職不命尸取韭菹辯擩于三豆祭于豆間上佐食取黍稷于四敦下佐食取牢一切肺于俎以授上佐食上佐食兼與黍以授尸尸受同祭于豆祭牢羊豕也同合也合祭於俎豆之祭也黍稷之祭爲墮祭將食神餘尊之而祭之今文辯爲徧上佐食舉尸牢肺正脊以授尸上佐食爾上敦黍于筵上右之爾近也或曰移也右之便尸食也重言上佐食明更起不相因主人羞肵俎升自阼階置于膚北羞進也肵敬也親進之主人敬尸之加上佐食羞兩鉶取一羊鉶于房中坐設于韭菹

之南下佐食又取一豕鉶于房中以從上佐食受坐設于羊鉶之南皆芼皆有柶尸扱以柶祭羊鉶遂以祭豕鉶嘗羊鉶芼菜也羊用苦豕用薇皆有滑食舉舉牢肺正脊也先飲啗之以爲道也三飯食以黍上佐食舉尸牢幹尸受振祭嚌之佐食受加于肵幹正脅也古文幹爲肝上佐食羞胾兩瓦豆有醢亦用瓦豆設于薦豆之北設於薦豆之北以其加也四豆亦綪羊胾在南豕胾在北無臐膮者尚牲不尚味尸又食食胾上佐食舉尸一魚尸受振祭嚌之佐食受加于肵橫之又復也或言食或言飯食大名小數曰飯魚橫之者異於肉又食上佐食舉尸腊肩尸受振祭嚌之上佐食受加于肵腊魚皆一舉者少牢二牲略之腊必舉肩以肩爲終也別舉魚腊崇威儀又食上佐食舉尸牢骼如初如舉幹也又食不舉者卿大夫之禮不過五舉須侑尸尸告飽祝西面于主人之南獨侑不拜侑曰皇尸未實侑侑勸也祝獨勸者更則尸飽實猶飽也祝既侑復反南面尸又食上佐食舉尸牢肩尸受振祭嚌之佐食受加于肵四舉牢體始於正脊終於肩尊於終始尸不飯告飽祝西面于主人之南祝當贊主人辭主人不言拜侑祝言而不拜主人不言而拜親疏之宜尸又三飯爲祝一飯爲主人三飯尊卑之差凡十一飯下人君也上佐食受尸牢肺正脊加于肵言受者尸授之也尸授牢幹而實舉于俎豆食畢操以授佐食焉主人降洗爵升北面酌酒乃酳尸尸拜

受主人拜送酳猶羨也既食之而又飲之所以樂之古文酳作酌尸祭酒啐酒賓長羞牢肝用俎縮執俎肝亦縮進末鹽在右羞進也縮從也鹽在肝右便尸擩之古文縮爲蹙尸左執爵右兼取肝擩于俎鹽振祭嚌之加于菹豆卒爵主人拜祝受尸爵尸荅拜兼兼羊豕祝酌受尸尸醋主人主人拜受爵尸荅拜主人西面奠爵又拜主人受酢酒俠爵拜彌尊尸上佐食取四敦黍稷下佐食取牢一切肺以授上佐食上佐食以綏祭綏或作挼挼讀爲墮將受嘏亦尊尸餘而祭之古文墮爲肵主人佐執爵右受佐食坐祭之又祭酒不興遂啐酒右受佐食右手受墮於佐食也至此言坐祭之者明尸與主人爲禮也尸恒坐有事則起主人恒立有事則坐祝與二佐食皆出盥于洗入二佐食各取黍于一敦上佐食兼受摶之以授尸尸執以命祝命祝以嘏辭卒命祝祝受以東北面于戶西以嘏于主人曰皇尸命工祝承致多福無疆于女孝孫來女孝孫使女受祿于天宜稼于田眉壽萬年勿替引之嘏大也予主人以大福工官也承猶傳也來讀曰釐釐賜也耕種曰稼勿猶無也替廢也引長也言無廢止時長如是也古文嘏爲格祿爲福眉爲微替爲袂袂或爲載載替聲相近主人坐奠爵興再拜稽首興受黍坐振祭嚌之詩懷之實于左袂挂于季指執爵以興坐卒爵執爵以興坐奠爵

拜尸荅拜執爵以興出宰夫以籩受嗇黍主人嘗之納諸內詩猶承也實於左袂便右手也季猶小也出出戶也宰夫掌飲食之事者收斂曰嗇明豐年乃有黍稷也復嘗之者重之至也納猶入也古文挂作卦主人獻祝設席南面祝拜于席上坐受室中迫狹主人西面荅拜不言拜送下尸薦兩豆菹醢葵菹蠃醢佐食設俎牢髀橫脊一短脅一腸一胃一膚三魚一橫之腊兩髀屬于尻皆升下體祝賤也魚橫者四物共俎殊之也腊兩髀屬于尻尤賤不殊祝取菹揳于醢祭于豆間祝祭俎大夫祝俎無肺祭用膚遠下尸不嚌之膚不盛祭酒啐酒肝牢從祝取肝揳于鹽振祭嚌之不興加于俎卒爵興亦如佐食授爵乃興不拜既爵大夫祝賤也主人酌獻上佐食上佐食戶內牖東北面拜坐受爵主人西面荅拜佐食祭酒卒爵拜坐授爵興不啐而卒爵者大夫之佐食賤禮略俎設于兩階之間其俎折一膚佐食不得成禮於室中折者擇取牢正體餘骨折分用之有脀而無薦亦遠下尸主人又獻下佐食亦如之其脀亦設于階間西上亦折一膚上佐食既獻則出就其俎特牲記曰佐食無事則中庭北面謂此時有司贊者取爵于篚以升授主婦贊者于房戶男女不相因特牲饋食禮曰佐食卒角主人受角降反于篚婦贊者受以授主婦主婦洗于房中出酌入戶西面拜獻尸入戶西面拜由便也不北面者辟人君夫人也拜而後獻者當俠拜也昏禮曰婦洗在北堂直室東隅尸拜受主婦主

人之北西面拜送爵拜於主人之北西面婦人位在內此拜於北則上拜於南矣由便也尸祭酒卒爵主婦拜祝受尸爵尸荅拜易爵洗酌授尸祝出易爵男女不同爵主婦拜受爵尸荅拜上佐食綏祭主婦西面于主人之北受祭祭之其綏祭如主人之禮不嘏卒爵拜尸荅拜不嘏夫婦一體綏亦當作挼古文為肵主婦以爵出賛者受易爵于篚以授主婦于房中賛者有司賛者也易爵亦以授婦賛者婦賛者受房戶外入授主婦主婦洗酌獻祝祝拜坐受爵主婦荅拜于主人之北卒爵不興坐授主婦不俠拜下尸也今文曰祝拜受主婦受酌獻上佐食于戶內佐食北面拜坐受爵主婦西面荅拜祭酒卒爵坐授主婦主婦獻下佐食亦如之主婦受爵以入于房不言拜於主人之北可知也爵奠於內篚賔長洗爵獻于尸尸拜受爵賔戶西北面拜送爵尸祭酒卒爵賔拜祝受尸爵尸荅拜祝酌授尸賔拜受爵尸拜送爵賔坐奠爵遂拜執爵以興坐祭遂飲卒爵執爵以興坐奠爵拜尸荅拜賔酌獻祝祝拜坐受爵賔北面荅拜祝祭酒啐酒奠爵于其筵前啐酒而不卒爵祭事畢示醉也不獻佐食將儐尸禮殺主人出立于阼階

上西面祝出立于西階上東面祝告曰利成利猶養也成畢也孝子之養禮畢
祝入尸謖主人降立于阼階東西面謖起也謖或作休祝先尸從遂出
于廟門事尸之禮訖於廟門祝反復位于室中主人亦入于室復位祝命
佐食徹肵俎降設于堂下阼階南徹肵俎不出門將儐尸也肵俎而以儐尸者其本爲不反魚肉耳不
云尸俎未歸尸司宮設對席乃四人餕大夫禮四人餕明惠大也上佐食盥升下佐食
對之賓長二人備備四人餕也三餕亦盥升司士進一敦黍于上佐食又進一
敦黍于下佐食皆右之于席上右之者東面在南西面在北資黍于羊俎兩
端兩下是餕資猶減也減置於羊俎兩端則一賓長在上佐食之北一賓長在下佐食之南今文資作齎司士乃辯舉
餕者皆祭黍祭舉舉膚今文辯爲徧主人西面三拜餕者餕者奠舉
于俎皆答拜皆反取舉三拜旅之示徧也言反者拜時或去其席在東面席者東面拜在西面席者皆南面拜司
士進一鉶于上餕又進一鉶于次餕又進二豆湆于兩下乃皆
食食舉湆肉汁也卒食主人洗一爵升酌以授上餕贊者洗三爵酌
主人受于戶內以授次餕若是以辯皆不拜受爵主人西面
三拜餕者餕者奠爵皆答拜皆祭酒卒爵奠爵皆拜主人

荅壹拜不拜受爵者大夫餕者賤也荅壹拜略也古文一爲壹也餕者三人興出出降實爵于篚反賓位上餕止主人受上餕爵酌以醋于戶內西面坐奠爵拜上餕荅拜坐祭酒啐酒主人自酢者上餕獨止當尸位尊不酌也上餕親嘏曰主人受祭之福胡壽保建家室親嘏不使祝授之亦以黍主人興坐奠爵拜執爵以興坐卒爵拜上餕荅拜上餕興出主人送乃退送佐食不拜賤

儀禮卷第十六

經二千九百七十九
注二千七百八十七

儀禮卷第十七

有司第十七　　儀禮　　鄭氏注

有司徹徹室中之饋及祝佐食之俎卿大夫既祭而賓尸禮崇也賓尸則不設饌西北隅以此薦俎之陳有祭象而亦足以厭飫神天子諸侯明日祭於祊而繹春秋傳曰辛巳有事于大廟仲遂卒于垂壬午猶繹是也爾雅曰繹又祭也埽堂為賓尸新之少儀曰氾埽曰埽埽席前曰拚司宮攝酒更洗益整頓之今文攝為聶乃燅尸俎燅溫也溫尸俎於爨肵亦溫焉獨言溫尸俎則祝與佐食不與賓尸之禮古文燅皆作尋記或作燖春秋傳曰若可燖也亦可寒也卒燅乃升羊豕魚三鼎無腊與膚乃設扃鼏陳鼎于門外如初腊為庶羞膚從豕去其鼎者賓尸之禮殺於初如初者如廟門之外東方北面北上今文扃為鉉古文鼏為密乃議侑于賓以異姓議猶擇也擇賓之賢者可以侑尸必用異姓廣敬也是時主人及賓有司已復內位古文侑皆作宥宗人戒侑戒猶告也南面告於其位戒曰請子為侑侑出俟于廟門之外俟待也待於次當與尸更入主人興禮事尸極敬心也司宮筵于戶西南面為尸席也又筵于西序東面為侑席也尸與侑北面于廟門之外西上言與殊尊卑北面者賓尸而尸益卑西上統於賓客主人出迎尸宗人擯賓客尸而迎之主人益尊擯贊主人拜尸荅拜主人又拜侑侑荅拜主人揖先入門右道尸尸入門左侑從亦左揖乃讓沒霤相揖至階又讓主人先升自阼階尸侑升自西階西楹西北面東上東上統於其席主人東楹東北面拜至尸荅拜主人又拜侑侑荅拜拜至喜之

乃舉（舉，舉鼎也。舉者不盥，殺也）司馬舉羊鼎，司士舉豕鼎、舉魚鼎以入，陳鼎如初（如初，如阼階下西面北上）。雍正執一匕以從，雍府執二匕以從，司士合執二俎以從，司士贊者亦合執二俎以從。匕皆加于鼎東枋，二俎設于羊鼎西，西縮，二俎皆設于二鼎西，亦西縮（雍正，羣吏掌辨體名肉物者。府，其屬。凡三匕，鼎一匕。四俎，爲尸、侑、主人、主婦。其二俎設于豕鼎魚鼎之西，陳之宜具也。古文縮皆爲蹙）。雍人合執二俎，陳于羊俎西，並，皆西縮，覆二疏匕于其上，皆縮俎，西枋（並，併也。其南俎，司馬以羞羊匕湆、羊肉湆；其北俎，司士以羞豕匕湆、豕肉湆、豕脀湆魚。疏匕，匕柄有刻飾者。古文並皆作併）。主人降，受宰几。尸、侑降，主人辭，尸對（几所以坐安體。周禮大宰掌贊王几王爵）。宰授几，主人受，二手橫執几，揖尸（獨揖尸，几禮主於尸）。主人升，尸、侑升，復位（位，阼階、賓階上位）。主人西面，左手執几，縮之，以右袂推拂几三，二手橫執几，進授尸于筵前（衣袖謂之袂。推拂，去塵示新）。尸進，二手受于手間（受從手間，謙也）。主人退。尸還几，縮之，右手執外廉，北面奠于筵上，左之，南縮，不坐（左之者，異於鬼神。生人陽長左，鬼神陰長右。不坐奠之者，几輕）。主人東楹東北面拜（拜送几也）。尸復位，尸與侑皆北面答拜（侑拜者，從於尸）。主人降洗，尸、侑降，尸辭洗，主人對。卒洗，揖，主人升，尸、侑升。尸西楹西北面拜洗。主人東楹東北面奠爵，答拜，降盥。

尸侑降主人辭尸對卒盥主人揖升尸侑升主人坐取爵酌獻尸尸北面拜受爵主人東楹東北面拜送爵降盥者爲上汚手不可酌主婦自東房薦韭菹醢坐奠于筵前菹在西方婦贊者執昌菹醢以授主婦主婦不興受陪設于南昌在東方興取籩于房麷蕡坐設于豆西當外列麷在東方婦贊者執白黑以授主婦主婦不興受設于初籩之南白在西方興退昌昌本也韭菹醓醢昌本麋臡麷熬麥也蕡熬枲實也白熬稻黑熬黍此皆朝事之豆籩大夫無朝事而用之賓尸亦豐大夫之禮主婦取籩興者以饌異親之當外列辟鉶也退退入房也乃升升牲體於俎也司馬朼羊亦司馬載載右體肩臂肫骼臑正脊一脡脊一橫脊一短脅一正脅一代脅一腸一胃一祭肺一載于一俎言燅尸俎復序體者明所舉肩骼存焉亦著脊脅皆一骨也臑在下者折分之以爲肉湆俎也一俎謂司士所設羊鼎西第一俎羊肉湆臑折正脊一正脅一腸一胃一嚌肺一載于南俎肉湆肉在汁中者以增俎實爲尸加也必爲臑折上所折分者嚌肺離肺也南俎雍人所設在南者此以下十一俎俟時而載於此歷說之爾今文湆爲汁司士朼豕亦司士載亦右體肩臂肫骼臑正脊一脡脊一橫脊一短脅一正脅一代脅一膚五嚌肺一載于一俎臑在下者順羊也俎謂雍人所設在北者侑俎羊左肩左肫正脊一脅一腸一胃一切肺一載于一俎

侑俎豕左肩折正脊一脅一膚三切肺一載于一俎（侑俎用左體侑賤其羊俎過三體有肫尊之加也豕左肩折折分爲長兄弟俎也切肺亦祭肺互言之爾無羊湆下尸也豕又祭肺不嚌肺不備禮俎司士所設羊鼎西之北俎也豕俎與尸同）阼俎羊肺一祭肺一載于一俎羊肉湆臂一脊一脅一腸一胃一嚌肺一載于一俎豕脀臂一脊一脅一膚三嚌肺一載于一俎（阼俎主人俎無體遠下尸也以肺代之肺尊也加羊肉湆而有體崇尸惠亦尊主人臂左臂也侑用肩主人用臂下之也不言左臂者大夫尊空其文也降於侑羊體一而增豕膚三有所屈有所申亦所謂順而摭也阼俎司士所設豕鼎西俎也其湆俎與尸俎同豕俎又與尸豕俎同）主婦俎羊左臑脊一脅一腸一胃一膚一嚌羊肺一載于一俎（無豕體而有膚以主人無羊體不敢備也無祭肺有嚌肺亦下侑也祭肺尊言嚌羊肺者文承膚下嫌也膚在羊肺上則羊豕之體名同相亞也其俎司士所設在魚鼎西者）司士杝魚亦司士載尸俎五魚橫載之侑主人皆一魚亦橫載之皆加膴祭于其上（橫載之者異於牲體彌變於神膴讀如殷冔之冔刳魚時割其腹以爲大臠也可用祭也其俎又與尸豕俎同）卒升（卒已也已載尸羊俎）賓長設羊俎于豆南賓降尸升筵自西方坐左執爵右取韭菹擩于三豆祭于豆間尸取麷蕡宰夫贊者取白黑以授尸尸受兼祭于豆祭（賓長上賓）雍人授次賓疏匕與俎受于鼎西左手執俎左廉縮之卻右手執匕枋縮于俎上以東面受于羊鼎之西司馬在羊鼎之東二手執桃匕

枋以挹湇注于疏匕若是者三桃謂之歃讀如或舂或抌之抌字或作挑者秦人語也此二匕者皆有淺升狀如飯橾桃長枋可以抒物於器中者注猶寫也今文桃作抌挹皆爲扱尸興左執爵右取肺坐祭之祭酒興左執爵肺羊祭肺次賓縮執匕俎以升若是以授尸尸卻手授匕枋坐祭嚌之興覆手以授賓賓亦覆手以受縮匕于俎上以降嚌湇者明湇肉加耳嘗之以其汁尚味尸席末坐啐酒興坐奠爵拜告旨執爵以興主人北面于東楹東荅拜言美也拜告酒美荅主人意古文曰東楹之東司馬羞羊肉湇縮執俎尸坐奠爵興取肺坐絕祭嚌之興反加于俎司馬縮奠俎于羊湇俎南乃載于羊俎卒載俎縮執俎以降絕祭絕肺末以祭周禮曰絕祭湇使次賓肉使司馬大夫禮多崇敬也尸坐執爵以興次賓羞羊燔縮執俎縮一燔于俎上鹽在右尸左執爵受燔揳于鹽坐振祭嚌之興加于羊俎賓縮執俎以降燔炙尸降筵北面于西楹西坐卒爵執爵拜執爵以興主人北面于東楹東荅拜主人受爵尸升筵立于筵末主人酌獻侑侑西楹西北面拜受爵主人在其右北面荅拜不洗者俱獻間無事也主人就右者賤不專階主婦薦韭菹醢坐奠于筵前醢在南方婦贊者執二籩

麷蕡以授主婦主婦不興受之奠麷于醢南蕡在麷東主婦入于房（醢在南方者立侑爲尸使正饌統焉）侑升筵自北方司馬橫執羊俎以升設于豆東侑坐左執爵右取菹揳于醢祭于豆間又取麷蕡同祭于豆祭興左執爵右取肺坐祭之祭酒興左執爵次賓羞羊燔如尸禮侑降筵自北方北面于西楹西坐卒爵執爵以興坐奠爵拜主人答拜（答拜拜於侑之右）尸受侑爵降洗侑降立于西階西東面主人降自阼階辭洗尸坐奠爵于篚興對卒洗主人升尸升自西階主人拜洗尸北面于西楹西坐奠爵答拜降盥主人降尸辭主人對卒盥主人升尸升坐取爵酌（酌者將酢主人）司宮設席于東序西面主人東楹東北面拜受爵尸西楹西北面答拜主婦薦韭菹醢坐奠于筵前菹在北方婦贊者執二籩麷蕡主婦不興受設麷于菹西北蕡在麷西主人升筵自北方主婦入于房（設籩于菹西北亦辟鉶今文無二籩）長賓設羊俎于豆西主人坐左執爵祭豆籩如侑之祭興左執爵右取肺坐祭之祭酒興次賓羞匕湆如尸禮席末坐啐

酒執爵以興司馬羞羊肉湆縮執俎主人坐奠爵于左興受肺坐絕祭嚌之興反加于湆俎司馬縮奠湆俎于羊俎西乃載之卒載縮執虛俎以降奠爵于左者神惠變於常也言受肺者明有授言虛俎者羊湆俎訖於此虛不復用主人坐取爵以興次賓羞燔主人受如尸禮主人降筵自北方北面于阼階上坐卒爵執爵以興坐奠爵拜執爵以興尸西楹西荅拜主人坐奠爵于東序南不降奠爵於篚急崇酒侑升尸侑皆北面于西楹西見主人不反位知將與已爲禮主人北面于東楹東再拜崇酒崇充也拜謝尸侑以酒薄充滿尸侑皆荅再拜主人及尸侑皆升就筵司宮取爵于篚以授婦贊者于房東以授主婦房東房戶外之東主婦洗于房中出實爵尊南西面拜獻尸尸拜于筵上受尊南西面拜由便也主婦西面于主人之席北拜送爵入于房取一羊鉶坐奠于韭菹西主婦贊者執豕鉶以從主婦不興受設于羊鉶之西興入于房取糗與腶脩執以出坐設之糗在蕡西脩在白西興立于主人席北西面飲酒而有鉶者祭之餘鉶無黍稷殺也糗糗餌也腶脩擣肉之脯今文腶爲斷尸坐左執爵祭糗脩同祭于豆祭以羊鉶之柶挹羊鉶

遂以挩豕鉶祭于豆祭祭酒次賓羞豕匕湇如羊匕湇之禮尸坐啐酒左執爵嘗上鉶執爵以興坐奠爵拜主婦荅拜執爵以興司士羞豕脀尸坐奠爵興受如羊肉湇之禮坐取爵興次賓羞豕燔尸左執爵受燔如羊燔之禮坐卒爵拜主婦荅拜受爵酌獻侑侑拜受爵主婦主人之北西面荅拜酌獻者主婦今文無西面主婦羞糗脩坐奠糗于醴南脩在蕡南侑坐左執爵取糗脩兼祭于豆祭司士縮執豕脀以升侑興取肺坐祭之司士縮奠豕脀于羊俎之東載于羊俎卒乃縮執俎以降侑興豕脀無湇於侑禮殺次賓羞豕燔侑受如尸禮坐卒爵拜主婦荅拜受爵酌以致于主人主人筵上拜受爵主婦北面于阼階上荅拜主婦易位拜于阼階上辟併敬主婦設二鉶與糗脩如尸禮主人其祭糗脩祭鉶祭酒受豕匕湇拜啐酒皆如尸禮嘗鉶不拜主人如尸禮尊也其異者不告旨其受豕脀受豕燔亦如尸禮坐卒爵拜主婦北面荅拜受爵尸降筵受主婦爵以降將酢主婦主人降侑降主婦入于房主人立于洗東北西面侑東面于西階西南

（侯尸洗）尸易爵于篚盥洗爵（易爵者男女不相襲爵）主人揖尸侑（將升）主人升尸升自西階侑從主人北面立于東楹東侑西楹西北面立（侯尸酌）尸酌主婦出于房西面拜受爵尸北面于侑東苔拜主婦入于房司宫設席于房中南面主婦立于席西（設席者主婦尊今文曰南面立於席西）婦贊者薦韭菹醓坐奠于筵前菹在西方婦人贊者執𩱧蕡以授婦贊者婦贊者不興受設𩱧于菹西蕡在𩱧南（婦人贊者宗婦之少者）主婦升筵司馬設羊俎于豆南主婦坐左執爵右取菹㨎于醢祭于豆閒又取𩱧蕡兼祭于豆祭主婦奠爵興取肺坐絶祭嚌之興加于俎坐挩手祭酒啐酒（挩手者于帨帨佩巾內則曰婦人亦左佩紛帨古文帨作說）次賓羞羊燔主婦興受燔如主人之禮主婦執爵以出于房西面于主人席北立卒爵執爵拜尸西楹西北面苔拜主婦入立于房尸主人及侑皆就筵（出房立卒爵宜鄉尊不坐者變於主人也執爵拜變於男子也）上賓洗爵以升酌獻尸尸拜受爵賓西楹西北面拜送爵尸奠爵于薦左賓降（上賓賓長也謂之上賓以將獻異之或謂之長賓奠爵爵止也）主人降洗觶尸侑降主人奠爵于篚辭尸對卒洗揖尸

升侑不升侑不升尸禮益殺不從主人實觶酬尸東楹東北面坐奠爵拜尸西楹西北面荅拜坐祭遂飲卒爵拜尸荅拜降洗尸降辭主人奠爵于篚對卒洗主人升尸升主人實觶尸拜受爵主人反位荅拜尸北面坐奠爵于薦左降洗者主人尸侑主人皆升筵乃羞宰夫羞房中之羞于尸侑主人主婦皆右之司士羞庶羞于尸侑主人主婦皆左之二羞所以盡歡心房中之羞其籩則糗餌粉餈其豆則酏食糝食庶羞羊臐豕膮皆有胾醢房中之羞內羞也內羞在右陰也庶羞在左陽也主人降南面拜衆賓于門東三拜衆賓門東北面皆荅壹拜拜于門東明少南就之也言三拜者衆賓賤旅之也衆賓一拜賤也卿大夫尊賓賤純臣也位在門東古文壹爲一主人洗爵長賓辭主人奠爵于篚興對卒洗升酌獻賓于西階上長賓升拜受爵主人在其右北面荅拜宰夫自東房薦脯醢醢在西司士設俎于豆北羊骼一腸一胃一切肺一膚一羊骼羊左骼上賓一體賤也薦與設俎者既則俟于西序端古文骼爲胳賓坐左執爵右取肺揳于醢祭之執爵興取肺坐祭之祭酒遂飲卒爵執以興坐奠爵拜執爵以興主人荅拜受爵賓坐取祭以降西面坐委于西階西南成祭於上尊賓也取祭以降反下位也反下位而在西階西南已獻尊之祭脯肺宰夫執薦

以從設于祭東司士執俎以從設于薦東衆賓長升拜受爵主人荅拜坐祭立飲卒爵不拜既爵既盡也長賓升者以次第升受獻言衆賓長拜則其餘不拜宰夫贊主人酌若是以辯主人每獻一人奠空爵于棜宰夫酌授於尊南今文若爲如辯皆爲徧辯受爵其薦脯醢與脀設于其位其位繼上賓而南皆東面其脀體儀也徧獻乃薦略之亦宰夫薦司士脀用儀者尊體盡儀度餘骨可用而用之尊者用尊體卑者用卑體而已亦有切肺膚今文儀皆作騰或爲議乃升長賓主人酌酢于長賓西階上北面賓在左主人酌自酢序賓意賓卑不敢酢主人坐奠爵拜執爵以興賓荅拜坐祭遂飲卒爵執爵以興坐奠爵拜賓荅拜賓降降反位宰夫洗觶以升主人受酌降酬長賓于西階南北面賓在左主人坐奠爵拜賓荅拜坐祭遂飲卒爵拜賓荅拜宰夫授主人觶則受其虚爵奠于篚古文酌爲爵主人洗賓辭主人坐奠爵于篚對卒洗升酌降復位賓拜受爵主人拜送爵賓西面坐奠爵于薦左主人洗升酌獻兄弟于阼階上兄弟之長升拜受爵主人在其右荅拜坐祭立飲不拜既爵皆若是以辯兄弟長幼立飲賤不別大夫之賓尊於兄弟宰夫不贊酌者兄弟以親昵來不以官待之辯受爵其位在洗東西面北上升受爵其薦脀設于其位亦辯

獻乃薦既云辯矣復言升受爵者爲衆兄弟言也衆兄弟升不拜受爵先著其位於上乃後云薦脀設於其位明位初在是也位不繼於主人而云洗東甲不統於尊此薦
脀皆使私人其先生之脀折脅一膚先生長兄弟折豕左肩之折其衆儀也主人洗獻內
賓于房中南面拜受爵主人南面于其右荅拜內賓姑姊妹及宗婦獻于主婦之席東主
人不西面尊不與爲賓主禮也南面於其右主人之位恒左人坐祭立飲不拜既爵若是以辯亦有薦
脀亦設薦脀於其位特牲饋食禮記曰內賓立于房中西墉下東面南上宗婦北堂東面北上主人降洗升獻私人于阼
階上拜于下升受主人荅其長拜乃降坐祭立飲不拜既爵若是
以辯宰夫贊主人酌主人於其羣私人不荅拜其位繼兄弟之南
亦北上亦有薦脀私人家臣已所自謁除也大夫言私人明不純臣也士言私臣明有君之道北上不敢專其位亦有薦脀初亦北面在
衆賓之後爾言繼者以爵既獻爲文凡獻位定主人就筵古文曰升就筵尸作三獻之爵上賓所獻爵不言三獻作之者賓尸而尸
益卑可以自舉司士羞湆魚縮執俎以升尸取膴祭祭之祭酒卒爵不羞魚匕湆略
小味也羊有正俎羞匕湆肉湆豕無正俎魚無匕湆隆汚之殺司士縮奠俎于羊俎南橫載于羊俎卒乃
縮執俎以降尸奠爵拜三獻北面荅拜受爵酌獻侑侑拜受三
獻北面荅拜司馬羞湆魚一如尸禮卒爵拜三獻荅拜受爵司馬羞湆
魚變於尸酌致主人主人拜受爵三獻東楹東北面荅拜賓拜於東楹東以主人拜受於

席就之司士羞一湆魚如尸禮卒爵拜三獻荅拜受爵尸降筵受三獻
爵酌以酢之既致主人尸乃酢之遂賓意三獻西楹西北面拜受爵尸在其右以授
之尸升筵南面荅拜坐祭遂飲卒爵拜尸荅拜執爵以降實于
篚二人洗觶升實爵西楹西北面東上坐奠爵拜執爵以興尸
侑荅拜坐祭遂飲卒爵執爵以興坐奠爵拜尸侑荅拜皆降三獻
而禮小成使二人舉爵序殷勤於尸侑洗升酌反位尸侑皆拜受爵舉觶者皆拜送
侑奠觶于右奠于右者不舉也神惠右不舉變於飲酒尸遂執觶以興北面于阼階上酬
主人主人在右尸拜於阼階上酬禮殺坐奠爵拜主人荅拜不祭立飲卒爵不拜
既爵酌就于阼階上酬主人言就者主人立待之主人拜受爵尸拜送酬不奠者急酬侑也
尸就筵主人以酬侑于西楹西侑在左坐奠爵拜執爵興侑荅拜
不祭立飲卒爵不拜既爵酌復位侑拜受主人拜送言酌復位明授於西階上主
人復筵乃升長賓侑酬之如主人之禮遂旅也言升長賓則有賛呼之至于衆賓遂
及兄弟亦如之皆飲于上上西階上遂及私人拜受者升受下飲私人之長拜於下升
受兄弟之爵下飲之卒爵升酌以之其位相酬辯其位兄弟南位亦拜受拜送升酌由西階卒飲者實

爵于篚未受酬者雖無所旅猶飲乃羞庶羞于賓兄弟內賓及私人無房中之羞賤也此羞同時羞則酌房中亦旅其始主婦舉酬於內賓遂及宗婦兄弟之後生者舉觶于其長後生年少也古文觶皆爲爵延熹中詔校書定作觶洗升酌降北面立于阼階南長在左坐奠爵拜執爵以興長荅拜長在左辟主人坐祭遂飲卒爵執爵以興坐奠爵拜執爵以興長荅拜洗升酌降長拜受于其位舉爵者東面荅拜爵上拜受荅拜不北面者僎尸禮殺長賓言奠兄弟言止互相發明相待也賓長獻于尸如初無湑爵不止如初如其獻侑酌致主人受尸酢也無湑爵不止別不如初者不使兄弟不稱加爵大夫尊也不用觶大夫尊者也賓一人舉爵于尸如初亦遂之於下一人次賓長者如初如二人洗觶之爲也遂之于下者遂及賓兄弟下至于私人是言亦遂之于下言上無湑爵不止互相發明賓及兄弟交錯其酬皆遂及私人爵無筭筭數也長賓取觶酬兄弟之黨長兄弟取觶酬賓之黨唯已所欲無有次第之數也尸出侑從主人送于廟門之外拜尸不顧拜送之拜侑與長賓亦如之衆賓從從者不拜送也司士歸尸侑之俎尸侑尊送其家主人退反於寢也有司徹徹堂上下之薦俎也外賓尸雖堂上婦人不徹若不賓尸不賓尸謂下大夫也其牲物則同不得備其禮耳舊說云謂大夫有疾病攝昆弟祭曾子問曰攝主不厭祭不旅不假不綏祭不配布奠于賓賓奠而不舉而此備有似失之矣則祝侑亦如之謂尸七飯時尸食八飯乃盛俎臑臂肫脡脊橫脊短脅代脅皆牢盛者盛於肵俎也此七體羊豕其脊脅皆取一骨也與所舉正脊幹骼凡十矣肩未

舉既舉而俎猶有六體焉魚七盛半也魚十有五而俎其一已舉必盛半者魚無足翼於挫象脊脅而已腊辯無髀亦盛半也所盛者右體也脊屬焉言無髀者云一純而俎嫌有之古文髀作脾卒盛乃舉牢肩尸受振祭嚌之佐食受加于肵卒已佐食取一俎于堂下以入奠于羊俎東不言魚俎東主于尊乃撫于魚腊俎俎釋三个其餘皆取之實于一俎以出个猶枚也魚撫四枚腊撫五枚其所釋者腊則短脅正脅代脅魚三枚而已古文撫爲攜祝主人之魚腊取于是祝主人主婦俎之魚腊取於此者大夫之禮文待神餘也三者各取一魚其腊主人辯主婦臑祝則骼也與此皆於鼎側更載焉不言主婦未聞尸不飯告飽主人拜侑不言尸又三飯凡十一飯士九飯大夫十一飯其餘有十三飯十五飯佐食受牢舉如儐舉肺脊主人洗酳酳尸賓羞肝皆如儐禮卒爵主人拜祝受尸爵尸荅拜祝酳授尸尸以醋主人亦如儐其綏祭其脀亦如儐肝牢肝也綏皆當作挼挼讀爲藏其隋之隋古文爲挼其獻祝與二佐食其位其薦脀皆如儐主婦其洗獻于尸亦如儐自尸侑不飯告飽至此與儐同者在上篇主婦反取籩于房中執棗糗坐設之棗在稷南糗在棗南婦贊者執栗脯主婦不興受設之栗在糗東脯在棗東主婦興反位棗饋食之籩糗羞籩之實雜用之下賓尸也栗脯加籩之實也反位反主人之北拜送爵位尸左執爵取棗糗祝取栗脯以授尸尸兼祭于豆祭祭酒啐

酒次賓羞牢燔用俎鹽在右尸兼取燔換于鹽振祭嚌之祝受加于肵卒爵主婦拜祝受尸爵尸荅拜自主婦反籩至受加于肵此異于賓祝易爵洗酌授尸以醋主婦主婦主人之北拜受爵尸荅拜主婦反位又拜上佐食綏祭如儐卒爵拜尸荅拜主婦夾爵拜爲不賓尸降崇敬今文酳曰酌主婦獻祝其酌如儐拜坐受爵主婦主人之北荅拜自尸卒爵至此亦與賓同者亦在上篇宰夫薦棗糗坐設棗于菹西糗在棗南祝左執爵取棗糗祭于豆祭祭酒啐酒次賓羞燔如尸禮卒爵內子不薦籩祝賤使官可也自宰夫薦至賓羞燔亦異于賓主人受爵酌獻二佐食亦如儐主婦受爵以入于房賓長洗爵獻于尸尸拜受賓戶西北面荅拜爵止尸止爵者以三獻禮成欲神惠之均於室中是以奠而待之主婦洗于房中酌致于主人主人拜受主婦戶西北面拜送爵司宮設席拜受乃設席變於士也主婦薦韭菹醓坐設于席前菹在北方婦贊者執棗糗以從主婦不興受設棗于菹北糗在棗西佐食設俎臂脊脅肺皆牢膚三魚一腊臂臂左臂也特牲五體此三者以其牢與腊臂而七牢腊俱臂亦所謂腊如牲體主人左執爵右取菹換于醢祭于豆間遂祭籩奠

爵興取牢肺坐絕祭嚌之興加于俎坐挩手祭酒執爵以興坐卒爵拜（無從者變於士也亦所謂順而摭也）主婦荅拜受爵酌以醋戶內北面拜（自酢不更爵殺）主人荅拜卒爵拜主人荅拜主婦以爵入于房尸作止爵祭酒卒爵賓拜祝受爵尸荅拜（作止爵乃祭酒亦變於士自爵止至作止爵亦異於賓）祝酌授尸賓拜受爵尸拜送坐祭遂飲卒爵拜尸荅拜獻祝及二佐食洗致爵于主人（洗致爵者以承佐食賤新之）主人席上拜受爵賓北面荅拜坐祭遂飲卒爵拜賓荅拜受爵酌致爵于主婦主婦北堂司宮設席東面（北堂中房以北東面者變於士妻賓尸不變者賓尸禮異矣內子東面則宗婦南面西上內賓自若東面南上）主婦席北東面拜受爵賓西面荅拜（席北東面者北爲下）婦贊者薦韭菹醢菹在南方婦人贊者執棗糗授婦贊者婦贊者不興受設棗于菹南糗在棗東（婦人贊者宗婦之弟婦也今文曰婦也贊者執棗糗授婦贊者不興受）佐食設俎于豆東羊臑豕折羊脊脅祭肺一膚一魚一腊臑（豕折豕折骨也不言所折略之特牲主婦觳折豕無脊脅下主人羊豕四體與腊臑而五）主婦升筵坐左執爵右取菹擩于醢祭之祭籩奠爵興取肺坐絕祭嚌之興加于俎坐挩手祭酒執爵興筵北東面立卒爵拜（立飲拜既爵者變於大夫）賓荅拜賓受爵易爵于篚

洗酌醋于主人戶西北面拜主人荅拜卒爵拜主人荅拜賔以爵降奠于篚自賔及二佐食至此亦異于賔乃羞宰夫羞房中之羞司士羞庶羞于尸祝主人主婦內羞在右庶羞在左主人降拜衆賔洗獻衆賔其薦脀其位其酬醋皆如儐禮主人洗獻兄弟與內賔與私人皆如儐禮其位其薦脀皆如儐禮卒乃羞于賔兄弟內賔及私人自乃羞至私人之薦脀此亦與儐同者在此篇不儐尸則祝猶侑耳卒已也乃羞者羞庶羞賔長獻于尸尸醋獻祝致醋賔以爵降實于篚致謂致爵于主人主婦不言如初者爵不止又不及佐食賔兄弟交錯其酬無筭爵此亦與儐同者在此篇利洗爵獻于尸尸醋獻祝祝受祭酒啐酒奠之利獻不及主人殺也此亦異於賔主人出立于阼階上西面祝出立于西階上東面祝告于主人曰利成祝入主人降立于阼階東西面尸謖祝前尸從遂出于廟門祝反復位于室中祝命佐食徹尸俎佐食乃出尸俎于廟門外有司受歸之徹阼薦俎自主人出至此與賔雜者也先養徹主人薦俎者變于上特牲饋食禮曰徹阼俎豆籩設于東序下乃養如儐謂上篇自司宮設對席至上餕興出也古文養作餕卒養有司官徹饋饌于室中西北隅南面如饋之設右几厞用席官徹饋者司馬司士舉俎宰夫取敦及豆此於尸謖改饌當室之白孝子不知神之所在庶其饗之

於此所以爲厭飫不令婦人改徹饌敦豆變於始也尚使官也佐食不舉羊豕俎親餕尊也厞隱也古文右作侑厞作茀納一尊于室中陽厭殺無玄酒司宮埽祭埽豆閒之祭舊說云埋之西階東主人出立于阼階上西面祝執其俎以出立于西階上東面司宮闔牖戶閉牖與戶爲鬼神或者欲幽闇祝告利成乃執俎以出于廟門外有司受歸之衆賓出主人拜送于廟門外乃反拜送賓者亦拜送其長不言長賓者下大夫無尊賓也婦人乃徹徹祝之薦及房中薦俎不使有司者下上大夫之禮徹室中之饌有司饌之婦人徹之外內相兼禮殺

儀禮卷第十七

經四千七百九十
注三千四百五十六

經共計五万六千百一十五
注共計七万九千八百二十

宋嚴州本儀禮經注精校重雕緣起

嘉慶乙亥春宋嚴州本儀禮經注刊成將出以問世而於嚴本之是非悉校錄之以質諸讀是經者因著緣起於簡端曰儀禮經注宋刻絕鮮　國朝顧氏炎武張氏爾岐祇取唐石經以校明監本余先後收得宋刻經注本及宋刻單行疏本各校副本流傳於外阮芸臺侍郎取以入儀禮校勘記中者是也後張古餘太守在江寧將此經注及疏合刊學者已幸雙美合璧矣歲丁卯古餘又屬影抄經注本將以付刊既而調任吉安札致余曰俟抄竣即交伊友收存如言交去越歲戊辰伊友云古餘謂吳門有好事者如欲刻之當舉以贈遂從伊友處次第取刻之未及半而靳不與復商諸友人陶蘊輝補寫其樣之未全者至乙亥工成是此書經注本之行世古餘太守為之倡而余與陶君輔之者也單注為宋嚴州本證諸宋張淳儀禮識誤而知之忠甫之序識誤也曰淳首得嚴州本故以為據今攷其從嚴本

者十數條皆與此本合則此本之為嚴本信矣雖然當日嚴本久行修板故不無齟齬今此本與張所見有同者有不同者有闕字未補刻者甚有不成字者抑忠甫當日取嚴本為柢而取自周廣順至宋之監本宋京之巾箱本杭之細字本正南宋嚴本之誤不足則質之疏質之釋文疏釋文又不足則闕之是忠甫固謂嚴本未盡善而校之也朱子偁其子細精密視他本為最勝今此本雖古刻乃忠甫未見未訂之本也取忠甫以諸本及疏釋文校正者校正之其能已乎況監細字巾箱今雖不可得而釋文有明葉石君影抄宋本疏有單行五十卷宋刻皆在案頭往往與所據者合是不可謂不幸也又 四庫全書聚珍板有宋李如圭集釋全載經注與忠甫所據佳處十同八九亦足相羽翼今以陸賈李張四家之書校此本刊行之不盡改其字於十七篇內者存嚴刻之舊面目也必為校語以附後者猶忠甫識誤之意也抑經注之譌闕出於嚴本張校之外者尚不

可校數段若膺先生定校勘記既臚陳之而先生儀禮漢讀攷亦將成書刊行學者合諸此本讀之落葉盡埽矣因古餘蘊輝襄余刻成此本遂為校錄一卷而記其緣起如是吳縣黄丕烈識

嚴本儀禮鄭氏注校錄

士冠禮

注天子與其臣玄冕以視朔皮弁以日視朝諸侯與其臣皮弁以視朔朝服以日視朝張淳識誤本改視為眡據陸德明釋文也李如圭集釋同案釋文云本或作視嚴本蓋用或作字

注韇藏筮之器李本筮作筴案影宋刻魏氏要義筮嚴本不誤

經徹筮席注徹去也張本改徹為撤據陸也李本徹案經有司徹釋文云字又作撤說文無撤嚴本蓋用正字

注古者有吉事則樂與賢者歡成之李本歡作勸案宋刻賈氏單疏本歡嚴本是也

注凡染絳一入謂之縓再入謂之赬三入謂之纁朱則四入與張本改再入為再染下二字同據陸也李本同案單疏入魏本同

注夫玄黃者天地之雜色張本改色為也李本同案單疏云玄是天色黃是地色嚴本當不誤

注足以韜髮而結之矣張本改韜為弢據陸也李本韜案單疏韜嚴本當不誤

注謂此上凡六物張本改此作以據陸也李本同案單疏此嚴本當不誤

注勺尊升所以𣂏酒也李本𣂏作斞案單疏魏氏並同嚴本𣂏蓋斞之壞字○尊升沈氏彤校正作尊斗

注周禮王之皮弁會五采玉琪李本琪作璂案影宋鈔釋文琪

注匴作纂張本改作纂為為篹據陸也李本同案單疏為纂魏氏為篹

注坫作襜張本改作襜為為檐據陸也李本同案影宋鈔釋文檐單疏坫作檐嚴本檐譌為襜形涉而誤

經贊者盥于洗西李本刪于洗西三字據疏也嚴本有○段氏玉裁曰注盥於洗句西由賓階升也句賈公彥誤讀乃云盥于洗西無正文而淺人乃增經文于洗西三字李本無者是也

注賓還荅拜於西序之位東

面者李本西作東非也乃譌字耳注扱柶於醴中張本改扱為捷據陸也李本扱案釋文云本又作插亦作扱嚴本盖用亦作字注亦俠拜也李本刪也字經奠摯見于君遂以摯見於鄉大夫鄉先生注摯雉也張本改摯為贄據陸也李本摯案釋文云本又作摯嚴盖用又作本經吾子將莅之注莅臨也張本改莅為涖據陸也李本莅注柎注者李本者作也案單疏者注毎加於阼則醮之於客位李本則作階注皆所服以行道也李本所服作所常服案單疏缺葉無攷注至其衰未李本未作末案末譌為未形涉而誤經注中如此者甚衆舉例於此概可知实嚴本之誤不辨自明注箕殺所由生又民猶得同姓以殺其君也李本殺作弒案釋文云殺本又作弒嚴本與釋文正同

士昏禮

經至于廟門張本改廟為庿據陸士冠禮也案張所見嚴本各經注從苗從朝既非一例何必盡改古字李本作庿彼案云唐石經作廟嚴本當不誤注今又阿爲㡑李本又作文案文譌為又形涉而誤注辟遂巡張本改巡為遁據陸也張案釋文云逡遁音旬令本乃作巡至開寶釋文之本又獨于此作巡令案影宋鈔釋文逡巡七旬反下音旬正與開寶本合李本改為遁注出房南面待主人迎受張本改迎受為捂授據陸也李本作捂受不作授案影宋鈔釋文捂授○段氏玉裁曰捂是也捂者字之譌迎者捂之義也注腊免腊也李本免作兔案兔譌為免形涉而誤經綌冪加勺張本改冪為鼏據陸也影宋鈔釋文浴鼏李本冪案張李二本戴氏震各有案語謂當從冪則嚴本不誤注禁所以庋甒者甒嚴闕據李本補經主人爵弁纁裳緇袘李本袘作袉彼案云唐石經袘案影宋鈔釋文袘單疏袘嚴本當不誤注同注使徒役持

炬火（李本徒作從）

注裧車裳幃（李本幃作帷案單疏幃嚴本當不誤）

注女從者畢袗玄則此亦玄矣（張本于此下增衣字據疏也李本同案單疏有衣嚴本當誤）

注刺黼以爲領（張本改刺為剌據陸也彼案云引説文五經文字證剌字之非李本刺案單疏刺嚴本當不誤）

注以爲行道禦塵（張本改禦為御據陸也李本禦案單疏禦嚴本當不誤）

經媵布席于奧（張本去布字據陸也李本同）

經匕者逆退（張本改匕為朼據陸也李本於經匕俎從設注執匕者及此經匕者逆退注執匕者皆作朼案單疏匕匕嚴本不誤又案張本李本案云少牢饋食禮長朼古文朼作匕則匕乃古文也○段氏玉裁曰匕朼本二物匕以取飯朼以載牲體此注云所以別出牲體則應作朼矣而古經多通用不可強分）

經皆振祭嚌肝（張本改嚌為齊據陸也并云齊嚌古通李本嚌案影宋鈔釋文齊）

經乃徹于房中（張本改乃徹為廼撤李本乃徹案單疏乃徹則嚴本不誤徹正撤俗説見上篇）

注將見良人之所之（張本改見為覵據陸也李本見案釋文云今本亦作見嚴蓋用亦作本又案單疏引孟子注云瞯視也彼瞯爲視亦得爲見故鄭此注爲見也賈所見鄭注與嚴本合）

經受笄腶脩升（張本改腶爲段據陸也李本腶案釋文云本又作腶同嚴蓋用又作本）

注若或無娣猶先媵容之也（李容作客案單疏容魏氏容則嚴本不誤）

注不餧敗（張本出餧字于上而正文仍作餧彼案云當舉餧字表于上又所引釋文當作餧今並誤而為餒故舉説文及五經文字以正之今案釋文訛作餒嚴本餧不誤張所見嚴本已誤矣李本餧同嚴本）

注以託戒使不忘（李本不作勿）

注使人醮之（李本醮則醮乃醮之壞字）

注勉帥婦道以敬其爲先妣之嗣（張本勉帥道婦據陸上釋文下帥道同句也李本同道同導陸張李是也）

經某之子未得濯溉於祭祀（張本溉作摡據陸也李本同案影宋鈔本釋文摡又案詩溉之釜鬵傳云溉滌也陸釋文云本又作摡舉詩證禮嚴本蓋用又作字）

經某得以爲昏姻之故不敢固辭敢不從（張本於敢不從句上有不字從廣順本也李本同）

義攷 二

士相見禮

〔經士相見之禮摯〕張本改摯為贄經注揔四十有四皆改從手為從貝據陸也李本摯單疏摯案釋文云本又作摯嚴盖用又作本且張云至庶人之摯鷙本從手則通改者妄矣〔注固以請也〕張本去也字據疏也李本同案單疏同〔注見於所尊敬而無摯〕無嚴闕據李本補〔注維謂繫聯其足〕張本於維字下增之以索三字據陸釋文注上句飾之以布全出四字也李本同則李所據本不同嚴本〔注羔取其後帥〕張本改後為從據疏也并云疏引注文亦作從至其下釋乃云凡羔羊皆有引帥若鄉之後君之命者也此釋亦誤以從為後今案單疏魏氏皆作從嚴本誤〔注具猶辯也〕張本辯作辨出辨字于上據陸也案張所見嚴本盖辨字李本辨辨辨本無二字〔注君祭先飯〕先嚴闕據李本補〔注食其祭食〕李本食其作於其為是謂於君祭食之頃也

鄉飲酒禮

〔注孝友睦姻任恤〕張本改姻為婣據周禮也李本同案周禮釋文出睦婣二字下云音因此不出者必姻也又案單疏引彼鄭注云姻親於外親正用姻字嚴本當不誤〔注當陳揖〕張本正從嚴本且據疏引爾雅陳堂塗也以證之案單疏魏氏李本同〔注事同曰讓事異曰辭〕張本從嚴本作曰李本同案單疏魏氏同〔注古文一作壹〕張本出壹字於上據經文壹故改為壹作一也李本與張改同案經士冠禮及鄉射禮注皆云古文壹皆作一此處嚴本誤也又案魏氏引注古文壹作一〔注疑正立自定之皃〕張本依作正立案經士昏禮注疑正立自定之皃公食大夫禮注疑正立也與鄉射禮注疑止也異。段氏玉裁曰正皆止之譌四注皆於止字斷句大射燕禮同〔注少退少辟〕張本改少辟為小辟據陸也李本同〔注可則傚也〕張本改傚為詨據陸也李本同案釋文云本又作傚嚴盖用又作本且經燕禮釋文亦出則傚字傚詨古通用〔注與之燕樂也〕張本

攺燕為宴據陸也李本燕案單疏引詩云君子有酒嘉賓式燕以樂可證鄭注之用燕樂字

〔注葛覃〕張本攺作葛蕈據陸也與影宋鈔釋文合與嚴本宋刻異然案張引五經文字云詩葛覃亦作蕈九經字樣云葛覃經典或作蕈則嚴本蓋用正字也

〔經執觶興盥洗北面〕張本去盥字據疏也李本同案單疏引鄉射大射禮皆直云取觶洗南面反奠於其所不云盥此俗本有盥者誤則經文之有盥明矣李本案云唐石經有盥字嚴本與唐石經合

〔注拜賓復自屈辱也〕張本出復字于上而本文作服其所見嚴本與此異案釋文出復自字嚴本正合無庸識誤

〔注先戒而又宿戒〕張本改又為復據陸上釋文而復同句也李本同案單疏缺葉無考

〔注挺猶職也〕張本僅出職字于上而下文已闕戴氏震案語云疑張所據釋文云職本亦作職張氏多從釋文前一字故以職改職今案影宋鈔釋文猶職音職本亦作職正與張所見本同嚴本蓋用亦作本

鄉射禮此篇識誤闕李本亦闕而戴氏震參取惠棟沈大成所校宋本補經注

〔注猶少辟也〕案釋文少作小宋本少單疏本少

〔注古文挩作說〕宋本攺說為帨案單疏本說說是帨非

〔經賓席未荅拜〕宋本未作末案末譌為未形涉而誤

〔經采蘩〕宋本同唐石經同皆與嚴本合

〔經末旅〕

〔注末以次序相酬〕宋本末作未案單疏云必於未旅而射者旅則醉禮終恐不得射故於未旅而射也未譌為末形涉而誤

〔注讀如成周宣謝災之謝〕宋本謝作榭下曰謝從謝立謝同案公羊釋文出宣謝鄭正用此謝字單疏引云及成周宣謝及此州立謝謝則有堂無室三引皆用謝字則嚴本不誤

〔注及羣士未觀禮者也〕宋本未作來案單疏云言衆賓則與賓俱來者也又云直來觀禮者也足證鄭注來字來譌為未形涉而誤

〔注起由中東就左獲〕宋本東作西案中西即經上文釋獲者東面于中西坐也宋是嚴誤

〔注及注如大射〕宋本及作反案單疏云反注為一手不能正也反譌為及形涉而誤

〔經興適左个中皆如之〕宋本皆作亦唐石經皆

〔注曰鄉言還當上耦

酉面宋本酉作西案單疏西西譌為酉形涉而誤注遥號令之可也宋本令作命案單疏云遥命之也命譌為令形涉而誤注其他賓客鄉大夫宋本鄉作卿案宋本是也單疏云采蘋是卿大夫樂節此用射義天子以騶虞為節諸侯以貍首為節卿大夫以采蘋為節單疏鄉字乃卿字之譌鄉射禮乃鄉大夫州長所行似宜用采蘋而用騶虞故注著明之曰方有樂賢之志取其宜也其他賓客卿大夫則歌采蘋謂鄉大夫州長而外賓客雖為卿大夫祇歌采蘋此謂觀禮之卿大夫鄉飲及此篇所謂諸公大夫也注奄東之宋本奄作掩案單疏云故於此時中掩左下綱如初張時也掩奄古通注樂正反自西階東北面北嚴闕據宋本補案單疏本北面注至此盛禮以成宋本以作已注燕設啗臭宋本臭作具具譌為臭形涉而誤注衆賓之末飲而酬主人之贊者宋本末作未案單疏本同未譌為末形涉而誤下文大夫之未飲其未若皆衆賓兩未亦皆末誤注禮殺進受尊者之酬猶不拜宋本進作雖案單疏本雖雖是也注及賓觶大夫之觶宋本大大作大夫案單疏本大夫夫譌為大形涉而誤注賓俎奠觶于其所宋本俎作坐案單疏本坐坐是也注俎陽氣之所發也宋本俎作祖案此是引鄉飲酒義單疏云飲酒是陽故法之俎字誤注以爵拜以嚴闕據宋本補注旌物名也宋本物作總案單疏總作揔則物乃揔之壞字脫其下半也注不待中爲備也宋本備作雋雋是也注宜於躬器也宋本躬作射案單疏本射射譌為躬形涉而誤注半其出於射者也宋本射作躬案單疏本躬躬譌為射形涉而誤

燕禮

注寢露路寢張本改露為路據疏也李本同案單疏路露路古通經冪用綌張本改冪為鼏識誤本文不全戴氏案語推張氏之意經及注

兩冪字並因前士冠禮等篇釋文而改誤也注鼏用綌若錫張本無識誤文李本冪案單疏引注冪則嚴本經冪而注鼏注蓋譌冪為鼏也注
宰夫大宰之屬張本從監嚴本大李本皆同他本大作人非也注君物曰膳李本曰作曰案曰譌為日形涉而誤注今
文從北以下李本北作此李是也嚴誤注所謂一張一弛者是之類與張本出壹字于上其識誤文不全戴
氏案語據注文推張意據釋文改也案單疏引正作一與嚴本鄭注合注鹿鳴君與臣下及四方之賓宴又宴
歡在於飲酒成其意張本改宴為宴據監本也戴氏案語謂宴乃筆畫之誤案此處果作異字釋文當出宴字段氏曰說文宴字林宴
見五經文字注與之宴樂也張本亦改妟為宴注退巾與筭也李本巾作中案中譌為巾脫筭也注樂
正亦學國子以舞李本學作教案單疏述注作教段氏曰文王世子篇學世子學士學干戈學羽籥大樂正學舞干戚皆戶孝反嚴本不誤注
主國君鄉時親進醴于賓張本改鄉為饗案釋文饗或作鄉非張氏從釋文也據賈疏亦當作饗鄉非也經
袒朱襦張本改襦為褠據陸也彼案據說文正之當作襦李本襦
大射儀此篇識誤缺李本亦缺戴氏震取惠棟沈大成所校宋本補經注
注宰於天子冢宰治官卿也宋本家作冢是也注成於百官宋本戒戒是也注主人
宰大也宋本大作夫夫是也注其篇工宋本工作亡案亡譌作工形涉而誤注司馬政宮宋本宮作官案官譌為宮形涉
而誤注今文於為干宋本干作于于是也經射者非其其侯衍一其字宋本不重其注搢扱
也案釋文云捷本又作扱嚴本盖用又作字注簫弓末宋本未作末案末譌為未形涉而誤注大侯服不氏負

侯徒一人徒嚴闕據宋本補注其邪制躬舌之角者為維宋本躬誤射案單疏引注作躬又云上下躬兩頭皆有角則躬字不誤注眙女曾孫宋本眙作貽案釋文出貽女云遺也眙乃貽之譌字經卒祭左个之西北宋本左作右案作右非也上文經司馬正西面拜送爵反位疏云下文卒祭左个之西北三步東面可知嚴本作左是經三耦拾取矢如初宋本三作二非注其詩有射詩侯首不朝者之言宋本詩侯作諸侯案諸譌為詩形涉而誤注後出失之宋本出作世是也注或有炰鼈膾鯉宋本炰作炮案釋文云或作炰缹同音缶單疏本魏氏本皆作炰可見儀禮古本不作炮者段氏曰炮與炰音義皆異炮者連毛燒之炰者爆煑之也詩韓奕正義可攷鼈非可毛炮者注以口齒受獻宋本以齒連文案此口衍不當有經洗象觚宋本觚作觶案注云觚當為觶則經文不應改字釋文云音觶則但當讀如觶音不得改從觶文也嚴本不誤注又掌國子戒令教治世子之宮也宋本宮作官案官譌為宮形涉而誤下注后夫人之宮也宮亦當作官

聘禮

注諸侯謂司徒為宰又宰夫宰之屬也張本於宰字上皆增大宰據陸也李本宰為大宰同案單疏述注云諸侯謂司徒為宰者也賈所見鄭注亦無大字注天地配合之象也張本改配為妃據陸也李本妃案釋文云本亦作配則此盖用亦作字經司馬執策立于其後張本改策為筴據陸也戴氏案語據說文及五經文字證改策為筴之誤李本筴經夫入竟壹肆張本改壹為一據陸也李本一段曰一是注以譏異服張本改譏為幾據陸也李本幾案單疏述注云關譏異言是鄭注本用譏字其釋又引王制注亦云幾異服異言又引周禮司門云幾出入不物者則鄭注周禮多用幾字此儀禮自用譏字釋文云本又作譏嚴本盖用亦作字注其有來者者張本改下者字

為與據陸也李本同則此當誤經竹簋方張本改簋為簠據陸也李本簋戴氏案語據唐石經及注以作簋為正案釋文云本或作簋嚴本盖用或作字且單疏本作簋則此不誤注六鈃張本改鉶為鈃據陸也云此卷經注凡六其二作鈃其四作鉶釋文不及鉶字必皆鈃也戴氏案語訂張盡改鉶從鈃之非案釋文首出六鈃嚴本正與之合單疏云故鄭言簋鈃之等也則此鈃字當不誤注俟辨也張本出辨字于上以正監杭本之誤據陸也其所見嚴本原作辨李本辨作辨案辨辨古無二字前士相見禮嚴本亦作辨注少進於士李本士作土案士譌為土形涉而誤注賈人鄉入陳幣東面俟張本改鄉為鄉後鄉公鄉將鄉時鄉以皆同據陸也李本同案單疏亦作鄉注凡禮裼者張云獨監本以禮為禮今從諸本并據陸也經自後古客李本古作右案右譌為古形涉而誤注若有所問也張云監本無有字今從諸本李本同注來言文陽之田李本文作汶案文誤注几賓左几張本改上几字為凡據疏也李本凡案單疏凡云賓左几者對神右几也盖釋注賓左几如張所云盖見疏文作云凡段曰單疏宋刻作凡云自是誤倒注不敢冨公禮也李本冨作當案當譌為冨形涉而誤注几取幣于庭北面李本几作凡案單疏云凡取幣于庭北面者言凡非一又曰故云凡以廣之也則几乃凡之誤注嫌擯者一一授之張本從嚴本案單疏云明不一一授同時訝受可知也則一一為是注執皮者奠皮李本執皮作執介誤注小休息也李本小作少案單疏小休注陪鼎三牲臛膷膮陪之李本臛作膗案釋文出牲膗李當據此嚴本自作臛字與說文合注唯燖者有獻北饌先陳其位李本獻作膚北作此案膚此譌為獻北形涉而誤注有腊者所以優賓也張本改腊為腥據疏也李本腥案有腥者釋經文腥字也單疏腥腊誤注酒不以雜錯為味李本作醋雜李誤也注豕束之張本出束字于上而原文作豕束之是張所見嚴本為東也故引疏云豕束縛其足是張改東為束者據疏也李本東

今嚴本宋刻未誤〔注中夫之西〕張改夫為央者據監本也李本央夫乃央之誤〔注凡賔客之治令訝聽之〕李本令作令單疏同令字誤〔注主人與辭於客〕李本與作固〔注令之縛也〕張本改縛為縳據陸也李本縛案釋文不以縛讀同絹者為正字以縛為一作字此大誤也張不能正而從之〔注凡君有事於諸侯臣之家〕張本去侯字據疏也李本同案單疏述注無侯字段曰侯字有者是也對己臣之家言之〔注明已受賜大小無不識〕張云監本已作已令從諸本作已李本同己是也〔注明去而宜有已也〕張本改已為巳據疏也李本同案已譌為己形涉而誤〔注鄭伯惡其大夫髙克使之將兵逐而不納此盖請而不得入〕張本改逐為遂據監本也李本逐案單疏引公羊傳何休注云使將師救衛隨後逐之則此逐字不誤〔注土隨自後〕李本土作士士譌為土形涉而誤〔注王于闌〕張本改于為於據陸也李本于〔注夫人出子死〕李本出作世案世譌為出形涉而誤〔注宜清淨也〕李本淨作静静是也〔注雖有臣子親因〕李本因作姻案單疏述注親因因是也〔注以巳至朝〕張本改巳為己李本同案己譌為巳形涉而誤〔注方板也〕張本改板為版據陸也李本版〔注少退別其處〕張本去其字據陸前釋文注別處同句也李本同單疏同〔注軷涉山川〕張本改軷為跋據陸前釋文注跋涉音同句也李本軷單疏軷〔經又齎皮馬〕〔注齎猶付也〕又馬云齎張本悉改齎為賫據陸也案戴氏案語據說文證改賫之非李本齎案單疏述注馬曰齎則經注之齎皆當作齎矣嚴本是〔經辭曰非禮也敢對曰非禮也敢辭〕張本去末辭字據注與疏也李本同案段氏玉裁經韻樓集曰此經辭曰與上文三辭字迴別上文為文辭之辭此為不受之辭於說文為辤字故注別之曰辭不受也對則訓答問又云二者皆卒曰敢則敢下之無字可知矣二者證諸左傳若王以上卿之禮饗管仲管仲辭曰臣賤有司也有天

子之二守國高在何以禮焉陪臣敢辭此辭曰非禮也敢之證也宴甯武子賦湛露彤弓不辭又不答賦使行人私焉對曰諸侯朝正於王王賦湛露諸侯敵王所愾而獻其功王於是賜之彤弓今陪臣來繼舊好其敢干大禮以自取戾此對曰非禮也敢之證也凡敢下有辭之本非也〔經又見之以其摯〕張本改摯為贄據陸也李本摯案說見士相見禮篇〔注鞠躬如也〕張本改躬為窮經鞠躬焉同據陸也李本同案釋文云本亦作躬嚴同亦作本〔注舉足則志趨卷遯而行也〕張本改遯為豚據陸也李本豚案單疏述注卷遯〔注舒鴈鵝〕張本于末增也字據陸也李本同案單疏標注起訖威儀至鴈鵝嚴本無也字與賈本合〔注此謂重賄反幣者也〕李本重作厚案單疏引重賄疏用注注用經重字不誤〔注若今萊易之閒〕李本易作陽案影宋鈔釋文萊易段氏云凡釋文陽字無有作易者嚴本與釋文合萊易二水名漢書故安易水東至范陽入濡濡水亦至范陽入淶此萊字當即淶也

公食大夫禮

〔注問所以來事〕張本于以字下增為字據陸也李本增同案單疏述注云問所以來事釋云賓使上介出請大夫所為來之事賈蓋以為字釋以字〔注楣謂之梁〕李本梁作梁案梁譌為梁形涉而誤〔經士舉鼎去冪於外〕張本改冪為鼏李本同案單疏冪段氏云凡器云冪鼎云鼏經之例也而亦有鼎云冪者〔注謂精理滑脃者〕李本脃作脆案釋文滑脃脃字不誤〔注其故處〕張本于末增也字據陸也李本同案單疏標注起訖東遷至故處蓋無也字不誤〔注不言縪錯俎尊〕張本去言字據陸也李本言案單疏述注有言字〔注古文簋皆作軌〕李本軌作軌案軌譌為軌乃軌之誤字〔經寶于鐙〕案當作實各本不誤〔經宰夫設鉶四于豆西〕張本改鉶為鈃據陸也李本鉶案說見前聘禮〔注燕禮記曰凡

儀校 六

奠者於左〉張本從嚴本有燕禮字李本同案單疏述注有燕禮字釋曰按燕禮無此文此必傳寫者誤蓋疑鄭注之衍此二字也〈經三
性之肺〉李本性作牲案性乃牲之誤字〈注扱其菜鉶也〉李本菜鉶作鉶菜李是〈注雖加目是一
禮〉李本目作自案目乃自之誤字〈注令時臛也〉李本臛作膗案說見前聘禮〈注肉則謂鮨為鱠〉張本
改肉為内據監本也鱠為膾所見嚴本異李本肉作内同鱠不作膾案内譌為肉形涉而誤鱠當作膾從魚誤也〈注不於豆祭〉李本於作以案單疏
於於是〈注目閒坐由兩饌之閒也〉李本目作自案目乃自之誤字〈注北面於階上〉張本于於字下增西
字據疏也案單疏西階上〈注令文曰梧受〉李本梧作梧案梧從木是也單疏標注起訖從者至梧受〈注未經所終〉李本未作
末案末譌為未形涉而誤〈注皆爲莞〉張本改爲為作據陸也李本同案單疏標注起訖司宮至為莞〈注令文苦爲芐〉
案芐乃芐之誤〈注巳有鹹和〉張本于末增也字據陸也李本同案單疏述注無也字

覲禮

〈注小行人職曰〉張本改日為曰據監本也李本同案嚴本宋刻曰字未誤張所見微異〈注上介出止使者則
已布席也〉張本改己為已李本已案單疏述注作己又釋云則已布席者以其素不云布席而云設几几不可設於地明有席席之所設惟在此時推賈
之意上介出止使者則己布席也己者侯氏也授几者侯氏布席者亦侯氏也嚴本作己義較[illegible]段氏曰作巳為是上公九介侯伯七介上介出他介可為不必侯氏自布
〈注大夫者卿爲訝者也〉張本從嚴本作卿并據陸也〈注令文玉爲圭〉李本圭作璧圭是〈注
不敢由賓客位也〉張本改客為之據監本也李本同〈注畀者見尊〉張本去者字據陸前釋文畀見同句

也李本同案單疏引注有者字

注王不使人受馬者主于享王之尊益君侯氏之卑益臣　張本𢿱主為至據疏文義當作至也李本同案單疏文有至于字

注官謂壝土為埒　張本𢿱官為宮據諸本也李本宮案下注有為宮者三字則此官字誤

注以象牆壁也　李本牆作牆牆乃誤字

注所謂神明也　李本作明神案單疏述注明神出周禮則神明誤倒

注王官之伯帥之耳　張云吉觀國所校監本𢿱王為曰今從諸本作王并據篇末之注有是王官之伯會諸侯而盟也

經天子乘龍載大旆　張本𢿱旆為旂據諸本也李本旂案注及單疏皆作旂旂是旆誤

注繅藉尺有二寸　李本藉案藉譌為籍形涉而誤

注其盟愒其著明者　李本愒作揭案單疏述注愒影宋鈔釋文同段氏曰字作愒從心義作揭從手揭者舉也謂王巡守及諸侯之盟祭其就祭之所日山川月㝡著明者也愒蓋揭字之假借應基竭切而陸氏乃苦蓋反賈疏亦不定愒字之義皆其疏也

喪服

注搹扼也　張本𢿱扼為㧖據陸也李本同段氏曰作扼為是說文搹把也或從戹作㧖㧖即今之扼字也鄭以扼釋搹者以今字釋古字之例

注屋下壘墼為之　李本𢿱壘為壘案釋文壘單疏述注壘按當作垒

注不言適子　張本𢿱適為嫡據陸也李本作適案釋文云本又作適嚴同又作本單疏作適

注別然男子也　張本𢿱然為於據監本也李本于案單疏述注於

注言在室者謂已許嫁　張云按監巾箱杭本謂作闗今𢿱謂為闗據諸本及疏也李本闗案單疏述注闗闗是也

注如著幓頭焉　張本云監本幓從諸本幓案監本幓下戴氏云案此下有脫文當是言監本幓作幧據此則作幧者惟監本矣李本幓單疏幓段氏曰幓非幧是

注凡女行於大夫以上

日嫁〕張本改日為曰據諸本也李本曰〔注始祖者感神靈而生〕張本改感為咸據監本也李本感案單疏述注感釋云謂祭所感帝還以始祖配之又云是后稷感東方帝靈威仰所生契感北方黑帝汁光紀所生則嚴本感字不誤張氏誤〔注若稷契也〕張本改契為栔據陸也戴氏案語已證作栔之非李本契案單疏述注契〔注繼之以姓而弗別〕李本繼作繫單疏謂殷家不繫之以正姓賈自釋作繫字案繼乃誤字〔經女女子適人者爲其父母期〕張本第二女字作子據前章云女子子也李本同〔注天子畿內之民〕張本改畿為圻據陸也李本畿案釋文本又作畿嚴本同又作本〔注止者不降〕李本止者作此著案單疏述注此著嚴本止者乃皆誤字〔經是嫂亦可謂之母乎〕張本改嫂為㛮據陸也李本嫂案釋文云本亦作嫂嚴同亦作本〔注嫂猶叟也〕張本改叟為傁據陸也李本叟〔注當言其以明之〕又〔足以明之矣〕張本改明為見據陸前注云下以見同句也李本明〔注是人不得祖公子者〕又〔不得祀別子也〕張本改得為復據陸也李本得〔經以小功之繐也〕段氏曰繐乃縷之誤玩疏文本作縷唐石經而下無不誤〔注治其縷如小功而成布尊四升半〕又〔以服至也〕張本移尊字在至字下謂上句多一尊字下句少一尊字據疏也李本尊字未誤案此嚴本誤〔注此主謂大夫之為殤者服也〕張本改大為丈據疏也李本大〔注公之昆弟不言庶者此無服無所見也〕張本改此無服之無字為庶字據疏義李本無段氏云作庶者是也通典作此無毋服無所見也亦通〔經為從父昆弟〕李本父作婦誤〔注父之適妻也〕李本父作君案父是〔注異爲孺子室於宮中〕張本改孺為穉據陸也戴氏案語已正改孺為穉之誤李本孺〔注而舅服之也〕李本舅服之作服總李本非舅服之謂以服舅者服之也〔注將亡失尸柩也〕張本改尸

為屍據陸也李本尸〔注〕其奠如大斂張本出斂字於上而原文作其奠如大奠據陸改大奠為大斂李本同嚴本案嚴本不誤〔注〕禮宜同也李本禮作理嚴本是〔注〕士雖當事皮錫衰而已張本于皮字下增弁字據監本也李本弁有弁者是〔注〕燕尾二尺五寸李本改二作一案一是也各本皆誤二

士喪禮

〔注〕疾時處北墉下張本改墉為庸據陸也李本同案釋文云本亦作墉嚴同亦作本〔經〕受用篋張本改篋為篚據陸也李本同案釋文云本或作篋嚴同或作本〔注〕恐其辟戾也李本辟作辟案辟乃辟之誤〔經〕書銘于末曰李本未作末案末譌為未形涉而誤〔注〕槃承溓濯張云監本溓誤作䨨從釋文及諸本作溓〔注〕鬲將縣重者也張本于重字上增於字據陸前注於重同句也李本有於字疏亦曰注云鬲將縣於重者也案有者是〔注〕及其巾而已張本改及為反據疏也李本反案反是謂既含而仍蒙布巾也〔注〕又還結於項巾張本改巾為中據監杭本也李本中案中是〔注〕決拾既次李本次作佽〔注〕令不挈也張本于挈下增指字據陸也李本有指〔注〕令文澤爲也張本改澤為襗也為澤據杭本也李本同張是也〔注〕大夫玄冒黼殺張本改黼為黻據監杭本也李本同張李是也此注喪大記三字當作禮器二字〔注〕黑衣裳赤緣謂之緣張本于緣下增之字據陸也李本同〔注〕天子以球玉張本改球為璆據陸也李本璆〔注〕天子搢珽張本改珽為珵據陸也李本珽案釋文云本又作珽嚴同又作本〔經〕皆纁緇絇純張本去絇字據陸也李本同去者是也〔注〕比皮弁之屨張本改比為此據監杭本也李本此案此譌為比形涉而誤〔注〕皆者皆具以下張本改具為貝據上經云貝三

（也李本同案貝譌為貝形涉而誤）〔注〕復於筐處（張本于末增也字據陸也李本無）〔注〕造水焉（李本水作冰案釋文造冰）

（水乃誤字）〔注〕第有枕（李本第作第案釋文第第譌為第形涉而誤）〔注〕象平生沐浴倮程（張本改程）

（為裎據陸也）〔注〕主人出而襢第（李本第為裸誤案李釋云襢第）〔注〕古文渜作緣（李本緣作湪李是）

〔注〕送終之禮（張本于末增也字據疏也李本同）經受具奠于尸西（李本具作貝案貝是也）〔注〕如

商稅之事（李本稅作祝案稅不成字）〔注〕不在數明衣（張本去在字據釋文也李本同案經文不在算則在字當有）〔注〕

搢插也（李本改插為捷當據陸也下插於帶之右旁同）〔注〕決以韋為之藉（張本去之字據陸也李本同）〔注〕析其

未者（李本未作末案末譌為未形涉而誤）〔注〕紞被也（張本於被下增識字據陸也李本同張李是也）〔注〕袍繭之屬

（張本改繭為襺據陸也李本同張李是也）〔注〕又將初喪服也（張本改喪為變據監本也李本同）〔注〕狀如今之著

幓頭矣（張本去之字據陸也李本同）〔注〕南宮縚之妻之姑之喪（李本縚作韜）〔注〕古文予

為與（李本與作于）〔注〕今文胉胉為迫（張本去一胉字據監本也李本不重胉字案嚴本衍）〔注〕柢皆為眂

（張本改眂為眡據陸也李本眂張李是）〔注〕禮防其以死傷生（張本改防為坊據陸也李本防案釋文云本亦作防嚴同亦作本）〔注〕

帛為褶（李本為作謂誤也）〔注〕燎火燋（張本改火為大據陸也李本大案影宋鈔釋文火燋段氏云大是也）〔注〕橫者三（沈氏彤校）

（正三作五）〔注〕盛之也（段氏校正盛當作神下節注彌神之可證）〔注〕君殯用輴（張本改輴為楯據陸也李本輴案李釋引檀弓龍輴為證）〔注〕

軜輁軸也（張本改軜為軸據監杭本也李本軸案軸是）〔注〕謂豚體及上俎之陳（張本改上為匕據監杭本也李本匕張李是）

〔注凡奠設于序西南者畢事而去之〕李本凡作几案作凡是〔經君若有賜焉則視劒〕張本改劒為斂據注及監本也李本斂案注云君視大斂則斂譌為劒形涉而誤〔注巫掌招弭〕張本改弭為彌據陸也李本弭案釋文又作弭嚴同又作本〔經用瓦敦〕李本用作有李誤〔注常籩位〕張本改常為當據監本也李本當案當譌為常形涉而誤〔注中央壤衰也〕張本從嚴本中李本中〔注掌共燋契〕張本改契為挈據陸也李本契案釋文云本又作契嚴同又作本〔注遂灼其焌契〕李本灼作龡合周禮〔注示高揚火〕李本示作眡合周禮〔經卜宅如初儀〕張本改宅為擇據上文筮擇如初儀句改也李本擇案自唐石經譌宅而嚴本仍之

既夕禮

〔經夷牀饌于階間〕張本改夷為侇據陸也李本侇案釋文云本亦作夷嚴同亦作本單疏述注夷〔注朝正柩用此牀〕張本去正字據陸也李本有正案單疏述注有正〔注燭用烝〕張本出烝字于上而原文用蒸字盖其所見嚴本蒸改蒸為烝據陸也李本蒸案單疏述注蒸蒸葉石君所抄宋釋文作蒸蒸見說文今人知蒸而不知蒸矣〔注此不象如初者〕張本改象為蒙據疏也李本蒙單疏述注蒙案蒙是也〔注爲有所拂扐也〕李本扐作扐案單疏扐扐同彷扐不成字〔注穿程前後著金而關軹焉〕張本改程為桯改軹為軸據疏及監本也李本桯軹案單疏述注桯軸段氏玉裁曰軹軸皆通著金關軸與車轝同制〔注車當采榮〕李本采作東案單疏述注東采誤也〔經御者執策立于馬後〕張本改策為筴李本策〔注士不愉絞〕李本愉作揄案單疏述注褕賈所釋皆作褕案褕是其餘非也〔注披輅〕李本輅作絡案單疏述注輅案輅是絡誤〔注抗禦也所以禦止

士者〉張本改禦為御據陸也李本禦案釋文云本亦作禦嚴同亦作本張所見嚴本作禦土李本同案此宋刻嚴本土譌為士形涉而誤

〈注菌在杭木上〉李本杭作抗單疏述注杭案杭見說文經文抗木亦當作杭木

〈經罋三〉張本改罋作甕據陸也李本罋案單疏述注罋說文字從缶

〈注令文杅為桙〉李本杆作杅案注杅盛湯漿作杆杅即盂作杆非也

〈經杖笠翣〉

〈注翣扇〉張本皆改翣為箑據陸也李本翣案單疏述注翣釋文亦作翣未知張所見何本

〈經祖〉李本祖作袒此袒譌為祖形涉而誤

〈注為將祖變〉張本出祖字于上而本文作袒故改袒為祖據疏也案張所見嚴本誤袒而此不誤單疏述注祖釋云下經商祝御柩乃祖是將祖故此主人袒祖即變也據此則嚴本于經則譌祖為袒于注則未譌祖為袒也

〈經及眾主人祖〉李本祖作袒案單疏亦釋作袒此亦形涉而誤

〈注參分庭之此〉張本改此為北據監杭本也李本北案單疏述注北其釋亦作北

〈注無漆飾〉李本漆作漆案單疏漆

〈注離挂〉張本于末增也字其所見嚴本挂有二點者誤李本挂案單疏述注離挂無也字

〈注燭俠路〉李本路作輅案單疏作輅

〈注若親受之然〉李本受作授單疏授案授是

〈注君容祝〉張本改祝為祝據陸也李本同案祝是也

〈經婦人入大夫踊〉張本改大為丈據監本也李本丈案丈譌為大形涉而誤

〈注不忍一日〉張本于末增也字據陸也李本有案單疏無

〈經主人啼〉張本改啼為諦據陸也葉抄釋文如是李本啼案單疏啼

〈經楔貌如軛〉張本楔作禊其所見嚴本異楔是也改軛為軶據陸也李本軶單疏軶軶軛古今字

〈注盂水便〉張本于末增也字據陸也李本有

〈注若今之禪縿〉張本改禪為襌據陸也李本同案單疏述注襌襌是禪非也

〈注短無見膚〉李本無作不案單疏述注無

〈注為少進醴酒〉張本改少為夕據疏也李本同案單疏夕夕是也

〈注苫編藁〉張本改藁為稾據陸也李本同案單疏藁

〈注古文幦為冪〉張本改冪為幂據陸也李本同案單疏標目冪用冪代幦古文假借也陸本非

〈注令文犬為大〉李本改下犬為大案單疏標目大

〈經〉垂末內鬊 張本改未為末據監巾箱杭本也李本末末是 〈注〉室東南隅謂之窔 張本于室下增中字據疏也李本有案單疏述注有中字 〈經〉燕養饋羞 李本饋作餽案單疏饋 〈注〉古文輁或作拱 張本改作為為據監本也李本作案單疏為 〈注〉玩好日贈 張本改玩為翫改日為曰李本玩日作曰案單疏曰曰是 〈注〉今文柲作柴 張本出為柴二字而本文作柴是所見嚴本誤柴為柴張改據陸也李本為柴案單疏標目作柴嚴本正合段氏曰柴乃柴之譌葉抄釋文正作柴 〈經〉翭矢一乘 張本于首增矢字據陸也李本同案單疏標經起訖翭矢上無矢嚴本正合 〈注〉輖摯也 張本改摯為墊據陸也李本同案單疏述注墊并釋云故讀從執下至

士虞禮

〈注〉今文扃為鉉 張本改為為作據陸也李本為案單疏為 〈注〉如今擐衣也 張所見嚴本擐作擐改擐為擐據陸也李本擐案單疏擐釋文云又作擐嚴同又作本 〈注〉墮之猶言墮下也 張本改墮下之墮為隨并移猶字在言字下據陸也李本墮下言在猶上案單疏述注同嚴本則嚴本當不誤 〈注〉飯門啗肉安食氣 張本改門作間據監巾箱杭本以正嚴本之謬也今轉刻識誤者門間倒亂不可讀李本單疏皆間 〈注〉喪祭進抵右鹽於俎 李本抵作柢案單疏亦柢柢是也 〈注〉文夫婦人於主人哭斯哭矣 李本文作丈案單疏丈 〈注〉几在南變古文 張本改古為右據疏也李本右案單疏釋仍作右右是也 〈注〉或者遠人乎 張本改者為諸據疏也又引特牲饋食禮注為證李本者案單疏述注者 〈注〉卽徹室中之饌 李本卽作則則是 〈注〉今文或作芐 張本改作為為據陸也李本作安案單疏述注作芐張本所見作芐不誤從卞者誤也 〈注〉記異者之節 張本從嚴本記李本記案單疏述注記 〈注〉今正者自相亞也 張本出令字于上而本文作令是所見嚴本與此異也李本令 〈注〉卒哭日成

事張本改日為曰據檀弓也李本曰

注尸且將始祔於皇祖張本改且為旦據疏也李本旦案單疏述注旦其釋云是明日之旦也是定

經不說帶李本說作脫案單疏述注說說是

經沐浴櫛搔翦張本出揃字于上而本文作鬋是所見嚴本不作揃也改鬋前為揃據陸也李本刪沐字翦作揃案單疏標經同嚴本

注搔翦或為蚤揃李本作搔或為蚤

注揃或為鬌前張本揃作揃李本同揃乃誤字

注古文脰膉為頭嗌也李本嗌作膉案單疏述注嗌李及單疏皆誤

注古文常為祥張本從嚴本古李本古

注古文禫或為導張本改導為道據陸前注為道同句也李本導案單疏導

特牲饋食禮

注閾作蹙張本改作為為據陸也李本作

注士祭曰歲事張本從嚴本曰李本曰

注以其屬之長幼旅占之李本屬作年案屬是

注如今大木轝矣張本改轝為輿據陸也李本轝單疏述注轝案輿正轝俗

經豆籩鉶在東房張本改鉶為鈃據陸也李本鉶案說見前

注西夾室之前近南耳張本去室字據疏也李本同案單疏述注無室字

注不象如初者張本改象為蒙據既夕禮之疏也李本蒙

注謂明日質明時而日肉孰張本改而日之日為曰據監本也李本曰案曰是

注齊于坫張本去于字據陸也李本有案單疏述注有于字

注溉之釜鬵張本改溉為概李本溉案說見前

注比衣染之以黑張本改比為此據諸本也李本此案單疏述注此則比乃此之誤字

注宗人則執畢導之張本改導為道據陸也李本導案單疏述注導道導古今字

注臨匕載張本云監本匕誤作上今從諸本匕李本朼案單疏述注朼

注批用桑李本批作朼下批畢同朼明矣同案單疏述注匕則批乃朼之誤字而朼又匕之異文也說見前

注主人未執事張本云監本未

誤作求今從諸本未李本未案單疏述注未

〔注〕加匕東柄　張本改柄為枋據陸也李本改同案單疏述注柄枋柄古今字

〔經〕及兩鉶芼　張本所見嚴本鉶作銒云監本多一銒字張本從諸本作及兩銒芼李本增一銒字案嚴本宋刻銒作鉶鉶字不重

〔注〕饗勸強之也　張本改強為彊據陸也李本彊

〔注〕主為孝薦之饗　張本改主為圭據監本也李本圭案單疏述注圭釋云引舊說者證圭為絜明之義也則圭譌為主形涉而誤

〔經〕右取菹擩于醢　張本去于字據陸也李本同

〔注〕士虞禮古文曰祝命佐食墮祭周禮曰既祭則藏其墮　張本改墮為隋據陸前注後隋祭皆放此句也李本同

〔注〕祭酒穀味之芬芬者　張所見嚴本芳芳改芳芳為芬芳李本芬芳

〔注〕大羹湆自門入　張本云巾箱本大誤作六今從諸本大李本大案單疏述注大

〔注〕三者土之禮大成也　李本土作士案士譌為土形涉而誤

〔注〕胏脊初在俎豆　張本改俎為菹據疏也李本菹案單疏述注菹菹是也

〔經〕佐食授挼祭　張本改挼為妥據注也李本同

〔注〕季小也　張本改小為少據陸也李本小案注挂袪以小指者則小字不誤

〔經〕佐食北面拜受角　張本云巾箱本拜誤作和從諸本拜李本拜

〔注〕豕亦然　張本云巾箱本豕誤家從諸本豕李本豕

〔經〕獻洗及佐食　張本改洗為祝據監本也李本祝案祝是

〔注〕火夫之嗣子　李本火作大案大譌為火形涉而誤

〔注〕古文備為復　張本從嚴本復

〔經〕降實散于篚主人出立于戶外西南　張本改南為面據下文經有主人出立于戶外西面句也李本面案面是

〔注〕赤當三也　李本赤作亦案單疏述注亦亦譌為赤形涉而誤

〔注〕大宗已侍于賓奠　張本云監本已從諸本巳李本巳案單疏述注巳

〔注〕祭之末也　李本末作未案末譌為未形涉而誤

〔注〕司以觀政矣　李本司作可案可譌為司形涉而誤

〔經〕酳下餕亦如之　張本云巾箱本亦如誤作交加從諸本亦如李本同

〔經〕

闔牖戶降 李本牖作墉案墉誤

注唯賓俎有司徹歸之 張本改賓為賔據監本也李本賔案單疏述注賔案賔是賔誤

經冪用綌 張本改冪為鼏據注也李本冪注亦從冪案鼎用鼏壺用冪大例如此而亦通用

注可烝裏之也 張本改裏為裹據陸也李本裏案裹是

經饎爨在西壁 張本改壁為辟據陸也李本壁案以辟代壁古文假借

注立縮順其牲 李本牲作性案性是也心宜立古宜縮

經內賔立于其北東面西上 張本改西為南據諸本也李本南南是○案冪用綌巳下五條單疏缺葉

注辟大夫妻 張本云監本誤作臂從諸本辟李本辟案單疏述注辟辟是也讀同避

注爲其巳甚卑而全之 張本云監本巳作己從諸本巳李本巳案巳是也

少牢饋食禮

注禮將祭礼 案礼李本作祀此礼乃祀之誤

經日用丁巳 案釋文己音紀注皆同凡作巳者誤也嚴本亦誤

注其仲叔季 李本其作其李是也

注亦曰仲其叔某季某 李本其作某李是也

注書於板 張本改板為版據疏也李本板單疏述注版案版板正俗字

注爲期肅諸宮而皆至 李本宮作官案單疏述注官官是

經凡洗篚于東堂下 李本凡作几案單疏釋云則几洗篚三者凡譌為几形涉而誤

經肩臂臑膊骼 李本骼作胳案單疏胳胳是

經同棜皆有冪 張本改冪為鼏據注也李本冪注文冪作鼏乃冪作鼏之誤案單疏標注起訖出作冪冪二字盖嚴本與之合

注古文朼作匕 張云監本匕作上從諸本匕李本匕

注不敢以食道 李本不作下案單疏述注不釋引檀弓下誤

經主婦被錫衣移袂 張本改移為侈據陸也李本侈案影宋鈔釋文云本又作移嚴盖同又作本單疏釋移

注韭菹醓醢 李本上醓字作醢案單疏述注醓并

引周禮為醓醢是也〔經羊在自東〕李本自作豆是也自乃誤字〔注龜有上下四〕李本四作甲案單疏述注甲甲是也〔注今文辯爲偏〕張本改為為作李本為案單疏標注起訖出為偏二字〔經置于膚北〕張本改置于為直於據陸也李本直于李是〔注先飲啗之〕張本改飲為食據陸也李本食案單疏述注食食是牢肺正脊不得云飲〔注尸授牢幹而實舉于俎豆〕張本改俎為菹據疏也李本菹菹是〔經祝酌受尸〕張本改受為授據經上文也李本授授是〔注古文墮爲肵〕張本改墮為綏據經文綏也李本同〔經主人佐執爵〕張本改佐為左據經前後文也李本左左是〔注替為抉抉或為戴〕李本抉皆作袂案影宋本釋文袂則抉乃古本〔經主人嘗之納諸內〕張云巾箱杭本嘗誤作當從監毛嚴本嘗〔注不啐而卒爵者〕張云監本啐誤作卒從諸本啐李本亦啐〔經坐授主婦〕李本授作受李誤

有司徹

〔注汎埽〕張本改汎為氾據陸也李本汎〔注戒日請子爲侑〕張本改日為曰李本曰曰是〔注几所以坐安體〕張云巾箱本几作凡從諸本几李本几〔注賛王几王爵〕李本王作玉案王乃玉之誤〔注宲實也〕張本去實字據陸也李本有單疏述注有實字案有者是〔注辟鉶也〕張本改鉶為鈃據陸也李本鉶〔經肩辟肫骼臑〕張本改骼為胳據陸也李本骼案釋文云本亦作骼嚴本蓋同亦作本單疏骼依字胳是也〔注上所折分者〕張云巾箱所誤作析從諸本所李本所案單疏述注所〔注今友湆爲汁〕李本友作文案文譌為友形涉而誤〔經尸卻手授匕枋〕張本改授為受據經文次第也李本受案受是〔注絕肺未以祭〕張本改未為末從諸本也李本末案末是〔經主人其祭糗脩〕張本改其為共據上下文兼同之義也李本

共段氏曰作共者誤也嘉定金氏曰追儀禮正譌曰案下經云其受豕蒸受豕燔後經云其綏祭其嘏其獻祝與二佐食其位其薦脀主婦其洗獻于尸並可證此經用其字之例錢氏辛楣亦云張改非也〔經賓坐左執爵右取肺擩于醢祭之執爵興取肺坐祭之〕張本改肺為脯當是改右取肺之肺為脯據注及疏也李本脯案單疏標注起訖出脯肺二字述注與張所引同〔注今文儀皆作儀〕李本儀作儀案影宋本釋文儀儀是也〔注未受酬者〕李本未作末案單疏釋文云此私人未受酬者則未字為是〔注婦舉酬於內賓〕李本酬作觶酬是〔經舉觶于其長〕張本改觶為爵據注也李本觶案注則經文當作觶字〔經荅拜爵上〕李本上作止案單疏止止是也〔經祝易爵洗酌授尸〕李本授作受非也此葉嘉靖本補〔注自尸卒爵至此亦與賓同者〕張本改賓為儐據疏也李本儐儐是此葉嘉靖本補〔注變於士也〕張云巾箱本士誤土今從諸本士李本士案單疏述注士此葉嘉靖本補

嚴本儀禮鄭氏注校錄畢

嘉慶乙亥歲吳門黃氏讀未見書齋開彫同邑孫保安書

嚴本儀禮鄭氏注續校

余既刊嚴本儀禮并坿校語行世近同年友張君翰宣讀是書舉其誤數十條來諗于余余惟是刊悉存嚴本面目其中譌鈌斷壞之字間據陸賈張李四家書是正完補即校語有未盡舉出之字多見芸臺侍郎儀禮校勘記及段若膺儀禮漢讀考中讀者自能得之已於前校緣起涉及而張君精心解詁妙悟博通是有以助余不逮爲不可沒故復校讐一過續刊所舉并異世之如張君者復有以告余也丁丑仲冬望後吳縣黃丕烈識

鄉飲酒禮

注楣前東也宋刻梁字壞刊誤東當改梁李集釋梁一注不于主人正禮也宋刻于字誤刊仍之于當改干李集釋干

明日賓服鄉服以拜賜注云今文曰賓服鄉服宋刻經文賓下衍服字李集釋同案云賓下原有服字唐石經同嚴本從唐石經也

大射儀

注侯巾類崇高也（宋刻巾李集釋巾）注應韓應朔韓也先擊朔韓應之（宋刻先擊朔下無韓字韓應之上無應字李集釋多韓應二字）注今文錫或作錫（宋刻下錫字不作緆李集釋緆）注爵反注爲一手不能正也（宋刻注字誤刊仍之注當改注李集釋注）注燭樵也（宋刻樵字誤刊仍之樵當改燋李集釋燋）

聘禮

注圭璋賈人執櫝而俟（宋刻圭字壞刊誤圭當改圭）經公皮并迎賓于大門内（宋刻并字誤刊仍之并當改幷）注曲禮曰執王（宋刻王誤刊仍之王當改玉後覲禮王不受王出授王人玉壞作王其誤同也皆當改玉）注薪從禾芻從禾（宋刻上禾字誤刊仍之禾當改米李集釋米）注客拜禮賜遂行之（宋刻行下有之字單疏引注作行之）經記聘曰致饔（宋刻曰誤刊仍之曰當改日李集釋日）

公食大夫禮

注南面而左凡（宋刻凡誤刊仍之凡當改几李集釋几）經洗東南西北面上（宋刻北面案李集釋面北）注賓不敢俟成拜（宋刻俟字壞刊誤俟當改俟）

覲禮

經侯氏還辟（宋刻辟字壞刊誤辟當改辟）注詩曰謂子不信有如皦日（宋刻子誤刊仍之子當改子李集釋子）

喪服

傳持重於大宗者宋刻持李集釋持有案語云持原本誤作特今改持蓋嚴本持是也魏要義作持單疏亦作持注據大夫於姑姊妹女子子既以出降宋刻降下無大功字案李集釋單疏亦無大功嚴本無大功字是也注謂老君有廢疾而致仕者也宋刻若不誤刊訛君當改若傳大夫去君埽其宗廟宋刻埽不誤案李集釋埽釋曰埽其宗廟謂拚除之也單疏亦作埽嚴本是也

士喪禮

經唯君命出升降自階西階宋刻西階上衍階字刊仍之李集釋升降自西階注設牀襢笫有枕宋刻襢乃襢之壞字笫乃笫之壞字刊作襢作笫誤襢當改襢笫當改笫注右菹菹在醴南也宋刻醴字李集釋醴注周禮男巫王弔則與祝前宋刻此句下無喪祝王弔則與巫前八字案李集釋亦無有案語云此下今注疏本有喪祝王弔則與巫前八字蓋疏內所引後人誤加入注中卦中央壤也宋刻卦乃封之壞字刊誤卦當改封

既夕禮

經注脾讀爲雞脾肶之脾宋刻肶乃肶之壞字刊誤肶當改肶李集釋肶記注有其氣微難節也宋刻有案李集釋爲記注於是始去笄纚服深衣宋刻去笄連文案李集釋云去下笄上有而冠二字記注角觶四木柶二素勺爲少進醴酒兼饌之也宋刻勺下無二字少不作夕案李集釋有二字少作夕

記既馮尸主人祖髺髮〕宋刻祖字誤刋仍之祖當改袒〔記卜曰吉告從于主婦〕宋刻曰不作日李集釋曰〔記注朝服日視朝服之也〕宋刻服之李集釋之服〔記注凡爲矢五分其笥而羽其二〕宋刻笥字誤刋仍之笥當改笴李集釋笴

士虞禮

注主婦不薦衰斬之服不執事也〕宋刻衰斬李集釋哀斬〔注或曰菹主道也則特牲少牢當有主象而無何乎〕宋刻何案李集釋何有案語云今注疏本訛作可蓋嚴本何是也單疏何〔記注郊特牲日明水涚齊貴新也〕宋刻日誤刋仍之日當改曰〔記注亡則庚日三虞王日卒哭〕宋刻亡乃士之壞字刋誤亡當改士宋刻王亦壬之壞字刋誤王當改壬案李集釋士壬不誤〔記注喪服小記曰報葬者報虞者三月而後卒哭〕宋刻衍下者刋仍之李集釋無

特牲饋食禮

注宗人則執畢導之既錯乂以畢臨匕載〕宋刻乂李集釋乂作又張翰宣曰乂字疑上畢狀如乂而誤張說是也

少牢饋食禮

注韭菹醓醢朝士之豆也〕宋刻士不作事案李集釋曰朝士當作朝事嚴本是也〔注豊大夫禮葵菹

在縪（宋刻縪上無北字李釋北縪）注啐酒而不啐爵（宋刻下啐字不作卒李集釋卒釋曰啐爵當作卒爵）

有司徹

注昌本麋臡（宋刻麋李集釋麋）注是言亦遂之于下言上無湇爵不止互相發明（宋刻言上李集釋上言）注立飲拜既爵者變於大夫（明刻大不作丈）經尸謖祀前尸從（明刻祀誤刊仍之祀當改祝）